Reinhold Miller
Frei von Erziehung, reich an Beziehung

Reihe Pädagogik
Band 49

Meiner Frau
und meiner Tochter
in Dankbarkeit für
viele bereichernde Jahre
intensiver Beziehung

Inhaltsverzeichnis

Der Sinn meines Lebens
besteht darin zu sein
und nicht darin, andere
zu verändern.

Reinhold Miller

Um was es mir geht

Erziehende: Sie sagen,
was andere tun sollen
Erzogene: Sie tun,
was andere sagen
Reinhold Miller

Die Hälfte meines Lebens, 35 Jahre lang, bin ich erzogen worden und habe andere erzogen.

In Oberbayern geboren, wurde mein gesamtes Kinderleben durch und durch von einer katholischen Erziehung bestimmt, geprägt, beherrscht. (Ich war bereits etwa 10, als ich mitbekam, dass es auch Evangelische gibt!) Gott war Anfang und Ende des Tages, die kirchliche Moral der Maßstab für die Lebensvollzüge, meine Eltern waren ihre behutsamen Begleiter und die Klerikalen penible und strenge Wächter des Glaubens.

Mit elf Jahren kam ich in ein sog. Knabenseminar mit dem Ziel frommer Familienmitglieder, Priester zu werden. Die Erziehung dort erlebte ich als Hölle: streng, unnachgiebig, menschenverachtend, meine Seele missbrauchend.

In der gymnasialen Oberstufe erlebte ich einige Lehrer als Partner: Statt mich zu missionieren, begleitete mich der Religionslehrer auf meinen religiösen Suchbewegungen; statt mich zu indoktrinieren verhalf mir der Geschichtslehrer zu eigener Meinungsbildung, und der Musiklehrer eröffnete mir Wege in die für mich unbekannte Neue Musik.

Als Theologiestudent geriet ich wiederum in Erziehungsfänge, diesmal in Form katholischer Dogmatik und kirchlicher Absolutheitsansprüche, aus denen ich mich nach langen Kämpfen durch Flucht in die evangelische Theologie rettete in der Hoffnung, dort Befreiung zu erlangen.

In (m)einer ersten Ehe schließlich ergaben sich häufig Erziehungswirrnisse, in denen meine Frau und ich gegenseitig Erziehende und Erzogene zugleich waren. Es brauchte bedeutsamer Entwicklungsschritte mittels Pädagogik- und Psychologiestudien und therapeutischer Tiefgänge, bis ich mich aus sämtlichen bisher gewohnten Erziehungskrallen, den eigenen und den fremden, befreien konnte.

Seit dieser Zeit lasse ich mich nicht mehr erziehen und erziehe auch niemanden mehr, seien es Kinder, Jugendliche oder Erwachsene. Ich habe keine Absichten, andere Menschen zu verändern oder gar irgendwohin zu ziehen gemäß dem Motto: „Ich weiß, was gut für dich ist und du machst, was ich dir vorschreibe." Von dieser Haltung und Einstellung habe ich mich verabschiedet – ohne Verlust und mit großem Gewinn für mich und für Menschen, mit denen ich in Beziehung bin.

Um mich herum jedoch behält Erziehung mit all den unfruchtbaren und schädlichen Ziehvorgängen nach wie vor in allen Gesellschaftsschichten, Altersstufen und Berufsbereichen die Oberhand und findet reichlich Anwendung, häufig in Form von Vorschriften, Anweisungen, Appellen, Geboten und Verboten. Dadurch bekommen Menschen – und noch einmal sei betont: *von Kindheit an bis ins hohe Alter* – selten wohlwollende Zuwendung, liebevolle Zuneigung und selbst bestimmende Entfaltungsmöglichkeiten, sondern sie erfahren und erleiden Verquerungen, Verwerfungen, Verbiegungen, Umformungen, Entwicklungshemmungen und Wachstumsstörungen physischer und psychischer Art. Sie werden gegängelt, geformt und verformt, manipuliert und in ihrer Persönlichkeitsentfaltung erheblich ge- und behindert.

Die Geschichte der Erziehung zeigt, wie sehr sie Misserfolge und Fehlentwicklungen produziert: statt Selbstbestimmung erzeugt sie Gehorsam, statt Mündigkeit Unterdrückung, statt Zuwendung und Empathie körperliche und seelische Gewalttätigkeiten, statt Entfaltung psychische Atrophie, statt Lebenserhaltung Destruktion. Individuelle und soziale Wachstums- und Entwicklungsprozesse lassen sich nicht „ungestraft" durch Erziehungseinflüsse kanalisieren, umleiten oder sogar ersticken:

„Ganz besonders wurde ich immer darauf hingewiesen, dass ich Wünsche oder Anordnungen der Eltern, der Lehrer, Pfarrer usw., ja aller Erwachsenen bis zum Dienstpersonal unverzüglich durchzuführen bzw. zu befolgen hätte und mich durch nichts davon abhalten lassen dürfe. Was diese sagten, sei immer richtig. Diese Erziehungsgrundsätze sind mir in Fleisch und Blut übergegangen." [1]

Seit vielen Jahren beschäftige ich mich aus persönlichen und beruflichen Gründen mit dem Thema *Erziehung* und mit den verschiedenen Formen und Auswirkungen zwischenmenschlicher *Beziehungen*. Inzwischen bin ich der

---

[1] Auschwitzkommandant Rudolf Höß; in: Miller, Alice: Am Anfang war Erziehung. Frankfurt a. M. (Suhrkamp), 24. Aufl. 2010, S. 7.

Ansicht, dass *ERziehung* grundsätzlich schädlich ist, weil die zugrunde liegende Haltung Macht ist (mit der Absicht, andere zu verändern), und weil die daraus entstehenden Erziehungsmaßnahmen die Entwicklung von Menschen hemmen, ihr Wachstum verhindern und sie letztlich entmündigen.

Wenn die Grundhaltung der Menschen untereinander jedoch Liebe ist (mit der Absicht, andere in ihren eigenen Entwicklungen zu fördern und zu begleiten), und wenn deren Ausprägung aus Einfühlung, Achtsamkeit, Respekt, Fürsorge, Schutz, Unterstützung, Orientierungshilfe, Begrenzung besteht, dann spreche ich von zwischenmenschlichen *BEziehungen*.

Im Laufe der Zeit ist mir bewusst geworden, dass

1. ich mich, weil erzogen worden, nur „gebremst" entwickeln konnte, vitale Potenziale meiner Persönlichkeit unterdrückt wurden und ich als Erzogener somit vor allem erziehen gelernt habe.
2. ich als Erziehender wiederum mit viel zu viel „Ziehen" agierte mit der kontinuierlichen Absicht, andere zu verändern.
3. Erziehung in *allen gesellschaftlichen Gruppierungen* stattfindet, wodurch bei den „Zöglingen" *aller* Altersstufen Leben hemmende Folgeerscheinungen und bleibende Schädigungen zu Tage treten bis hin zum Unglücklichsein.

Ich habe dieses Buch ohne jegliche erzieherische Absicht geschrieben, jedoch mit dem Ziel, meine Überzeugungen darzulegen (nicht aber andere zu überzeugen), falls erforderlich „aufklärend" zu wirken und Ihnen, liebe Leserin, lieber Leser, Reflexionsmöglichkeiten und Entscheidungshilfen zu geben.

Ich zeige deshalb,

– dass und wie an die Stelle der *Erziehung* mit der Haltung der Macht und dem Motiv, andere zu verändern, zwischenmenschliche *Beziehungen* treten, mit der Grundhaltung der Liebe
– welche lebensbejahenden Möglichkeiten *Beziehungen* haben können, wenn Menschen vorurteilsfrei wahrnehmen statt verurteilen, Entwicklungen fördern statt hemmen, Eigensinn zulassen statt Willen brechen, sich einander zuwenden statt voneinander abwenden, sich selbst behaupten statt sich durchsetzen, Respekt und Achtung zeigen statt Missachtung, Autonomie ermöglichen statt Abhängigkeit produzieren

- wie man als Erzogene nicht selbst wiederum zu Erziehenden wird, sondern wie man zu Verhaltensweisen kommt, die innerhalb zwischenmenschlicher Beziehungen positiv wirksam werden.

Keine Gesellschaft also, in der die Menschen sich gegenseitig er*ziehen*, sondern in der die persönlichen Er*fahrungen* die höchste Priorität haben, wie es Carl R. Rogers zum Ausdruck bringt: „Der Prüfstein für Gültigkeit ist meine eigene Erfahrung. Keine Idee eines anderen und keine meiner eigenen Ideen ist so maßgeblich wie meine Erfahrung. Ich muß immer wieder zur Erfahrung zurückkehren, um der Wahrheit, wie sie sich in mir als Prozess des Werdens darstellt, ein Stück näher zu kommen."[2]

Mein Wunsch:
Dass viele Menschen sich vom Erziehen verabschieden; dass sie ihre eigenen Erfahrungen als Maßstab für ihr Leben betrachten; dass sie ihre Beziehungen intensiv, vital und mündig verwirklichen können – und dabei auch Glücksmomente erleben.

Bemerkung: Alle persönlichen Aussagen, alle Gespräche und Fallbeispiele in diesem Buch sind von mir entweder selbst (unmittelbar oder durch Medien) beobachtet, erlebt oder mir von anderen glaubwürdig berichtet worden.

Und schließlich: Ich danke meiner Tochter, Frau Sandra M. Schneider, Frau Adelheid Groten und Herrn Dieter Göschl für ihre profunde und intensive Textbegleitung in Form von semantischen Einlassungen, akribischen Korrekturen und wertvollen Empfehlungen.

---

[2] Rogers, Carl R.: Die Entwicklung der Persönlichkeit. Stuttgart (Klett), 11. Aufl. 1997, S. 39.

Einleitung: Erziehung früher und heute

Erziehung bedeutet,
andere nach eigenen
Vorstellungen zu formen.
Reinhold Miller

Ich lade Sie zu einem historischen Gang ein, auf dem deutlich wird, welche Erziehungsabsichten und -ziele Menschen in Jahrhunderten vor uns hatten:

politische: Nicht das Wohl und die Entwicklung der einzelnen Menschen standen im Fokus der Erziehenden, sondern die Wahrung der Besitztümer, der Erhalt von Pfründen und die Macht der Herrschenden. Politische Ziele prägten die Erziehung. Ihnen hatten sich die Menschen zu beugen, Kinder wie Erwachsene, Einzelpersonen wie Gruppen.

wirtschaftliche: Erziehung war notwendig für das Leben in Familie und Gesellschaft und zur Aufrechterhaltung der Berufstradition. Die Einbindung in die Gemeinschaft brachte Geborgenheit und die Zusammenarbeit sicherte das Überleben. Kinder waren erwünschte Arbeitskräfte (in armen Bevölkerungs-schichten bei großer Kinderzahl aber auch Belastung) und Garant für die Altersversorgung der Eltern.

traditionelle: Bürgertum und Adel waren um die Erhaltung ihres Standes bemüht, was für sie Ansehen, Einflussnahme, Sicherung ihrer Besitzstände und damit Wohlstand bedeutete. Überschreitungen wurden geächtet, Vermischungen bestraft.

ideelle: Besonders bedeutsam für die Entwicklung und das Zusammenleben der Menschen war die Vermittlung von Werten, wobei die religiöse Erziehung eine Vormachtstellung inne hatte mit oft strengen moralischen Vorstellungen, sozialen Grundsätzen und häufig „gnadenlosen" Konsequenzen.

funktionale: Man war der Meinung (durch den Einfluss der industriellen Errungenschaften zu Beginn des 19. Jahrhunderts), dass Kinder wie Maschinen zu funktionieren haben. Falls dies nicht geschah, gab es drastische Reparaturen und Korrekturen in Form von Strafen und Abschreckungsmaßnahmen. Das deutlichste Beispiel dafür ist der „Struwwelpeter":[3]

„Frankfurter Originalausgabe – Lustige Geschichten (sic) und drollige Bilder für Kinder von 3 bis 6 Jahren von Dr. Heinrich Hofmann":

- *Paulinchen mit dem Feuerzeug: „Verbrannt ist alles ganz und gar, das arme Kind mit Haut und Haar."*
- *Kaspar und Ludwig, die den armen Mohr auslachten – und selbst ganz-schwarz wurden*
- *Konrad, der Daumenlutscher, dem die Daumen abgeschnitten wurden*
- *Der Suppenkaspar, der, weil er seine Suppe nicht aß, am fünften Tage starb*
- *Der Zappelphilipp, durch dessen Missgeschick die Eltern nichts mehr zu essen hatten*
- *Hanns Guck-in-die-Luft, der ins Wasser fiel und beinahe ertrank*
- *Robert, der nicht folgte, und den der Sturm hinweg trug. Wohin? „Das weiß kein Mensch zu sagen."*

> Makaber, dass der Autor seine Beispiele noch dazu „lustige Geschichten" nannte – und bedenkenswert, dass sie über Jahrzehnte hinweg pädagogischer Bestseller waren.

gesellschaftliche: Erziehung wurde als Funktion der Gesellschaft gesehen mit dem Ziel deren Aufrechterhaltung und Weiterentwicklung. Heinz-Elmar Tenorth: „Erziehung ist unvermeidlich für jede soziale Ordnung bzw. deren institutionalisierte Form: Familie, Gruppe, Nation…"[4] Vor allem durch das Schulwesen wird bis heute am deutlichsten offenbar, wie sehr die Gesellschaft an „Erziehung und Unterricht" interessiert ist. Ihre Aufgaben, zusammengefasst unter dem Wort Bildung, beinhalten Qualifikation, Sozialisation und Selektion in der Gegenwart und für die Zukunft.

anthropologische: Ende des 18. Jahrhunderts wurde Erziehung auch zum Thema der Wissenschaft. Rousseaus „Wachsen lassen" gab die Initialzündung für anthropologische Sichtweisen, nach denen der Mensch nun sogar erziehungsbedürftig war. (Kant: Der Mensch kann nur Mensch werden durch

---

[3] Hoffmann, Heinrich: Struwwelpeter. Neckarsteinach (Edition Tintenfaß), 2010.
[4] Tenorth, Heinz-Elmar: Geschichte der Erziehung. Weinheim und München (Juventa), 5. Aufl. 2010, S. 16 ff., S. 378 u. 381.

Erziehung.) Und die geisteswissenschaftliche Pädagogik im 20. Jahrhundert spricht von einem nicht fertigen, unvollkommenen Menschen, der durch Erziehung zum fertigen, vollkommenen Menschen werden soll, ein Weg von der Unreife zur Reife. (Im Begriff des Reifezeugnisses ist diese Sichtweise noch bis heute erkennbar.)

Heinz-Elmar Tenorth[5] sieht Erziehung (aus historischer Sicht) als einen langwierigen und umweghaften Prozess. Bis heute ist sie seiner Meinung nach „im Wortschatz der Pädagogen u. a. die Einwirkung der älteren Generation auf die jüngere; … sie bezeichnet die Handlungen der Erzieher und die Absichten, die sie dabei verfolgen, aber auch die Wirkungen, die Kinder erleiden." Und wenn man an das „Recht des Kindes" denkt oder vom Kindswohl ausgeht, „dann kann … von Autonomie nicht die Rede sein". (Erst im Jahre 1979 wurde beispielsweise in der BRD per Gesetz der Begriff „elterliche Gewalt" in „elterliche Fürsorge" umgewandelt – und im GG, Art. 6 und 7, ist fünfmal von „Erziehung" die Rede!)

(Zu) groß sind die Nachteile der und die Beschädigungen durch die Erziehung.

Dennoch gibt es nach wie vor eine erhebliche Anzahl von *Erziehungs*bereichen:

Ästhetische Erziehung, Computererziehung, Fernseherziehung, Freizeiterziehung, Friedenserziehung, Gesundheitserziehung, Glaubenserziehung, Höflichkeitserziehung, Humorerziehung, Hygieneerziehung, Interkulturelle Erziehung, Kindererziehung, Kunsterziehung, Leseerziehung, Moralerziehung, Persönlichkeitserziehung, Politische Erziehung, Reiseerziehung, Religiöse Erziehung, Schlaferziehung, Sexualerziehung, Sicherheitserziehung, Sozialerziehung, Umwelterziehung, Verbrauchererziehung, Verkehrserziehung.

Viele Menschen sind der Meinung, dass mit diesen „Einwirkungsmaßnahmen" Selbstständigkeit und Selbstverantwortung bei Menschen zu erreichen sind. Wenn man aber die hervorstechenden Merkmale der meisten Erziehungsvorgänge näher betrachtet, nämlich *Einflussnahme, Steuerung, Fremdeinwirkung* und *Durchsetzung,* dann ist mit folgenden Tätigkeiten schwerlich Mündigkeit zu erreichen: andere ansporn en, antreiben, bedrängen, bedrohen, bestrafen, ermahnen, erpressen, instrumentalisieren, kommandieren, miss-

---

[5] Ebd.

brauchen, missionieren, über den Tisch ziehen, überreden, überzeugen, unterweisen, vereinnahmen, verführen, verformen, züchtigen, zwingen.

Eine Reihe dieser Erziehungsmaßnahmen finden wir vor allem auch in autoritär geführten Staaten und die jüngsten Vorkommnisse sexuellen Missbrauchs in Heimen und Internaten zeigen, dass physische und psychische Gewaltanwendungen sogar als Erziehung *legitimiert* wurden und werden.

Aber auch in demokratischen Gesellschaften ist Erziehung weit verbreitet und nimmt einen hohen Stellenwert ein, sodass ich deshalb von einer *Erziehergesellschaft* spreche mit Tendenzen der Pädagogisierung, ja sogar der Infantilisierung:

Die Sängerin Elisabeth Schwarzkopf hatte die Angewohntheit, während ihrer Gesangskurse manchmal Frauen mit Kindchen anzusprechen: „Aber Kindchen, das müssen Sie folgendermaßen singen..." (Männer hat sie nie so angesprochen.)

Regisseure pflegen bisweilen Schauspieler mit „Kinder" anzureden: „Kinder, das könnt ihr doch so nicht machen..."

Es gibt Schulleiter, die am Ende der großen Pausen ins Lehrerzimmer gehen, in die Hände klatschen und sagen: „Kinder, auf in den Unterricht; es hat schon geklingelt."

Eines der wichtigsten Ziele der *Erziehung* lautet „Selbstbestimmung und Mündigkeit" (zumindest gültig für die westliche Kultur), aber gerade diese Erziehungsziele sind ein Widerspruch in sich, weil durch Fremdbestimmung andere zur Selbstbestimmung kommen sollen = indem die einen die anderen *ziehen, schubsen, gängeln*, sollen diese lernen, selbstständig zu *gehen*!

Ein Ende mit jeglichen Ziehvorgängen, mit dem Schubsen und Zerren, den Veränderungsabsichten und Fremdbestimmungen, dem Schnitzen und Glätten, dem Formen und Umformen von Menschen. Aus meiner Sicht verbietet die Achtung vor der Einzigartigkeit jedes Menschen solche Einwirkungs- und Verformungstätigkeiten.

Deshalb warnt der Pädagoge Andreas Flitner ausdrücklich, das „ganze Teufelszeug *nicht* Erziehung zu nennen, was sich hinter diesem Namen mit verbirgt: die Lohn- und Strafpraktiken, die Verbote, Drohungen und Beschimpfungen, auch die hinterlistigen Lenkungstechniken ..."[6]

---

[6] Flitner, Andreas: Konrad, sprach die Frau Mama. München (Piper) 1985, S. 6.

Jenseits vom „Teufelszeug" gibt es zwei grundsätzliche Erziehungsarten: Zum einen die *intentionale* Erziehung, worunter die von den Erziehern bewussten Änderungsabsichten und Erziehungsmaßnahmen gemeint sind.

Und zum anderen die *funktionale* Erziehung, worunter man alle Einflüsse versteht, die auf Menschen „natürlich" einwirken. (So betrachtet kann man sogar sagen, alles sei Erziehung. Ich differenziere deshalb und spreche von Berührungen, Impulsen, Prägungen und Wirkungen.)

Bereits durch diese Zweiteilung wird deutlich, dass der Begriff *Erziehung* im deutschen Sprachgebrauch schillernd und mehrdeutig ist, im Gegensatz beispielsweise zum Angelsächsischen. Dort wird der Begriff *education* verwendet, dem das lateinische Wort educare (= herausführen) zugrunde liegt. Er passt besser zum Ausdruck *Beziehung*, weil Führen und Begleiten Tätigkeiten sind, die zu zwischenmenschlichen *Beziehungen* gehören.

Es findet also eine Akzentverschiebung bzw. Metamorphose statt von der ERziehung und Pädagogisierung der Menschen zu zwischenmenschlichen und sozialverträglichen BEziehungen.

Alle die *guten* Verhaltensweisen der „Erziehung", in der es keine Ziehvorgänge mehr gibt, sondern Zulassen und Entfaltung ermöglichen, Bestärkung vermitteln, Orientierungshilfe und Schutz geben, Begrenzung verdeutlichen, nenne ich deshalb auch nicht mehr ERziehung (= Person A zieht B zu sich oder sonst wohin…), sondern BEziehung (= Person A bezieht sich auf B – und umgekehrt).

Somit werden aus allen guten „*Erziehungs*menschen" verantwortungsvolle „*Beziehungs*persönlichkeiten" – und aus der Erziehung wird Beziehung (ausführlich darüber siehe IV: Erziehungsfreie Beziehungen)

SELBST-Betrachtung
Wenn Sie Ihr eigenes Wissen über Erziehung in früheren Zeiten und meine Informationen reflektieren: Was hat sich für Sie bis heute im Bereich der Erziehung erhalten? Entdecken Sie Einstellungen/Verhaltensweisen von damals in Ihrer eigenen Biografie, sei es als Erziehende oder Erzogene? In einer Umfrage werden Sie aufgefordert zu sagen, was Sie unter Erziehung verstehen. Ihre Antwort?
Notieren Sie eine Vielzahl von Verben, die Sie mit Erziehung in Verbindung bringen und eliminieren Sie diejenigen, die Absichten beinhalten, andere zu verändern. (z. B. missionieren, überreden, verformen, zwingen…)

I. Wie und wo Menschen sich erziehen

Ziehen ist ein Vorgang,
durch den man andere
dorthin bringen will,
wo man sie haben möchte.

Reinhold Miller

Es gibt viele gute Beispiele herkömmlicher Erziehung, in denen die Erziehenden mit der *Grundhaltung der Liebe* hohe Verantwortlichkeit jenen gegenüber zeigen, die sie erziehen. Denen sie Fürsorge (hinter der auch Sorge steht), Zuneigung, Unterstützung und Schutz geben.

Es gibt aber auch Erziehungsmaßnahmen als *Zieh*vorgänge mit einer Fülle von Einwirkungsstrategien, Geboten, Verboten und Manipulationen im privaten wie im öffentlichen Leben, die für die Erzogenen in keiner Weise notwendig oder gerechtfertigt, ja die sogar schädlich sind. Dennoch zeigen sie sich durchgängig in allen Konstellationen und Altersstufen, in denen Menschen aufeinander treffen. So betrachtet leben wir in einer Gesamtgesellschaft von Erziehenden und Erzogenen, gleichsam in einer *Erziehergesellschaft*. Sie basiert auf zwei Merkmalen:

Erstens: Erziehende sind der Ansicht, andere Menschen nach ihren Vorstellungen und Zielen verändern und durch Erziehungsmaßnahmen bei ihnen Entwicklungsförderung und Selbstständigkeit erreichen zu können.

Zweitens: Erziehende verhalten sich Menschen gegenüber so, als seien diese Maschinen, die – auf Grund der Veränderungsabsichten und Einwirkungen – so reagieren, wie sie es haben möchten.

Erwachsene sagen Kindern etwa 200 bis 400 Mal am Tag, was sie zu tun und zu lassen haben:

„Hör auf zu quengeln!" – *„Sei pünktlich!"* – *„Reiß dich zusammen!"* – *„Räum dein Zimmer auf!"* – *„Mach' die Hausaufgaben!"* – *„Sei pünktlich!"!* – *„Sei nicht*

so faul!" – *"Komm nicht zu spät nach Hause!"* – *"Streng dich an!"* – *"Lass mich endlich in Ruhe!"* – *"Stell' die blöde Musik ab!"*
> Wer so viele Appelle bekommt, lernt gehorsam sein und selbst wiederum appellieren.

Sogar beim Spielen werden Kinder noch erzogen:
"Spiel was Vernünftiges!", sagte der Vater zu seinem Sohn.

Auf einem Kinderspielplatz beobachte ich einen Vater mit seiner etwa vierjährigen Tochter. Während sie im Sandkasten in der Nähe eines Holzturmes spielt, höre ich seine Appelle: "Nimm das Schäufelchen und die Gießkanne!" – "Mach' dich aber nicht schmutzig!" – "Vorsicht, tritt nicht in die Pfütze!" – "Halt dich fest, wenn du auf den Turm steigst!" – "Komm jetzt wieder runter!"...
> Innerhalb weniger Minuten zähle ich über 20 Appelle.

Wie viele Appelle geben Sie am Tag – und an wen?
Unter Erwachsenen ist es nicht sehr viel anders:

Während eines Gesprächs mit einem Mann beginnt eine Frau zu weinen, worauf dieser sagt: "Jetzt hör' doch mit deinem blöden Geheule auf!"
> Ich verbiete dir deine Gefühle und erziehe dich zu mehr Selbstbeherrschung.

Eine Frau geht jeden Donnerstag zur Kirchenchorprobe. Jedes Mal sagt ihr Mann zu ihr: "Und komm pünktlich um zehn Uhr wieder nach Hause!"
> Ich lasse dir keine Freiräume, kontrolliere dich und erziehe dich zur Pünktlichkeit und zum Gehorsam.

In einem Zugabteil sitzt ein Ehepaar: Er liest Zeitung, sie guckt zum Fenster hinaus. Plötzlich reißt sie ihm die Zeitung aus der Hand, wirft sie zu Boden und faucht ihn an: "Hör doch mit dem blöden Zeitungslesen auf und schau mit mir die Landschaft an!" – Ohne Kommentar und sichtlich verärgert packt er seine Zeitung, klemmt sie sich unter den Arm und setzt sich in ein anderes Abteil.
> So schnell kann aus einer Beziehung Erziehung werden.

Ein Sechzigjähriger besucht seine 85jährige Mutter im Seniorenheim. Es ist Winter. Als sie ihn sieht, sagt sie als erstes: "Warum hast du bei der Kälte keinen Hut auf?"
> Sie kann's einfach nicht lassen, denkt der Sohn. Wie früher!

Diskussion im Fernsehen: Ein Bischof, mit erhobenem Zeigefinger: „Homosexualität ist Sünde!"
> Sein Erziehungssatz: Verändere dich und sündige nicht mehr!

Im Bundestag: „Sie sollten sich auf den Hosenboden setzen und zuerst mal Ihre Hausaufgaben machen, bevor Sie hier große Reden schwingen!", sagte Politiker der A-Fraktion zum Politiker der B-Fraktion.
> Der Plenarsaal als Klassenzimmer

Erziehung überall, wohin man auch sieht:

In der Familie: erzogene und erziehende Eltern

Die Literatur über Erziehung boomt, die Erziehungsvor- und -ratschläge nehmen zu. Eltern, Alleinerziehende und andere Erziehungsberechtigte bemühen sich redlich, mühen sich ab, meinen es gut, lieben ihre Kinder – und dennoch sind sie häufig überfordert, rasten bisweilen aus im Umgang mit ihnen, wenn deren Verhaltensweisen den eigenen nicht entsprechen. Im Fernsehen hatte die „Super Nanny" Konjunktur.

Kinder wiederum sind physisch und psychisch überfordert, wenn die elterlichen Erziehungsvorstellungen und -maßnahmen unstimmig, ungerechtfertigt und unkindlich sind. Ganz zu schweigen von denjenigen Eltern, die ihre Kinder gar nicht mehr erreichen, die im Abseits stehen und verwahrlost sind.

Was ist alles passiert, dass Erziehung in vielen Fällen nicht die erwünschten Wirkungen zeigt, dass Eltern *und* Kinder sich überfordert fühlen?

Schon immer gab es folgenden Teufelskreis, unabhängig davon, von welcher Stelle aus man ihn betrachtet: Eltern haben ein zwei- bis drei Jahrzehnte langes Training im Erzogenwerden hinter sich, sind somit erzogene Erzieher, die dann wiederum ihre Kinder erziehen, die später erzogene Erzieher werden, in welchen Positionen und Konstellationen auch immer: als ältere Geschwister, als Mütter und Väter, als Großmutter und Großvater, als Vorsitzende von Vereinen und Parteien, als Meister in Werkstätten und Betrieben, als Vorgesetzte in Behörden und Büros, als leitende Angestellte in Dienstleistungsbetrieben.

Die gewohnten Erziehungsvorstellungen, Absichten, Erziehungsmuster, Handlungsmaßnahmen werden wiederum von den „Neuerziehenden", weil nie anders gelernt, übernommen:

Meine Tochter bringt ihr Jahreszeugnis nach Hause: Einser, Zweier, Dreier, einen Vierer. Ich gucke ins Zeugnis und sage als erstes: „Und wenn du dich anstrengst, dann kriegst du den Vierer auch noch weg." – Ich sehe nur noch, wie Tränen über ihr Gesicht laufen. Sie lässt sich in den Arm nehmen, ich selbst habe Schuldgefühle, ärgere mich über mich.

20 Jahre zurück: Es sind die gleichen Worte, die mir mein Vater sagte, als er mein Zeugnis sah mit einem Fünfer in Latein... Mit einem Male wird mir bewusst, wie sehr ich als Erzieher auch gleichzeitig Erzogener bin.

> Die Wahrscheinlichkeit ist hoch: Wer von klein auf erzogen wird, lernt selbst wiederum (nur) erziehen.

Die Überforderungen der Eltern und Kinder bestehen darin, dass die *traditionellen* Erziehungsideen und Erziehungsmaßnahmen in *Situationen der Gegenwart* meist keine Gültigkeit haben und nicht mehr greifen. Zu sehr klaffen die Erfahrungen der Vergangenheit und die Gegenwartswirklichkeiten auseinander. Eltern sprechen von einem sog. „Erziehungsloch", das heißt: die herkömmlichen, gewohnten und gelernten Maßnahmen sind nicht mehr „stimmig", neue sind (noch) nicht vorhanden. Hilflosigkeit und Überforderungen machen sich breit. Dies zeigt sich sowohl in alltäglichen Situationen und Begebenheiten als auch dort, wo Menschen aus unterschiedlichen gesellschaftliche Kulturen aufeinander treffen oder aufeinander prallen; z. B.: Eltern bestimmen, wie üblich und wie selbstverständlich, wen ihre Kinder heiraten sollen – und die erwachsen gewordenen Kinder weigern sich, weil ihnen diese Art der Tradition sinnlos erscheint.

Es wird deutlich: Jede Generation hat ihre eigenen Entwicklungen, die sich nicht in starre und unbewegliche Erziehungsgefängnisse einsperren lassen. Geschieht dies dennoch, so kommt es, wie die Geschichte deutlich zeigt, zu Reibungen, Irritationen, Konflikten, Verwerfungen bis hin zu persönlichen, familiären und gesellschaftlichen Tragödien, und zwar für beide Teile: für die, die nach überkommenen Ideen bzw. Ideologien und gewohnten Maßstäben erziehen und für die, die sich diesen Ziehbewegungen und Ziehkräften entweder beugen oder widersetzen.

Da Ziehvorgänge und Widerstände einseitig sind und jegliche Balance und Synergiebestrebungen vermissen lassen, sind sie extrem anstrengend, aufreibend und schädigend (nicht nur in der Kindheit):

„Krieg ich ein Eis?" (3x) – „Quengle nicht so!" – „Ich mag aber ein Eis!" – „Jetzt gib endlich Ruhe!" – Heulen... – „Jetzt hör doch auf!" – „Ich hab dir doch gesagt..." (sich fügen, davonlaufen, beleidigt sein)
> Ein befriedigendes Ende des Dialogs ist kaum in Sicht – und wenn überhaupt ein Ende, dann nur durch Durchsetzungsmaßnahmen (auf Eltern- und Kinderseite) oder durch Resignation.

Frage einer Bekannten (59 J.) an mich: „Wie schaffe ich es, meiner Tochter (32 J.) klar zu machen, dass dieser Mann (54 J.) nichts für sie ist?"
(= Wie schaffe ich es, dass ich sie auf *meine* Seite ziehe – und dass sie macht, was *ich* will?)

Ziehvorgänge bringen ferner die Ziehenden in Abhängigkeit von den Ge-/Erzogenen, die so lange anhält, bis diese nachgeben (mit dem Verlust der Selbstentscheidung) oder sich vom Joch lösen (mit dem Gewinn der Freiheit). Nicht erfahren, entwickelt oder gelernt werden dabei (auf beiden Seiten) Verhaltensweisen wie Empathie, Rücksichtnahme, Toleranz, Aushalten von Gegensätzen, Akzeptieren von Andersartigkeit, Loslösungsfähigkeit und Fairness bei Trennungen.

Ziehvorgänge sind nicht nur anstrengend, sondern auch inhuman, weil durch sie Menschen von Menschen in Richtungen gebracht und zu Entscheidungen und Handlungen gezwungen werden, die sie gar nicht wollen. Durch Veränderungsabsichten und entsprechende Einwirkungen bis hin zu Manipulationen wird ihre Autonomie missachtet und verletzt.

Jemanden ziehen, um ihn dorthin zu bekommen, wohin man ihn haben will, gehört in die Kategorie der Erziehung (im Gegensatz beispielsweise zum Festhalten, um jemanden vor einer Gefahr zu schützen, was in die Kategorie Beziehung gehört). Wenn aber das „Erziehungs"ziel Mündigkeit lautet, so kann es nicht durch Ziehvorgänge, Einwirkungsstrategien, Infiltrationen und Macht-Gehorsam-Bewegungen erreicht werden:

Macht = Mein Wille geschehe, wobei die Abhängigkeit des Mächtigen dann entsteht, wenn der Wille nicht erfüllt wird.

Gehorsam = Dein Wille geschehe, wobei Verhinderung von Mündigkeit des Erzogenen dann entsteht, wenn der „Anderswille" erfüllt wird.

Herr B.: „Ich habe meinem Vater gehorcht und habe das Familienunternehmen übernommen, gegen meinen Willen. Meine eigenen Lebensvorstellungen habe ich vor vielen Jahren begraben. Ich leide noch heute darunter ..."

Frau S.: „Ich bin über 60 Jahre alt, und getraue mich immer noch nicht, aus der Kirche auszutreten. Wenn das mein Vater erfahren würde... Das kann ich ihm nicht antun."

Machtausübung mittels Durchsetzung negiert die Eigenständigkeit des Gegenübers, *Gehorsam* – im Gegensatz zur bewussten und freiwilligen Anpassung – behindert dessen Ich in seiner Entfaltung.

Wir können nicht Einfluss nehmen im Sinne des „Einfließenlassens" und des Bestimmens, wenn der/die andere es nicht will, aus welchen Gründen auch immer. Die biologischen Erkenntnisse über die Entwicklung von Lebewesen sagen uns deutlich: Wir können nicht machen, dass der andere macht. Das muss er schon selbst „von innen heraus machen" wollen. Wir haben keine Macht über andere, auch wenn wir das Beste von ihm/ihr wollen: "Selbstverständlich wollen wir nur das Beste. Aber was das Beste ist, bestimmen wir. Trotzdem: wir können nur auslösen, weil das Gegenüber keine triviale Maschine ist."[7] Versuchen wir es dennoch, so bewirken wir Schädigung auf beiden Seiten:

„Ich will ja nur dein Bestes", sagte die Mutter. „Das gebe ich nicht her", antwortete das Kind.

Wir haben keine *Verfügung* über körperliche und seelische Entwicklungen anderer. Aber wir können günstige Bedingungen schaffen, damit andere das tun können, was sie wollen – und ihnen Rückmeldung geben und verdeutlichen, welche Wirkungen und Folgen dies hat, für sie selbst und für andere. Und wir können deutlich Grenzen von uns aus ziehen und Begrenzen zeigen.

Eltern erziehen nicht nur, sondern sie werden auch von den eigenen Kindern erzogen durch physische und psychische Mittel (meist in Form von „Widerständen" oder „Erpressungen"), sei es bewusst oder unbewusst. Es treten Verhaltensweisen auf wie aufstampfen, schreien, sie blamieren, sich zurückziehen, sich verweigern – auch durch Einschmeicheln, „Verführun-

---

[7] Portele, Gerhard: Autonomie, Macht, Liebe. Frankfurt a. M. (Suhrkamp) 1989, S. 213.

gen" unterschiedlicher Art – oder durch Reaktionen wie Einnässen, Magersucht, Bulimie, Schulversagen, Suizidversuche, kriminelles Verhalten.

Eltern „gehorchen", oft widerwillig, um größeren Schaden zu verhindern. Letztlich aber bleiben überforderte, hilflose, oft verzweifelte Eltern und schädigende und geschädigte Kinder zurück. Klärung der *Beziehungen* untereinander, Klarheit, Handlungssicherheit und Hilfe von außen sind hier wichtige Lösungshelfer (siehe IV: Erziehungsfreie Beziehung und V: Miteinander reden können)

SELBST-Betrachtung
Vergleichen Sie Erziehungsmaßnahmen, die Sie als Kind erfahren haben, mit denen, die Sie jetzt als Erwachsene anwenden.
Sind Ihre Erziehungsmethoden Kindern gegenüber anders als Erwachsenen gegenüber?

In der Schule: betrogene Schüler[8] – erzogene Lehrer

Befragt man Schüler, warum sie *gerne* in die Schule gehen, so bekommt man – seit Jahren – die gleichen Antworten, in der gleichen Reihenfolge: wegen der Freunde, wegen der (guten) Lehrer und „weil ich etwas lernen will".

Befragt man sie nach ihren größten *Belastungen* in der Schule, so nennen sie hauptsächlich zwei: *langweiliger Unterricht* und *abwertendes Lehrerverhalten.*

Wer bereits als acht-/ zehnjähriger Schüler etwa um 6.30 Uhr aufstehen muss, eine Bus- oder Zugfahrt hinter sich hat und dann von 8.00 Uhr bis 13.00/16.00 Uhr seine Lebenszeit in der Schule verbringt, fast ausschließlich in zu kleinen Klassenräumen sitzend, mit geringen Bewegungsmöglichkeiten; wer anschließend heimfährt, Hausaufgaben macht und seinen Schultag um ca. 17.30 (und oft später) beendet, hat (mindestens!) einen zehnstündigen Arbeitstag hinter sich. Seine noch verbleibende Freizeit gestaltet er dann u. U. müde, ausgelaugt, frustriert, apathisch oder exzessiv.

Das Ziel der Eltern und Lehrer: aus den Kindern bzw. Schülern tüchtige und dem Leben gewachsene Erwachsene zu machen – mit dem hohen Preis, dass man ihnen einen beträchtlichen Teil ihrer Kindheit stiehlt. Diese einge-

---

[8] Ausführlich in: Miller, Reinhold: Als Lehrer souverän sein. Weinheim (Beltz) 2011, S. 31 ff.

engte, strikte und vorgeschriebene Art von Lebensweise und -vollzug schädigt Kinder und Jugendliche, hemmt ihre Lebensentwicklung und Vitalität, ist dadurch unmenschlich, mit gravierenden Folgen wie z. B. Schlafstörungen, Appetitlosigkeit, Konzentrations- und Verhaltensstörungen, Lernflucht durch Tagträume und Schulflucht durch Schulschwänzen, Lethargie oder Aggressionen, psychosomatische Störungen, Alkoholismus, Suizidversuche.

Die Lehrerin hat mit den Kindern die Heuschrecke durchgenommen. Nun will sie wissen, wie viel vom Gelernten hängen geblieben ist. Sie wendet sich an Charly, einen blassen, neunjährigen Jungen: „Charly, wie viele Beine hat denn die Heuschrecke? Das weißt du doch bestimmt." (wobei sie ihm freundlich zunickt). Charly scheint die Frage unangenehm zu sein. Er runzelt die Stirn, überlegt, schüttelt den Kopf – und antwortet dann, erstaunlich selbstbewusst und etwas verwundert: „Frau Kosel, Ihre Probleme möchte ich haben."

Wie vielen Kindern ergeht es so wie ihm, für die „Heuschreckenfragen" Bagatellen sind, weil ihre Lebensfragen weitaus bedeutungsvoller sind als Themen und Inhalte aus dem vorgeschriebenen Lehrplan. (*Ihre* „Heuschrecken" haben einen ganz anderen Schrecken.)

Als fatal wirkt sich auch aus, dass der Druck der Eltern auf die Kinder – aus Angst, sie würden keinen wirkungsvollen Schulabschluss bekommen und bildungsarm bleiben – auf die Lehrer übergeht und dass diese wiederum die Schülerinnen und Schüler unter Druck setzen. Welche Folgen hat dies für Kinder, wenn man sie nicht genügend Kind sein lässt und ihnen zu wenig Raum gibt für ihre Entwicklung? Wie sollen Kinder und Jugendliche wohlbehalten und selbstbewusst durch ihre Schulzeit gelangen, wenn man sie in Lernställe zwängt und sie zu Lernobjekten macht?

Die Lebensgeschichten und Erfahrungen von Kindern und Jugendlichen sind, was ihre Lebensgestaltung betrifft, besonders gekennzeichnet durch *Individualität, Heterogenität, Mobilität* und *Flexibilität*. Die derzeitige Schule ist jedoch zu sehr von *Homogenität* und *Unbeweglichkeit* geprägt, und es werden nicht die nötigen bildungspolitischen und schulischen Konsequenzen gezogen.

Die Schule sollte ein Ort der Vielfalt und der Inhomogenität sein mit dem Ziel der Persönlichkeitsentwicklung der Schüler/innen und der Förderung ihrer fachlich-sachlichen Kompetenzen. Diese werden nicht durch ERziehung und Disziplinierung (von außen) erreicht, sondern durch ihre BEziehungs-erfahrungen im Kontext ihrer jeweiligen schulischen und außerschulischen Lebenswelten; durch allmähliches Hinweinwachsen in sozialverträgliche Regelwerke; durch Schutz und „Umlernhilfen" bei Übertretungen; durch qualitätsreiches Lehren und selbstverantwortliches Lernen.

Es werden *Stunden*pläne ausgearbeitet, in die die Schüler gepfercht werden, anstatt differenzierte *Lern*pläne, mittels derer sie sich entfalten können:

Beispiel einer 7. Klasse Hauptschule
Montag, sieben Unterrichtsstunden: Wirtschaftslehre, Deutsch, Mathematik, Englisch, Geschichte/ Gemeinschaftskunde, Religion, Sport. Dienstag, sieben Stunden: Deutsch, Mathematik, Englisch, Erkunde, Geschichte/Gemeinschaftskunde, Religion, Bildende Kunst. Mittwoch bis Freitag: ähnlich…

Solche Stundenpläne (Einzelstunde auf Einzelstunde: rein in ein Fach, raus aus dem Fach, rein in ein anderes…) verhindern sinnvolles und kreatives Lernen. Ein vitaler Mensch sucht sich bei diesem „Reihenangebot" lebenserhaltende Auszeiten (Abschalten, Stören, Tagträume, Absenzen, Vandalismus u. ä.).

Beispiel Oberstufe Gymnasium
1.Stunde: Englisch: „Slavery in the South"
2.Stunde: Physik: „Trägheitsgesetz"
3.Stunde: Ethik: „Toleranz"
4.Stunde: Erdkunde: „Kollisionsgebirge Himalaja"
5.Stunde: Mathe: „Nullstellen"
6.Stunde: Deutsch: „Vater-Sohn-Problematik bei Kafka"
> Man beachte die Reihenfolge der Themen: Schülerhirne sind keine Maschinen, die man aus- und einschalten kann, alle 45 Minuten für ein anderes Thema.

Durch diese didaktischen Arrangements entstehen Interferenzen, die erfolgreiches Lehren und Lernen zunichte machen, Nachhaltigkeit verhindern und sich frustrierend auf Lehrer- und Schülerseite auswirken. In diesen schematischen Unterrichtsabläufen kann kein Interesse (= dabei sein!) geweckt werden, können keine „Gier nach Neuem" (Neugier), Begeisterung und Freude entstehen. So gesehen sind es die Schulen, die Probleme schaffen und nicht die Schülerinnen und Schüler.

Und dann gibt es auch noch Lehrer, die sie fertigmachen:

Oberstudienrat O:
Keine Frage, als Fachmann für Deutsch und Englisch ist er Experte. Als Lehrer ist er gefürchtet – und seinen ironischen und abfälligen Bemerkungen, seinen Bloßstellungen ist niemand gewachsen. Interventionen seitens der Schulleitung, der Eltern und der Schulbehörde nutzen nichts. Noch immer kann er sich in der Schule halten.
> Wie lange noch? Und wie geht es den Bloßgestellten? Noch dazu, wenn sie Äußerungen von ihm und anderen zu hören bekommen wie „Du bist aber schwer von Begriff." – „Du fauler Sack, Du Blödmann" – „Du bist ein kleiner, dreckiger, dummer Junge." – „Du wirst es nie zu etwas bringen." – „Wenn ich Dich sehe, fürchte ich um meine Pension." – „Wenn ihr zu blöd seid, dann wechselt doch die Schule." – „Eure Arbeiten könnt ihr in der Mülltonne wieder finden." – „Du bist ja nur ein Mädchen."[9]

Zu diesen verbalen Abwertungen durch die Lehrer kommen Diskriminierungen (z. B. Geringschätzung der Hauptschule, Hervorhebung des Gymnasiums), destruktives Verhalten und „Erziehungspraktiken" der Schüler untereinander, von permanenten Hänseleien über Abwertungen und Ausgrenzungen bis hin zu gravierendem Mobbing. Wie gut, dass es dann Lehrer gibt, die hinschauen, einschreiten, vermitteln, Grenzen aufzeigen, helfen und durch Wertschätzung die Er- und Beziehungsschieflage wieder in eine förderliche Balance bringen.

Und wie gut und tröstlich, dass es Schulen gibt, die auf dem Weg sind, Kindern und Jugendlichen Räume für ihre Entwicklung zu geben, jenseits von Leistungsdruck bereits in der Grundschule, von Entmutigungen in der Hauptschule oder von Überforderungen in den Gymnasien und beruflichen Schulen.

Auch wenn ein Teil der o. g. Erziehungsrealität für Erwachsene während ihrer eigenen Schulzeit Realität war und wenn mitunter die Meinung herrscht „Das mussten wir früher auch aushalten." oder: „Das schadet nichts.", dann darf dies nicht bedeuten, alles beim Alten zu belassen. Änderungen *auf der Sach- wie auf der Beziehungsebene* sind dringend nötig; denn aus missachteten Schülern können nie und nimmer mündige Erwachsene werden, die in unserer Gesellschaft Verantwortung übernehmen und sinnvolle und notwendige Leistungen erbringen.

---

[9] Miller, Reinhold: Das ist ja wieder typisch. Weinheim (Beltz), 4. Aufl. 2004, S. 13.

SELBST-Betrachtung

Schreiben Sie jemandem einen Brief zum Thema „Erfahrungen aus meiner eigenen Schulzeit".

Ihr Fazit? Viel oder wenig Erziehung?

Und was ist mit den erzogenen Lehrern?

Ziehvorgänge erleben auch sie, durch die Behörden, die Eltern, die Schüler und im eigenen Kollegium. Für sie gilt das Gleiche wie für Eltern: selbst erzogen sollen sie (laut Lehrplan) die Schüler erziehen. Nach welchen Maßstäben und Kriterien? Nach ihren subjektiven Vorstellungen, nach im Kollegium vereinbarten Regeln, nach den in Schulgesetzen verordneten Maßnahmen?

Was ist ihr Ziel der Erziehung?

Zwischen den Polen Hardliner und Empathieträger sind Lehrerinnen und Lehrer häufig überfordert, chancenlos, ausgeliefert, hilflos, frustriert. Sie stehen unter Druck (= Sandwichsituation) zwischen den Vorgaben der Schulbehörden (Verordnungen und Lehrpläne), den Hoffnungen der Eltern (gute Bildung und Schulabschlüsse), den Erwartungen der Schüler (Fairness, Gerechtigkeit) und eigenen Ansprüchen (Sach- und Beziehungskompetenz). Sie sind hin und her gerissen zwischen dem Anspruch „Pro Schüler" und „Pro Lehrplan": Richten sie sich nach den Lernvoraussetzungen und der Individualität der Schüler, dann kann es sein, dass vorgegebene Lehrpläne und Ziele nicht erreicht werden. Richten sie sich nach den Lehrplänen, dann kommt eine Reihe von Schülern ins Hintertreffen – und die Elternbeschwerden und -vorwürfe häufen sich.

Lösungswege entwickeln sich nicht auf dem Feld der Erziehung, nicht durch generelle Richtlinien mit pauschalen Formulierungen, sondern in den jeweiligen Beziehungen zwischen Lehrern und Schülern auf dem Hintergrund von vereinbarten Regeln und Rahmenbedingungen der einzelnen Schulen.

In der „Kollegiumsfamilie" wird ebenfalls erzogen, wie in der Herkunftsfamilie: Dort der Vater, die Mutter, hier die Schulleitung und die Kollegen/Kolleginnen: „Hört auf zu streiten; bleibt doch sachlich; geht pünktlich in den Unterricht; füllt die Formulare rechtzeitig aus; gebt die ausgeliehenen Materialien zurück; räumt die Kaffeetassen auf…!"

Eine Referendarin berichtet: „Mein Mentor hat mir genau diktiert, in welchem Wortlaut ich meinen Unterricht zu halten hatte. Jeder Einwand hätte sich sofort in

seiner Bewertung über mich bemerkbar gemacht. Es galt das Motto: Alles im Stillen ertragen, bloß nicht laut sagen, was man denkt."
> Gehorsam sein – und tun, was andere sagen – wie in der Kindheit gelernt

Schulleiter seufzen, wenn sie an ihre Lehrerkollegien denken, weil sie sich beispielsweise „in Konferenzen benehmen wie Schüler im Klassenzimmer".

Übrigens: Mehr als 60% der Lehrkräfte scheiden wegen Dienstunfähigkeit vorzeitig aus dem Berufsleben aus. Jede dritte Lehrkraft weist Merkmale eines Burnout-Syndroms auf.

Erziehen und Erzogenwerden können krank machen, Veränderungen bei anderen durchsetzen zu müssen auch: Nach 35 Berufsjahren haben Lehrerinnen und Lehrer ihren Schülerinnen und Schülern bis zu einer Million Appelle gegeben – die in der Familie, als Vater und Mutter, nicht einmal dazugerechnet!

Im Beruf: herrschende und beherrschte Erwachsene

Die Erziehungsgepflogenheiten aus der Herkunftsfamilie und Schule setzen die Erwachsenen im Berufsleben fort, sei es als Erziehende oder als Erzogene, deutlich beobachtbar in den *Arbeitssituationen, bei Vorgesetzten, Untergebenen und Kunden.*

Zufriedenheit und Unzufriedenheit, Arbeit haben, ohne Arbeit sein, Reichtum und Armut, Regionalisierung vs. Globalisierung, Gewinner und Verlierer, Macht und Ohnmacht, Vernetzung und Isolierung bestimmen das Berufsleben. Kurzsichtige und rücksichtslose Profitmaximierung ist meist das vorherrschende Ziel, die Mittel häufig Ellenbogenmentalität und Durchsetzung. Das Ideal „Soziale Marktwirtschaft" ist auf diesem Hintergrund oft blanker Hohn und deprimierende Realität.

Kein Wunder, dass auf Grund wirtschaftlicher Gegensätze und sozialer Ungleichheiten Verhaltensweisen der Beteiligten vorherrschen, die verglichen werden können mit in der Kindheit erfahrenen strengen, unerbittlichen und hierarchischen Erziehungsmaßnahmen:

Wenn es eng wird und die Gegensätze sich verschärfen, dann gibt es die einen, die sich das angenehme Leben erhalten und die anderen, die wenigstens das Überleben sichern wollen. (Trostreich dabei ist, dass es auch Wohltäter, Sponsoren, Mäzene, human Gesinnte gibt, die versuchen, Ungleichheiten auszugleichen und zunehmende Armut zu lindern.)

Die einen werden dann zu Bestimmenden und Erziehern, die anderen zu Gehorchenden und Erzogenen. Erziehende im Berufsleben nennt man dann Vorgesetzte (statt Führende – in der Familie heißen sie Eltern). Sie haben großen Einfluss und ambivalente Wirkung, z. B. durch faire und offene Kommunikation, durch Achtsamkeit oder durch unlautere Absichten, verletzende Äußerungen und schädigende Handlungen.

Vorgesetzten sind die Ziele der jeweiligen Institution, des Betriebes wichtig. Gehören sie zu den *guten*, dann tragen sie auch Fürsorge für ihre Untergebenen, sind auf deren Wohl bedacht mit dem Ziel, ihre Arbeit anzuerkennen – und natürlich auch, dass deren Arbeitskraft erhalten bleibt und die jeweilige „Firma" floriert.

Sie sind hierarchisch in ihrer Funktion, symmetrisch jedoch in ihren Kommunikationen. Ihre Verhaltensweisen sind partnerschaftlich und wertschätzend; sie sind gleichermaßen kompetent auf der Sach- und Beziehungsebene. Die *schlechten* jedoch nützen ihre Untergebenen aus, ihre Haltung ist physische und psychische Ausbeutung, u. a. mit den Mitteln der Erziehung. Dies zeigt sich durch *Ratschläge*, die zu ihren Gunsten ausfallen; durch *Lenkung* mit Tendenzen zur *Manipulation*; durch *Disziplinierung* mit der Begründung „zu unser aller Wohl"; durch *Suggestion*, um unangenehme Realitäten zu kaschieren; durch *Unterdrückung*, um Karriere zu machen; durch *Oberservierung*, um Schaden in der Firma zu verhindern.

Sie treiben an und setzen Untergebene unter Druck; sie bedrängen, weil sie selbst unter Druck stehen; sie stellen bloß und erniedrigen, um sich zu rächen oder weil sie selbst erniedrigt worden sind:

„Wo haben Sie denn Rechtschreibung gelernt?", herrscht ein Abteilungsleiter verärgert seine Sekretärin an. „Sie gehören wohl zu denen, die die Schule dauernd geschwänzt haben, so wie hier, wo Sie ständig fehlen."

Sie kommandieren, um ihre Macht auszuspielen; sie rügen statt beizustehen und zu helfen; sie schimpfen aus Mangel an sozialverträglichen Umgangsformen; sie ziehen andere über den Tisch, um Vorteile zu erlangen; sie täuschen, um eigene Fehler zu verschleiern; sie überreden, um zu egoistischen Zielen zu kommen; sie zwingen, um Macht zu zeigen.

Augenscheinlich ist hier, wie sehr sie Verhaltensweisen aus der Kindheit übernehmen, die sie nicht von fürsorglichen, sondern von strengen, unerbittlichen und strafenden Eltern gelernt haben.

Und was die *guten* Untergebenen betrifft, so verstehen diese sich als Mitarbeiter und Partner. Sie tragen Verantwortung, sind verlässlich und berechenbar.

Wenn sie Fehler machen, so sind sie für Rückmeldungen und Korrekturen offen (z. B. in Mitarbeitergesprächen). Wertschätzende Beziehungen zwischen Vorgesetzten und Untergebenen lösen hier erzieherische Verhaltensweisen ab.

Wenn sie allerdings die Erfahrung machen müssen, „erzogen" zu werden, dann reagieren sie unterschiedlich: entweder sie *gehorchen*, weil sie abhängig sind; oder sie *halten still*, um nicht noch mehr Unannehmlichkeiten zu bekommen:

„Meinem Chef kann ich doch nicht sagen, wie sehr er mich schikaniert. Da flieg' ich doch glatt raus. Da halt' ich lieber meinen Mund.", sagte ein Arbeiter während eines Beratungsgesprächs.

Sie revoltieren, weil sie die Zustände nicht mehr aushalten; sie streiken, um Veränderungen zu erwirken; sie resignieren, weil sie mutlos sind; sie steigen aus, weil sie die Unterdrückungen nicht mehr verkraften; sie werden krank, weil sie kraftlos geworden sind.

Augenscheinlich ist auch hier wiederum, wie sehr sie Verhaltensweisen aus der Kindheit wiederholen, als sie von ihren Eltern abhängig und hilflos waren.

Wer muss nun ihren Erwachsenenfrust aushalten? Welchen Menschen gegenüber und in welchen Situationen werden sie als (im Beruf) Erzogene deshalb zu Erziehenden außerhalb des Berufes?

SELBST-Betrachtung
Als Vorgesetzte(r): Sind Sie „Erzieher" Ihren Untergebenen gegenüber – oder ist Ihre Arbeit mit ihnen partnerschaftlich und „auf Augenhöhe"?
Als Untergebene(r): Können Sie „erziehungsfrei" arbeiten? Falls Sie im Beruf erzogen werden: wie reagieren Sie?

Die Art und Weise des menschlichen Umgangs der Vorgesetzten und Untergeben untereinander hat Auswirkungen auf die Abnehmer und Verbraucher, die Kunden, ob nun Kinder, Jugendliche oder Erwachsene: Die Experten, Berater, Verkäufer in den verschiedenen Berufen werden sich ihnen partnerschaftlich zuwenden oder – sind sie doch darin von Kindheit an hoch „trainiert" – erzieherisch (und sind somit kein Geschäfts*partner*).

In einem Geschäft beginnt eine Frau dem Verkäufer ihre Kaufabsichten mitzuteilen. Ziemlich schnell wird dieser ungeduldig, unterbricht die Frau und sagt: „Jetzt hören Sie sich erst mal an, was wir hier so haben, und dann sehen wir mal weiter."
> Erziehungsappelle, insgeheim oder offen, entnommen aus Erfahrungen in der Kindheit: „Red' nicht um den heißen Brei, komm rasch zur Sache, hör mal zu. Ich bestimme, wo und wie es lang geht."

In der Sendereihe „mieten, kaufen, wohnen" (VOX) werden Immobilienhändler gezeigt, von denen man – u. a. – wiederholt den Satz hört: „Jetzt muss ich nur noch schauen, wie ich Frau A oder Herrn B. überreden kann, die Wohnung zu mieten oder zu kaufen."
> Wie würde es A oder B gehen, wenn sie hörten, dass sie *überredet* werden sollen?

„Wissen Sie was", sagte die Verkäuferin zu einer Frau. „Jetzt nehmen Sie das Bett. Sie werden sehen, darauf liegt es sich fantastisch. Sie können mir glauben, ich habe Erfahrung. Und Ihre Rückenschmerzen gehen auch weg."
> In einem Satz drei Appelle und eine Prophezeiung

Nahtloser Übergang von den Eltern zu den Verkäufern, von den Kindern zu den erzogenen Erwachsenen. Wie gut, dass es „aufmüpfige" und selbst bestimmende Erwachsene gibt, die sich dieser Art des Umgangs *ent*ziehen.

Je konkurrierender und stressiger es in der Berufswelt zugeht, umso schärfer wird der Umgangston, umso strenger werden die Erziehungsmaßnamen, umso unerbittlicher die Sanktionen: ermahnen, unter Druck setzen, abmahnen, einschränken, aussperren, mobben. Bekannt sind gravierende Fälle, in denen Betriebsangehörige sich Bagatellvergehen zu Schulden kommen ließen, die zwar auf der juristischen Seite rechtmäßig verhandelt, aber auf der zwischenmenschlichen Ebene unverhältnismäßig geregelt wurden.

In der Politik: abhängige Politiker

Erziehungsphänomene auch hier: Macht, Gehorsam, Abhängigkeiten, Anpassung, Widerstände können deshalb besonders deutlich von der Öffentlichkeit wahrgenommen werden, weil sie im Rampenlicht der Medien stehen:

Menschen entscheiden sich, „in die Politik zu gehen", weil sie besorgt sind um ihre Stadt, ihre Region, ihr Land; weil sie entweder den Status quo beibehalten oder Änderungen herbeiführen wollen; weil sie ungünstige Zustände verbessern wollen; weil sie sich berufen fühlen oder gerufen worden sind; weil sie, wie sie oft selbst sagen, ihrem Land dienen wollen.

Ihre guten Vorhaben, ihre hehren Ziele und ihre ehrenwerten Aktionen werden aber öfters durchkreuzt von persönlichen Unzulänglichkeiten und Schwächen, von unrealistischen politischen Vorstellungen, von unzufriedenen Mitbürgern, von missgünstigen politischen Gegnern und nicht zuletzt auch von Parteifreunden. Oft leidet auch ihr Privatleben unter ihren Karriereabsichten. Die offenen und heimlichen Erzieher dabei sind der Zeitgeist, die Wähler, die Parteien, die Medien. Politiker sind dann abhängig von ihnen, sogar erpressbar und lassen sich erziehen statt autonom zu sein.

Und weil sie sich als Gehorchende und Erzogene nicht wohl fühlen oder weil sie ihre Macht nicht ausspielen können, mitunter Niederlagen erleiden, benutzen sie viele Gelegenheiten, selbst zu Erziehenden zu werden. Das Erzieherkarussell dreht sich und dreht sich und dreht sich; das eine Mal sind sie als Mitfahrer Erzogene, das andere Mal Erziehende.

Was ihre Karriere betrifft: Sie ergeben sich entweder durch selbst gewählte Ziele, frei bestimmte Entscheidungen und durch akzeptierte Berufung von außen oder durch

a. eigene zwanghafte innere Motive (sog. „innere Antreiber"): *Ich* muss noch; *ich* muss doch … , damit ich es zu etwas bringe, in der Familie gut dastehe, meiner Frau gefalle, im Freundeskreis brilliere, Einfluss gewinne und mitreden kann, mein Ego befriedige, meinen Narzissmus besänftige.

b. Abhängigkeiten Dritten gegenüber, weil man sich verpflichtet fühlt oder in der Schuld steht, moralisch oder finanziell.

c. Vorteile, die man sich erhofft z. B. in Form von erkaufter Anerkennung oder vermeintlicher Liebe.

d. gelernte Verhaltensmuster aus Kindheit und Jugend, in der man aus Gehorsam tat, was einem (von den Eltern) befohlen wurde: Du musst auf jeden Fall; mach doch endlich; setz' dich auf den Hosenboden; sei fleißig; streng dich an; schau, dass du es zu etwas bringst; mach' den

Eltern keine Schande! Oder weil Rivalitäten untereinander ausgetragen wurden:

> *Ein Politiker, befragt, warum er denn in die Politik gegangen sei, antwortete: „Nur wegen meinem Vater, weil ich ihm, der ebenfalls Politiker war, beweisen wollte, dass ich besser sei als er. Es war reines Machtspiel zwischen uns."*

e. „rosige Aussichten" und Belohnungen: Macht und Ansehen, Einfluss und Mitbestimmung, Ämter und Privilegien, finanzielle Anreize – während andere mit viel Zeitaufwand malochen, um dem Gemeinwohl zu dienen.

Oft bezahlen sie als auf diese Weise Erzogene, Gehorsame und Angepasste einen hohen Preis: sich ständig überfordern, im Hamsterrad laufen, Realitäten verzerren, vom hohen Ross fallen, abgeschoben werden, in Suchtverhalten geraten, Burnout-Syndrom entwickeln, isoliert sein, einsam werden.

In einer gut funktionierenden Demokratie erleben sich Wähler und Politiker im Umgang miteinander gleichberechtigt und „auf Augenhöhe". Die Kommunikation untereinander ist wertschätzend, kooperativ. Demonstrationen und Konfrontation[10] sind legale Mittel der Meinungsmitteilung, der Klärung unterschiedlicher Ansichten. Konstruktive Lösungen werden angestrebt. Die Bürgerinnen und Bürger bewerten die Arbeit der Politiker und entscheiden sich, wen sie wählen, die Politiker akzeptieren deren Entscheidungen.

Die Erfahrung allerdings zeigt, dass Akzeptanz, Bewertung und Entscheidung weder selbstverständlich noch durchgängig Realitäten in der politischen Landschaft sind. Zu hoch sind die zwischenmenschlichen Hürden, zu undurchsichtig die Durchsetzungsstrategien, zu egoistisch die individuellen Vorlieben. Dadurch wird oftmals die politische Arbeit bagatellisiert, unfair kritisiert, pauschal abgewertet und rigoros abgelehnt. Zustimmung und freundliche Worte kommen lediglich aus den eigenen Reihen, gegensätzliche Ansichten lassen Demokraten schnell zu Gegnern werden. Gegenseitige Animositäten und Vorurteile verhindern Dialog, Verstehen und konstruktive Lösungen. Glanz in den Augen, wenn man zu Mehrheiten gelangt, Flackern dagegen, wenn man zu den Minderheiten gehört: Machtgewinn vs. Macht-

---

[10] Konfrontation hat häufig einen Beigeschmack; dabei handelt es sich um ein „auf Stirnhöhe miteinander reden": lat.: con (mit), frons (Stirn); modern ausgedrückt: face to face.

verlust. Der größte Verlierer bei diesen Ränkespielen ist dabei die Demokratie selbst.

Und es wiederholen sich u. U. Verhaltensmuster, die man als *Kinder* gelernt und als *Eltern* angewendet hat; diesmal jedoch schlüpft man in die Rolle freier Wähler oder abhängiger Politiker.

In der Rolle der Wähler(= *Eltern*): man ermahnt, lehnt ab, übt Kritik, macht Vorwürfe, verpasst einen Denkzettel, droht, bestraft.

In der Rolle der Politiker (= *Kinder*): man macht Wahlversprechen und populistische Wahlprogramme (damit man beachtet und gewählt wird); man gehorcht (damit man anerkannt/ geliebt wird); man passt sich an (um nicht ausgegrenzt zu werden); man erduldet und stimmt zu (damit die Partei zufrieden ist = der Familienfriede nicht gestört wird.)

Die Partei ist, vergleichbar mit Familien, ein „geschlossenes System" mit bestimmten Strukturen, Regeln, Konventionen, das – wie jedes andere System auch – grundsätzlich „selbstverliebt" (Niklas Luhmann) und um Zusammenhalt bemüht ist. Beide Systeme, die Familie wie die Partei, teilen Gemeinsamkeiten wie z. B. Herkunft, Sinngebung, Ziele, Vorhaben, Pläne – stoßen auf Differenzen wie z. B. Alter, Erfahrungen, Kompetenzen, durchwirkt von Konflikten und Lösungen, Streit und Versöhnung, Freude und Ärger, Frustrationen und Enttäuschungen; sie leben mit Lieblingskindern und schwarzen Schafen, Abweichlern und Ausgestoßenen, Ankömmlingen und Austretenden, Nestbeschmutzern und Vorzeigemenschen.

In der Parteien-Familie bilden sich dann Erziehende und Erzogene heraus, wenn die einen den anderen sagen, was sie zu tun haben, wenn also Macht und daraus entstehende Befehle die Oberhand bekommen. An die Stelle von Diskurs, Dialog und Vereinbarungen treten Gehorsam oder Widerstand. Parallelen aus der Kindheit in Elternhaus und Schule sind unverkennbar, wenn wir Erziehungsweisen von Politikern aufgreifen:

Erziehung innerhalb der eigenen Partei:	*Erziehungsauswirkungen (in Erinnerung an die Kindheit in Elternhaus und Schule):*
anweisen	folgsam sein oder renitent werden
ausschließen	isoliert sein/sich mit anderen verbünden
disziplinieren	brav sein oder Widerstand leisten
einschwören	sich einordnen
ermahnen	gehorchen, befolgen
erpressen	ausgeliefert sein, sich hilflos fühlen

gleichschalten	die Individualität verlieren
in die Schranken weisen	sich klein und eingeengt fühlen
überreden	eigene Meinungen aufgeben
zurechtweisen	sich schuldig fühlen
zurückschießen	verletzt sein
zwingen	die persönliche Freiheit verlieren

Die Erziehung wird strenger und verschärft sich, wenn die eigene Partei (Familie) von anderen Parteien (Familien) in Frage gestellt, angegriffen oder missachtet wird. Dies zeigt sich u. a. auch am gegenseitigen Umgangston:

Erzieherisch und häufig abwertend	*wie damals in Familie/ Schule:*
- Das sind doch kurzsichtige und dumme Parolen.	- Das ist doch dummes Geschwätz.
- Ihre Leute sitzen ja noch auf den Bäumen.	- Da ist ja ein Affe noch gescheiter als du.
- Da müssen Sie sich warm anziehen, wenn…	- Pass auf, dass du nicht kalte Füße kriegst.
- Wenn Sie Kanzlerkandidat werden wollen, müssen Sie sich bessere Manieren zulegen.	- Wenn du dich so verhältst, wirst du es nie zu etwas bringen.
- Sie sollten in Demut hier sitzen und die Köpfe nach unten neigen.	- Schämst du dich denn nicht, mir solch ein Geschmier abzuliefern?
- Sie sind als Tiger gesprungen und als Bettvorleger gelandet.	- Das kommt davon, wenn man auf dem hohen Ross daher kommt.

SELBST-Betrachtung

Vermuten Sie: Was möchten die Politiker (linke Spalte), die Mütter, Väter, Lehrer (rechte Spalte) „eigentlich" von sich selbst sagen: „Ich…?"
(„Was du über mich sagst, sagt weit mehr über dich aus als über mich.")

Wenn geredet, eindringlich eingeredet, heftig eingewirkt und angewiesen wird, dann können Empfindungen und Gefühle ausgelöst werden wie Unmut, Ärger, Wut, Zorn, Enttäuschung, Hass, Ängste, Kränkung, Erniedrigung, Scham, Verletzung – und möglicherweise verbunden mit Übertragungen oder Projektionen auf andere: die Parteigenossen, die Parteigegner, die eigenen Partner, die Kinder, die Untergebenen, Menschen im Alltag. Sie sind dann nicht direkte Ansprechpartner, sondern Ersatzpersonen. Dadurch werden echte Begegnungen unmöglich gemacht.

Wenn (Politiker-)Menschen so miteinander umgehen, dann wird es schwer für sie, miteinander ins Gespräch zu kommen, *gemeinsam* sich um das *Gemein*wohl zu kümmern; dann werden sie kaum Synergien erreichen und dann werden sie auch nicht mehr von einander lernen können, zum Schaden aller; dann kann kein Dialog, dann können keine fruchtbaren Lösungen zustande kommen. Die (negative) Erziehung, die sie in ihrer Kindheit erleben mussten, funkt in der Gegenwart dazwischen, baut Blockaden auf, hemmt Veränderungswillen, verhindert Einsichten und macht gemeinsames Handeln unmöglich. Solche Art der (wiederholten) Erziehung disqualifiziert sich selbst.

Wenn Menschen sich aber auf sich selbst besinnen und sich mit Wertschätzung begegnen, dann ergeben sich die besten Voraussetzungen für konstruktiven Diskurs, fruchtbare Diskussionen und befriedigende Lösungen.

Auch im Umgang mit den Medien erfahren die politisch Verantwortlichen diese Interaktionen, sei es als Mächtige, sei es als Ausgelieferte. Vergleicht man sie mit Eltern-Kind-Beziehungen und sieht man durch die Brille der Erziehung, so sind die Erziehungsmaßnahmen und die Reaktionen darauf vielfältig, wobei man durchaus die guten und die schlechten „Eltern" entdecken kann:

Auf Medienseite: seriös sein und sachlich berichten; vor Schaden warnen; auf faire Weise konfrontieren; wahrnehmen und auf Fehler hinweisen.

Oder: selbst brillieren und andere bloßstellen; marktschreierisch tönen auf Kosten anderer; den eigenen Vorteil suchen und anderen Schaden zufügen.

Auf Politikerseite: authentisch und dankbar für Hinweise sein; erleichtert bzw. betroffen auf Warnungen reagieren; im Dialog nach Lösungen suchen.

Oder: kontern, aus dem Feld gehen; die eigene Macht ausspielen und auftrumpfen; den Gegner fertig machen. (Es ist immer wieder festzustellen, wie häufig bei Auseinandersetzungen Destruktion vorherrscht: jemanden klein kriegen, zum Schlagabtausch auffordern – oder wenn sogar die Kriegssprache verwendet wird: angreifen, jemanden aus der Schusslinie nehmen, ihn zum Abschuss freigeben, zurückschießen, abgeschossen werden…)

„Wenn ich mich in Sitzungen anständig verhalte, dann komme ich in den Medien kaum vor; wenn ich aber die Sau raus lasse, dann stehe ich am anderen Tag in der Zeitung... So viel zur Medienwirksamkeit", sagte mir ein Politiker.
> Wer ist von wem abhängig? Wer erzieht wen?

In den Religionen: indoktrinierte Gläubige

Religionen sind durch Wahrnehmungen und Deutungen bestimmter (Natur-) Erscheinungen, durch spezifische existentielle Erfahrungen, durch Vorstellungen, Fantasien und Ideen von Menschen über Jahrhunderte hinweg entstanden. Ihre Entwicklungen, Ziele und Inhalte sind mündlich wie schriftlich überliefert worden. Wie die Geschichte gezeigt hat und zeigt, werden sie dann gefährlich, wenn aus ihnen Ideologien entstehen, die durch Indoktrination der „Gläubigen" sich manifestieren und wenn sie kein Wachstum und keine Entwicklung zulassen. Im schlimmsten Fall bilden sie den Boden für physische und psychische Gewalt. Deshalb kommt der *Erziehung* bei diesen Prozessen eine herausragende Bedeutung zu. Die Religionsgemeinschaften sind höchst daran interessiert, dass ihre jeweilige Religion tradiert wird und am Leben erhalten bleibt.

Nachfolgend beziehe ich mich auf die römisch-katholische und evangelischen Konfessionen in der christlichen Religion (in der BRD derzeit annähernd 50 Millionen offizielle Mitglieder).

Rückblick: Aufgewachsen in der Nachkriegszeit in einem *bayrisch-katholischen* Ort, war es selbstverständlich, dass die Erwachsenen ihre eigenen religiösen Haltungen, Ansichten und Verhaltensweisen uns Kindern nicht nur übermittelten, sondern sie uns aufdrängten, überstülpten, uns zu religiösen Einstellungen nötigten, ihre Gedanken und Vorstellungen infiltrierten.

Drei Beispiele:
Im Messtext für Kinder lese ich: „O Gott, Du hast uns aus nichts erschaffen. Wir gehören Dir mit allem, was wir sind und haben. Du sollst uns besitzen, für alle Zeit und Ewigkeit. Dir schenken wir uns mit Leib und Seele. Dir schenken wir die ganze Liebe unserer Herzen. Aber nicht bloß mit Worten wollen wir uns Dir aufopfern. Wir wollen Dir durch die Tat unsere Liebe beweisen und uns zu einer lebendigen Opfergabe machen...."[11]

---

[11] Entnommen aus: Gotteslob. Donauwörth (Auer) , S. 155f. und S. 278.

Man stelle sich vor, ein Text für *Kinder*, mit den Grundaussagen:

- Gottesbesitz für alle Ewigkeit
- sich Gott mit Leib und Seele schenken
- sich zu einer lebendigen Opfergabe machen

So fühlen, denken und sprechen keine vitalen, dem *Leben* zugewandten *Kinder*! Und weiter:

„Wir sagen: Gott ist wahrhaftig, weil er immer die Wahrheit sagt; er kann nicht irren und nicht lügen. Wir sagen: Gott ist getreu, weil er hält, was er verspricht. Wir sagen: Gott ist ewig, weil er immer war und immer sein wird... Wir sagen: Gott ist allgegenwärtig, weil er überall zugegen ist, im Himmel, auf Erden und an allen Orten. Wir sagen: Gott ist allwissend, weil er alles weiß; ... sogar unsere geheimsten Gedanken. Gott spricht zu uns und gibt sich auch durch die geschaffene Welt zu erkennen... Wenn ich eine schöne Blume oder den weiten Sternenhimmel betrachte, will ich denken: 'O Gott, Du bist noch unendlich schöner und größer als alles, was ich sehe.' Gott sorgt für uns, lenkt das Böse zum Guten, führt uns durch Leid zum Heil, erbarmt sich der Sünder. Gott ist die Liebe..."[12]

Ein vorgegebener Text zur Beichte : „O mein Gott und Herr! Ich habe oft gesündigt und Deine gerechte Strafe verdient. Sei mir Sünder gnädig... Mein himmlischer Vater, Du bist unendlich gut, und ich habe Dich durch meine Sünden so sehr betrübt und erzürnt..."[13]

Im Religionsunterricht schrieben wir als *12-Jährige* ins Heft: „Nimm hin, o Gott, meine ganze Freiheit. Nimm hin mein Gedächtnis, meinen Verstand, meinen Willen. Was ich habe und besitze, hast Du mir geschenkt. Ich gebe es Dir zurück und überlasse es Dir, daß Du es lenkest nach Deinem Willen. Schenke mir nur Deine Liebe und Deine Gnade; dann bin ich reich genugund wünsche nichts weiter. Amen." (Gebet nach Ignatius von Loyola)[14]

Durch diese von *Erwachsenen erfundenen* und für Kinder geschriebenen Texte, die völlig unkindlich sind, dringen sie in das Innere der Kinder ein, anstatt ihnen zu helfen, von innen zu erspüren, wie es ihnen geht, wenn sie sich oder anderen schaden, sie verletzen oder anderes Fehlverhalten zeigen:

---

[12] Ebd.
[13] Ebd.
[14] Ebd.

Eine idealisierend erzieherische Haltung verhindert selbst erfahrene Verhaltensweisen.

Die kindliche Psyche bekommt keinen Raum für ihre eigene Entwicklung, wenn sie mit den Ideologien der Erwachsenen nicht nur konfrontiert, sondern sogar gezwungen wird, diese zu übernehmen.

Die aus *Erwachsenensicht* formulierten Schuld- und Sündenbekenntnisse, bewirkten bei mir, dem *Kind,* dauerhafte Schuldgefühle und destruktive Fantasien: Gottesstrafen im Alltag, Leiden im Fegefeuer (zeitlich begrenzt) und Verbannung in die Hölle (für ewig), blockierten persönliches Wachstum, störten Entwicklungen und produzierten Traumatisierungen bis ins Erwachsenenalter hinein. Die Erwachsenen – obwohl sie aus ihrer Sicht *im guten Glauben* (!) handelten – waren blind dafür, was Jungen und Mädchen (noch dazu in der Phase der Pubertät!) zuzumuten ist und was nicht, und was es für sie bedeutet: Freiheit, Gedächtnis, Verstand und Willen hergeben; den gesamten „Besitz" zurückgeben und nichts weiter zu wünschen als Gottes Gnade...

Es war von Sünden gegen Gott und Verfehlungen gegen die Menschen die Rede, statt von Fehlern und Fehlhaltungen. Es wurden unerreichbare Ideale gesetzt, anstatt auf menschliche Entwicklungen zu achten, und Strafen ausgesprochen, statt Veränderungshilfen anzubieten. Es blieb uns nichts anderes übrig, als sich anzupassen, um einigermaßen in der Gemeinschaft zu überleben und (von nahe stehenden Personen) geliebt zu werden.

Für mich als Kind war nicht nachvollziehbar, sondern lediglich naiv „glaubend", was mir die Erwachsenen auftrugen. Und ihnen wiederum war nicht bewusst, welch' *pathologischen Sprengstoff* ihre Verhaltensweisen und christlichen Texte enthielten. Und: nicht nur, was ich zu glauben, sondern auch was ich zu denken hatte, wurde mir vorgeschrieben. Aus meiner heutigen Sicht war es von dort kein großer Schritt mehr zur Gehirnwäsche.[15]

60 Jahre später: Ich nehme den „Kleinen Katechismus für junge und erwachsene Christen" zur Hand.[16] Er stellt sich zwar nicht mehr so rigoros dar wie damals, als ich in meinem „Gotteslob für Kinder" las und betete, ist aber dennoch in Inhalt und Duktus apodiktisch – und in meiner Interpretation ein Lehrbuch (= was richtig ist und was Menschen zu tun haben), ein Lernbuch

---

[15] Miller, Reinhold: Gott, ein Geschöpf des Menschen. Hildesheim (Olms). 2. Aufl. 2010, S. 57 ff.

[16] Hoffsümmer, Willi: Glaube trägt. Kleiner Katechismus für junge und erwachsene Christen. Ostfildern (Grünewald). 13. Aufl. 2007, S. 11ff .

(= was Menschen wissen müssen) und ein Verteidigungsbuch (= wie Menschen zu reagieren haben, wenn ihr Glaube angegriffen wird).

Kostproben daraus unter dem Aspekt der Erziehung:

„Glauben können ist ein Geschenk Gottes."
> Behauptungen, ohne auf Quellen zu verweisen; Fantasien des Autors

„Der Glaube gibt dir eine klare Antwort auf die Fragen, woher wir kommen und wohin unser Leben zielt." – „Jesus sagt: Gott liebt uns! ... Jetzt weißt du in jeder Situation: Du hast einen Vater, der dich liebt, der auf dich wartet."
> Den Jugendlichen und Erwachsenen werden Lehrsätze der Kirche als Fakten vorgesetzt („Der Glaube gibt…", „Jesus sagt…"), die unumstößlich sind.

„Wenn einer den Mund aufreißt (sic!) und sagt: ‚Ich glaub nur an das, was ich sehen kann', oder ‚Beweis mir doch mal, dass es einen Gott gibt', dann erwidere wenigstens: ‚Beweis mir doch, dass es keinen gibt'."
> Despektierliche Wortwahl („den Mund aufreißen") und Aufruf zum Kontern

Du kannst Gottes Spuren erkennen: „in der Ordnung und Schönheit der Natur oder in den Meisterwerken der Menschen, im Gewissen des Menschen, in Menschen, die lieben (denn Gott ist die Liebe)".
> Die Grauen in der Welt werden verschwiegen.
„Nimm den Ausspruch Jesu wörtlich: „Wer mich sieht, sieht den Vater, d. h. du kannst die Eigenschaften des Vater-Gottes an Jesus ablesen. Jesus ist wie Gott: gütig, gerecht, barmherzig…"
> Eigenschaften Gottes und Jesus' werden von Menschen gesetzt.

Die Beispiele zeigen Glaubenserziehung im „klassischen Stil": Oktroyierung von Erfahrungen, Ansichten, Glaubenssätzen und absoluten Wahrheiten – und häufig die Negierung subjektiver Erfahrungen, persönlicher Suchbewegungen, besonders von Kindern und Jugendlichen.

Die Geschichte zeigt: Es gibt keine absoluten und ewigen Wahrheiten in einer endlichen Welt. Jede Zeit hat ihre eigenen Wahrheiten, die sich im jeweiligen Kontext der verschiedenen Epochen verändern.

In den Religionen spiegelt sich das gesamte Spektrum *menschlicher* Hoffnungen und Wünsche, Erfahrungen von Liebe und Leid, Höhenflüge und Abgründe, Sehnsüchte nach allumfassenden Tröstungen.

Beispielsweise bringt der Text der zehn Gebote existentielle und elementare Erfahrungen und Einsichten von Menschen in ihrem Glauben an Gott und in ihren Beziehungen untereinander zum Ausdruck. Über all die Jahrhunderte hindurch sind sie als Maßstab für die Gottes- und Nächstenliebe zitiert worden in der Form eines *Erziehungskanons* für die Menschen.

Ich notiere links die übliche Übersetzung,[17] rechts meine Formulierungen als Beziehungsaussagen, wobei ich nicht auf die theologischen Inhalte eingehe:

Erziehungskanon:	*Beziehungsaussagen:*
1. Du sollst keine anderen Götter neben mir haben!	1. Ich akzeptiere dich als alleinigen Gott.
2. Du sollst den Namen Gottes nicht verunehren!	2. Ich achte und ehre deinen Namen.
3. Gedenke, daß du den Sabbat heiligest!	3. Ich brauche als Mensch Ruhetage.
4. Du sollst Vater und Mutter ehren!	4. Weil ich meine Eltern liebe, achte und ehre ich sie.
5. Du sollst nicht morden!	5. Ich trachte danach, Leben zu erhalten.
6. Du sollst nicht ehebrechen!	6. Ich achte meine Ehe und bin treu.
7. Du sollst nicht stehlen!	7. Ich achte das Eigentum anderer.
8. Du sollst kein falsches Zeugnis geben wider deinen Nächsten!	8. Ich sage die Wahrheit.
9. Du sollst nicht begehren deines Nächsten Frau!	9. Ich bin meiner Frau/meinem Mann (meinem Partner/meiner Partnerin) treu
10. Du sollst nicht begehren Deines Nächsten Hab und Gut!	10. Ich achte den Besitz anderer.

Das „Du sollst dies und jenes tun…" ist ein Anspruch, eine Forderung an andere – und damit Moral, auf dem Hintergrund der Macht. Die „Ich…"-Formulierungen drücken jedoch einen Anspruch an sich selbst aus – und sind somit ethische Aussagen, auf dem Hintergrund der Liebe, weil sie auf Ansprüche an andere verzichtet. (Liebe fordert nicht.)

Formuliert man die Zehn Gebote als *Selbst*mitteilungen (Ich-Aussagen), so vermeidet man den „moralischen Zeigefinger". An die Stelle der Erziehung zur Einhaltung der Zehn Gebote treten Selbstwahrnehmung, Selbstre-

---

[17] Hoffsümmer, Willi: Glaube trägt… S. 86 ff..

flexion und Handeln im Kontext von ICH und DU. Es wird nicht von außen gesagt, was zu tun ist, sondern von innen heraus auf Grund der persönlichen und zwischenmenschlichen Erfahrungen ein Eigenhandeln möglich gemacht.

Erzbischof Dr. Robert Zollitsch, Vorsitzender der Deutschen Bischofskonferenz, nahm in der Vorweihnachtszeit 2011(über die Medien) u. a. zur Armut in Deutschland Stellung und sagte, den Menschen müsse man ins Gewissen reden und ihnen sagen, was sie zu tun haben.

> Erziehung in Reinform: Den Menschen ins Gewissen reden und ihnen sagen, was sie zu tun haben, was heißt, dass er ihnen keine eigene Einschätzung und Selbstentscheidung zutraut.

Betrachten wir die drei für das Abendland wichtigsten monotheistischen Weltreligionen (Christentum, Judentum, Islam) unter dem Aspekt der *Tradition* (Überlieferung des Herkömmlichen), der *Erziehung* (Infiltration der Überlieferung) und *Beziehung* (Freigabe zur Selbstentscheidung). Ihre Fundamente, auf die sie bauen, sind für sie jeweils „Heilige Bücher":

Für das *Christentum* ist es die Bibel (Altes und Neues Testament) als offenbartes Wort Gottes. Auf katholischer Seite kommt die Lehre der Kirche hinzu. Für das *Judentum* sind es die Tora und der Talmud, für den *Islam* ist es der Koran.

Was die religiöse Erziehung in den christlichen Religionsgemeinschaften mit professioneller Religionspädagogik betrifft, so haben sich in den letzten Jahrzehnten gravierende Änderungen ergeben: Die Glaubenstradierung in den Familien ist drastisch zurückgegangen und aus der reinen „Glaubensunterweisung" ist vielerorts ein Religionsunterricht geworden, der vielfältige Erfahrungen zulässt und thematisiert, der Raum gibt für persönliche Klärungen. Es herrscht Offenheit für die Ansichten der Kinder und Jugendlichen (wobei letztere selbst entscheiden können, ob und wann sie aus dem Religionsunterricht austreten). Die Zeit der Infiltration ist vorbei, in der Menschen unter großen Schwierigkeiten, inneren Kämpfen und tief liegenden Schuldgefühlen sich mit ihrer (an-)gelernten und oktroyierten Religion auseinandersetzen mussten.

Die *Lehre* der römisch-katholischen Kirche hat zunehmend an Einfluss verloren. Wurde früher die „reine Lehre" verkündet und von den Gläubigen angenommen, so bestimmen sie jetzt zunehmend selbst ihr religiöses Leben. Immer mehr Menschen verlassen das enge Glaubensgebäude der Kirchen und die Globalisierung tut das ihre, den Einzelnen Möglichkeiten zu geben, sich in der Welt umzusehen und die Religionen in ihrer Vielfalt, mit ihren Stärken, Schwächen und Gefahren, kennen zu lernen. Die Menschen suchen sich ihr eigenes religiöses Haus, das ihren subjektiven Vorstellungen entspricht, gehen eigene spirituelle Wege, fühlen sich mit Gleichgesinnten verbunden. Sie lassen sich nicht mehr in geistliche Zwangshäuser einweisen und agieren beispielsweise autonom als „Kirche von unten".

Für die orthodoxen Gläubigen im Judentum und Islam liegt der Schwerpunkt auf der Überlieferung ihrer Religion, was durch strenge Erziehung gewährleistet wird. Aber auch hier sind „reformatorische Gegenbewegungen", Lockerungs-tendenzen feststellbar, Versuche der Befreiung von den Fesseln der „Väter" und Suche nach eigenen persönlich stimmigen religiösen oder profanen Überzeugungen.

Religiöser Fanatismus hat nirgendwo Platz. Er widerspricht sich selbst. Man kann religiöse Inhalte oktroyieren oder infiltrieren. Glauben, Liebe, Vertrauen... entstehen jedoch nicht – wie alle anderen zwischenmenschlichen Haltungen – durch Erziehung:

Loriot, alias Victor von Bülow, auf die Frage, warum er Christ sei: „...weil ich so erzogen worden bin".

Eine zehnjährige Schülerin: „*Im Religionsunterricht haben wir gelernt, dass es einen Gott gibt und dass er uns liebt.* " (Gelernt, aber nicht erfahren)

... sondern durch unmittelbare Erfahrungen mit Menschen, die selbst glaubwürdig, Vertrauen erweckend, verständnis- und liebevoll sind.

Es stehen sich somit Infiltration durch andere und Erfahrungsoffenheit gegenüber:

Tradition plus Infiltration ergeben religiöse *Erz*iehung.

Erfahrung plus Sozialisation ermöglichen Entscheidungsfreiheit.

Nicht nur die gläubigen Laien sind bisher erzogen worden, nein, auch viele Kleriker stehen in Erziehungsverhältnissen zueinander: der Papst, die Kardinäle und Bischöfe (katholische wie evangelische) übernehmen dabei die Väterrollen – und die meisten der Priester, Ordensleute und Pfarrer gehorchen klaglos als „Söhne und Töchter", weit davon entfernt, auch religiös mündig zu sein. Und diejenigen, die sich in den Augen ihrer Vorgesetzten aufmüpfig verhalten, werden entweder geheim oder öffentlich gerügt oder sogar aus den Ämtern entlassen: vorherrschend ist das Gesetz, nicht aber die Liebe. (Besonders deutlich wurde dies beispielsweise im Umgang mit den Theologen Hans Küng und Eugen Drewermann, mit denen man erzieherisch, streng, rigide verfuhr.)

Wer auf Dauer sich gehorsam *unterwirft* (im Gegensatz zur freiwilligen persönlichen Zustimmung), der läuft Gefahr, sich selbst oder andere psychisch zu schädigen, weil der (blinde) Gehorsam in Macht umgewandelt wird. Deutlichstes Beispiel ist der sexuelle Missbrauch anbefohlener junger Menschen in vorwiegend katholischen Institutionen. Liebende Menschen jedoch geben die ihnen Anvertrauten frei in ihre eigenen Entwicklungsmöglichkeiten, Erfahrungen und Entscheidungen, seien sie profaner oder religiöser Art.

SELBST-Betrachtung
Wie umfangreich ist *Ihr* „Kapitel", wenn es um Religion, Glauben, religiöse Erziehung geht? Und von welchen Erinnerungen ist es geprägt?

In den Medien: ohnmächtig-mächtige Konsumenten

Verantwortungsvolle Medienmenschen sind bestrebt, in Presse, Funk und Fernsehen seriös, sachlich ausgewogen und Personen gegenüber angemessen zu berichten. Die Würdigung, beispielsweise in Form von Preisen, die sie für ihre Arbeit bekommen, bestätigt ihre Absichten und ihre Ergebnisse, nämlich für Qualität zu sorgen und die Konsumenten in ihren vielfältigen Ansprüchen ernst zu nehmen.

Von Erziehungstendenzen und Lenkungsmanövern ist bei solcher Art von beruflicher Einstellung nichts zu spüren, wohl aber von Wertschätzung den Abnehmern gegenüber und von Transparenz ihrer Vorhaben und Tätigkeiten.

Wenn allerdings Populismus, Konkurrenzdenken und Profitmaximierung ihr Handeln bestimmen, dann kommt es zu zwischenmenschlichen Schieflagen und Manipulationen. Die Wechselhaftigkeit und Wechselwirkung zwischen Erziehern und Erzogenen wird dadurch besonders deutlich und unter bestimmten Bedingungen, Konstellationen und Absichten sind die Produzierenden und die Konsumenten zugleich Erziehende und Erzogene: Wer hat Einfluss auf wen? Wer sind die Unabhängigen, wer die Abhängigen, wer die Mächtigen, wer die Ohnmächtigen? Wer bestimmt über wen? Wer hat die Fäden in der Hand, wer gibt die Zügel aus der Hand?

Aus den vermeintlich herrschenden Machern können rasch die Beherrschten, aus den vermeintlich beherrschten und manipulierten Konsumenten können rasch Herrschende werden. Es ist – wieder – wie in der Familie: Die Eltern bestimmen, die Kinder gehorchen oder lehnen sich auf – oder drehen sogar den Spieß um und werden im schlimmsten Fall selbst zu Herrschenden.

Im Fernsehen wird „am laufenden Band" gesagt, was Menschen tun sollen, wobei eine Reihe von Appellen „subkutane" Erziehungsversuche sind:

Machen Sie mit! – Chatten Sie mit! – Schauen Sie zu! – Melden Sie sich an! – Schauen Sie rein! – Bleiben Sie dran! – Rufen Sie an! – Schalten Sie nicht aus! – Freu'n Sie sich bei unserer Sendung... – Schauen Sie ins Internet! – Machen Sie's gut! – Passen Sie auf! – Sie sollten unsere Sendung sehen! – Schalten Sie ein! – Das sollten Sie sich nicht entgehen lassen! – Glauben Sie uns! – Denken Sie positiv! – Machen Sie was draus! – Unser Reporter ist schon ganz aufgeregt. Und Sie sollten auch aufgeregt sein!...

Sie *bieten* nicht an, sondern sie *biedern* sich an und sehen die Konsumenten als Erfüllungspersonen ihrer Anweisungen.

Zieh- und Schiebebewegungen von Fernsehmoderatoren:

antreiben	Jetzt machen Sie das doch einfach!
beharren	Wenn ich Ihnen sage, dass das so ist, dann ist das so!
bloßstellen	Jetzt stellen Sie sich doch nicht so an!
ermahnen	Machen Sie das ja nicht!
pushen	Auf, Tempo, nur nicht so langsam!
rügen	Ich hab's Ihnen ja gleich gesagt: Sie hätten nicht...
schimpfen	Sie sind ja bescheuert!
vereinnahmen	Glauben Sie mir! Sie können das schon!

Die Appellierten kommen sich dann vor wie in einer Familie, in der der Haussegen schief hängt und in der das häufigste Kommunikationsmittel Befehle sind. Was fehlt, sind Verständnis für die Zuschauer, Differenzierung der Aussagen und Rücksichtnahme auf die unterschiedlichen Bedürfnisse, die ja via Umfragen meist bekannt sind.

Aber zum Glück können die Zuschauer und Zuhörer auch appellresistent sein, indem sie wissen, wo der Ein- und Ausschaltknopf ist, was sie selbst wollen und was für sie persönlich gut ist.[18]

Eines der Hauptmotive der Moderatoren, die anordnen, appellieren, sagen, was andere tun sollen – und zum „Dranbleiben" verleiten – ist die Erhöhung der Einschaltquoten mit den Zielen:

a. der Öffentlich-Rechtlichen: möglichst viele Zuschauer zu gewinnen; das eigene Prestige zu steigern; als Sieger im Konkurrenzkampf hervorzugehen

b. der Privaten: möglichst vielen Zuschauern Werbesendungen zu vermitteln; finanziell unabhängig zu sein; das Medienfeld zu beherrschen.

Dadurch sind die Fernsehsender mit ihren Verantwortlichen gleichzeitig Erziehende *und* Erzogene, Herrschende *und* Beherrschte, „Herr *und* Knecht", weil sie auf der einen Seite sagen, was andere tun sollen (um zu überleben) und auf der anderen Seite selbst tun müssen, was die Konsumenten wollen (um zu überleben), ein und dasselbe (Überlebens-)Motiv, jedoch aus zwei gegensätzlichen Grundpositionen heraus:

Als *Erzieher* fungieren sie, wenn ihre Einstellung darin besteht, ihre Untergebenen auf die Haus gemachten Leitlinien „einzuschwören" und die Konsumenten zu beeinflussen oder gar zu manipulieren, damit „Senderzufriedenheit" herrscht. Gelingt ihnen das nicht, laufen sie Gefahr, ausgemustert, d. h. abgesetzt zu werden, auch Rausschmiss genannt.

Sie werden zu *Erzogenen*, wenn sie den Konsumenten gehorchen und ihnen zu lieb handeln, um sie nicht zu verlieren, immer das Damoklesschwert der Einschaltquoten über sich – wie damals in ihrer Kindheit, als sie von der Liebe der Eltern abhängig waren und Strafen drohten, wenn sie nicht „lieb" waren. (Auch hier gab es deswegen manchen familiären „Rausschmiss".)

Erziehung via Netz
Es informiert, kontrolliert, überwacht, verspricht Freiheit und produziert vielfach Abhängigkeit und Suchtverhalten. Inzwischen hat der Slogan „Wir *sind* das Netz." durchaus seine Berechtigung.

---

[18] Wie gut, dass es Moderatoren gibt, wie z. B. Sven Plöger, der über das Wetter informiert, und nicht mehr – und sich dann mit einem verschmitzten „Tschüß" verabschiedet.

Ein riesiger Sammelspeicher an Informationen, Wissen und Kommunikationen ist entstanden, der den Benutzer Mensch längst überflutet hat und dessen Auswirkungen derzeit überhaupt nicht überschaubar sind. Eine Fundgrube für Menschen, die ihre Macht ausspielen, für autoritäre Institutionen und diktatorische Staaten, aber auch für Schaulustige, Wissensdurstige, Interaktions- und Experimentierfreudige.

Kinder, Jugendliche und Erwachsene verbringen Überstunden vor dem Bildschirm, mit dem iPhone und ähnlichen elektronischen Partnern, schulisch, beruflich und in der Freizeit – und die Bild-Medien übernehmen bildende (!) und *erzieherische Funktionen* in Überzahl mit besonders hohem Wirkungs- und Einflusscharakter: Sendungen und deren Protagonisten können zeigen, wie Menschen in ihren Beziehungen untereinander agieren: sozialverträglich oder abwertend, fair oder unfair, tolerant oder intolerant, ermutigend oder verletzend, aufbauend oder vernichtend... (Beispielsweise Moderatoren als Vorbilder für extrem unterschiedlichen Umgang mit Menschen, von respektlos bis Respektvoll.)

Die Programme sind ein Abbild der vielfältigen Ansichten und Meinungen in unserer Gesellschaft. Gerade deshalb haben die Programmgestalter und Internetanbieter besondere Verantwortung, was ihre Sendungen und Angebote betrifft, weil die Konsumenten, Kinder, Jugendliche wie Erwachsene, geprägt werden von der Vielzahl der Möglichkeiten. Insofern ist es berechtig, von „Fernseherziehung" zu sprechen, womit gemeint ist zu *lernen*, wie man mit visuellen Medien „vernünftig und gesund" umgeht.

Die Spannweite ist groß: von hohem Bildungswert bis zu Bildungsklischees, von Unabhängigkeit bis zu Abhängigkeiten, von Selbstbestimmung bis zur Fremdbestimmung, von Selbstdisziplin bis zum Suchtverhalten.

Hier werden die Stärken *und* Schwächen der Medien deutlich, je nachdem, wie die Verantwortlichen mit Informations-, Unterhaltungs-, Erziehungs- oder Bildungsabsichten die Programme gestalten: z. B. durch Beeinflussung, Beratung, Disziplinierung, Ermutigung, Indoktrinierung, Intervention, Klarheit, Lenkung, Manipulation, Suggestion. Zudem ist die Unterscheidung zwischen *Erziehung* (= bewusste Absicht der Sendenden) und *Wirkung* (= unbewusste und bewusste Prägung bei den Empfängern) von Bedeutung: Der Macht der „Macher" steht die Entscheidungsfreiheit der Konsumenten gegenüber. Und auch hier gibt es, was die Medienwirkung betrifft, ebenfalls kein kausales „Wenn..., dann...":

Ein jugendlicher Amokläufer wurde nach seinen Gründen befragt und gab zur Antwort: „Weil ich ins Fernsehen kommen wollte und in die Bildzeitung auf Seite eins. "

„Jugend forscht": Zwei Sieger antworteten im Interview, dass sie ohne die Informationen aus dem Internet das Projekt gar nicht hätten durchführen können.

Ein Junge rempelt eine Lehrerin im Gang an mit den Worten: „Verdrück dich, du Fotze, sonst nehm' ich dich von hinten. " (Im Gespräch mit ihm stellte sich heraus, dass er schon, bevor er in die Schule geht, „sich Pornos reinzieht".)

Zwei Mädchen arbeiten in ihrer Freizeit freiwillig in einem Pflegeheim: „Das haben wir im Fernsehen gesehen – und da wollen wir jetzt unbedingt mitmachen. "

Erzogene sind den medialen Einflüssen (die man früher auch „heimliche Erzieher" nannte), weitaus stärker ausgeliefert, weil sie die Mechanismen kaum durchschauen und „Erziehung" gewohnt sind. Mündige Menschen jedoch, denen Erziehung erspart blieb oder die sich von ihr befreien, denen also Erziehung fremd geworden ist, sind weniger gefährdet, weniger abhängig, weniger ausgeliefert, weil sie die Macher und deren „Machenschaften" durchschauen und entscheidungsfähig sind: sie lassen nicht zu, dass man erzieherisch mit ihnen umgeht; sie springen nicht – wie ein folgsames Hündchen – über das dargebotene Stöckchen, sondern agieren selbstbewusst und autonom.

Zieh- und Schiebevorgänge nützen höchsten den Ziehenden und Schiebenden, auf keinen Fall aber den Gezogenen und Geschobenen.

Auch im Bereich der Kunst gibt es beides: Auf der einen Seite *Erziehung*, da die Künstler Absichten haben, etwas zu bewirken, andere zu verändern, Einfluss zu nehmen (Propagandakunst, Kunst in der und durch die Werbung, christliche, sozialistische oder faschistische Kunst). Auf der anderen Seite *Beziehungen* zu den Kunstinteressierten, da die Künstler „nur" darstellen, zeigen wollen und es den ihnen überlassen, was sie wahrnehmen, was sie empfinden, was sie interpretieren.

SELBST-Erfahrung
Sie sind Programmdirektor/in in einem Fernsehsender. Stellen Sie sich vor, Sie hätten die Gelegenheit, eine mehrteilige Sendung zum Thema „Erziehung heute" zu produzieren: Welche Themen kämen aus Ihrer Sicht unbedingt zur Sprache?

II. Warum Erziehung schädlich ist

> „... ich frag mich jetzt, ob das, was man
> als Pädagogik bezeichnet, nicht einfach
> ein Problem der Macht ist und ob wir
> nicht viel mehr über die verborgenen
> Machtverhältnisse sprechen und schrei-
> ben sollten, als uns über noch bessere
> Erziehungsmethoden den Kopf zu zer-
> brechen?"
>
> M. F., Lehrer

Erziehung wird fast ausschließlich im Kontext zwischen Erwachsenen und Kindern bzw. Jugendlichen gesehen. So betrachtet müsste Erziehung spätestens dann aufhören, wenn diese erwachsen geworden sind. Heißt das: gesetzlich mit 18 Jahren, physisch mit Einsetzen der Geschlechtsreife, psychisch mit dem Gefühl, reif und selbstständig zu sein?

Weit gefehlt. Im 1. Kapitel wurde deutlich, dass Erziehen und Erzogenwerden für die Menschen ein lebenslange Erfahrungen sind, sei es in privaten wie in öffentlichen Bereichen, und dass die Einwirkungsmethoden – trotz aller gut gemeinten Bemühungen – meist fruchtlos sind und schwerlich Wege ins Freie ermöglichen

- weil sich durch Erziehung grundsätzlich keine von Erziehung befreiten Menschen entwickeln können: wenn jemand permanent gesagt bekommt, was er tun soll, lernt er zwar gehorsam zu sein, aber nicht, autonom zu werden.
- weil Erziehung auf Macht und Gehorsam basiert, was bei Menschen Wachstumsblocker, Fehlentwicklungen und Störungen hervorrufen kann: Störungen physischer und psychischer Art sind schlechte Voraussetzungen, Mündigkeit zu erreichen.
- weil Erziehung Menschen durch Übergriffe vereinnahmt und sie durch Strafen und Loben instrumentalisiert: Vereinnahmung und Instrumentalisierung fördern Abhängigkeit und verhindern Selbstentwicklung.

- weil die Erziehenden die Erzogenen an sich binden, anstatt ihnen Freiräume zu ermöglichen: Gebundene sind handlungsunfähig.

Macht und Gehorsam

Die Erfahrung, machen zu sollen, zu müssen, was andere wollen, durchzieht ein ganzes Menschenleben, und das „Sei gehorsam!" oder das strengere „Gehorche!" oder gar das drohende „Wenn du nicht gehorchst, dann…!" klingt als Lebensmelodie in Moll oder als Misston und Dissonanz vom Elternhaus und der Schule bis ins Berufsleben, Rentenalter und Seniorenheim. Der Hauptsatz des Gehorsams, auf dem Hintergrund der Macht, lautet: Du machst dies und jenes, weil *ich* es will!

Machtbeziehungen und Liebesbeziehungen schließen sich aus, denn Macht ist festhalten, während Liebe freigeben ist und das Aufgeben der Machtspiele wie Belohnen, Bestrafen, Drohen, Erpressen, Einschüchtern, das Aufgeben der Unterwerfungsspiele wie Dienern, Lobhudeln, Schmeicheln, Nach-dem-Mund-Reden. Gehorsamsein heißt, erfüllen was der/die andere will:

In meinem katholischen Elternhaus waren der Katechismus und das Gebetbuch „Lob Gottes" die wichtigste Literatur. Als ich eines Tages (ca. 15 Jahre alt) ein Buch mit Brechtschen Dramen nach Hause brachte, meinte mein Vater (in einer Mischung aus freundlich und sorgenvoll): „Das ist nichts für dich. Der glaubt ja nicht mal an Gott."

Damals, noch „folgsam", legte ich das Buch aus der Hand. Meinem geliebten Vater konnte ich doch diese Bitte nicht abschlagen. Ich selbst aber hatte es lange Zeit schwer, mich auch anderen Welten als der katholischen zu öffnen.
> Gehorsamsein als Erkundungshemmung und Entwicklungsbremse

Wie auch immer die Erziehungserfahrungen sein mögen: selbst bestimmen, eigene Wege gehen und frei entscheiden können wird verhindert – vor allem dann, wenn Bestrafungen die Ziehvorgänge untermauern:

Um das Jahr 1820 summierte der Lehrer Johann Jakob Häberle aus Oberschwaben, nachdem er 51 Jahre lang Lehrer gewesen war, seine Erziehungsmaßnahmen, und kam zu folgendem Ergebnis: 7 Stockschläge, 124 010 Rutenhiebe, 136 715 Handschmisse, 115 800 Kopfnüsse, 10 989 Linealklapse, 12 763 Schläge mit der

Bibel, 10 235 Maulschellen, 7 905 Ohrfeigen, 3 001 Sack tragen, 777 auf Erbsen knien, 612 auf Holzscheiten knien. Alle zwei Jahre brauchte er eine neue Bibel – ca. alle drei Minuten erfolgte eine Züchtigung.

Was war es, was ihn dazu trieb, so mit seinen Schülerinnen und Schülern umzugehen? War es die Weitergabe der Züchtigungen, die er selbst erhalten hatte? War es die Überzeugung, Züchtigung sei pädagogisch richtig? War es – offen oder insgeheim – der „Wille zur Macht" – und dahinter die Angst vor Autoritätsverlust?

Was ihn betrifft, so wissen wir es nicht.

Aber es gibt deutliche Anzeichen, dass auch zwei Jahrhunderte später das Thema Macht immer noch Erziehungsrealität ist:

Wie geht es *Kindern, Jugendlichen und Erwachsenen,* wenn sie ständig von anderen gesagt bekommen, was sie tun sollen; wenn man ihnen ihre Gefühlsäußerungen verbietet; wenn ihre Erfahrungen bagatellisiert und ihnen Meinungen anderer oktroyiert werden; wenn sie im Elternhaus, in Klassenzimmern, in Büroräumen und Werkhallen gemobbt werden?

„Solange du deine Füße unter meinen Tisch stellst, bestimme ich." Wer bestimmt über wen, wer übt Herrschaft aus? Wo endet die Erziehung, wo beginnen Vereinnahmung und Bevormundung und wo gehen sie in Nötigung und Erpressung über?

Kein Ende mit dem Appellieren, Kommandieren und Zurechtrücken, mit dem Ziehen und Zerren, mit dem Schubsen und Gängeln, mit dem Schnitzen und Hobeln, mit dem Schleifen und Glätten! Das hält kein lebendiger Organismus aus: Er reagiert entweder aggressiv oder depressiv – mit all den bekannten Wachstum hemmenden, Selbstbestimmung unterdrückenden Symptomen, belastend für Erziehende wie für Erzogene:[19]

Schüler: „Warum müssen wir den Scheiß lernen. Das brauchen wir doch später nie!" – Konsterniert antwortet der Lehrer: „Weil ich es will."
> Dass er auf die Schüler eingehen oder auf den Stoffplan verweisen könnte, übersieht er in seiner Aufregung.

---

[19] *Funktional* bedingte Anweisungen, Appelle u. ä. zähle ich nicht dazu, da sie entweder sachlich legitimiert oder im Kontext der Beziehungen vereinbart sind, z. B. als Trainer, als Experten, als Vorgesetzte, als Helfende oder Schützende (Polizei).

Erkenntnisse der Neurobiologie, der Verhaltenspsychologie und die Sicht vom Menschen als ein autonomes Wesen und eine Persönlichkeit von Geburt an, sind der Grund, warum Erziehung keine den Menschen angemessene Umgangsform ist. Die Genforschung bestätigt, dass Gene beeinflussbar sind, streicht aber die These, *gezielte* Veränderbarkeit von außen sei möglich und Erziehung sei ein Vorgang, den jungen, „unfertigen" Menschen zu einem „fertigen" und „reifen" zu machen. Wann ist ein Mensch „fertig und reif"? Ebenso ist die Ansicht, Erziehung sei ein notwendiger linearer Vorgang, bei dem bestimmte Maßnahmen als Input zu entsprechenden Verhaltensweisen als Output führen, längst hinfällig. Es gibt kein „Wenn, dann..." in der Erziehung, keine Kausalität, keine Programmierung. Zu viele Anlage-, Umwelt- und Einflussfaktoren bestimmen die jeweiligen Lebenswege und Entscheidungen, zu vielfältig ist das Wechselspiel zwischen diesen Variablen, zu stark die Evolution, die sich ihre Entwicklungsvorgänge nicht vorschreiben lässt, zu komplex ihr System, als dass es Linearität vertragen würde. Humane Verhaltensweisen, um Menschen Selbstbestimmung zu ermöglichen, sind stattdessen Zulassen von Entfaltung und Entwicklung, Vielfaltangebote, Befürwortung von Werterelativismus, Wertepluralität und Ermutigung zu überschaubarer Risikobereitschaft.

Es gibt drei spezifische Reaktionen von Menschen auf Erziehung:

a. Die einen übernehmen, gehorsam oder freiwillig, die gegebenen Vorschriften und Vorgaben der Erziehenden und setzen deren Tradition fort.
b. Die anderen modifizieren sie, treffen eine Auswahl, behalten aber die vorgegebene Richtung bei.
c. Die Dritten ändern radikal die Richtung und die Art und Weise ihrer bisher gewohnten Lebensgestaltung.

Mir fällt dazu ein Bild ein: Es ist wie eine Fahrt mit dem Zug: Entweder ich bleibe im gleichen wie die Erziehenden (was diese freuen wird); oder ich steige aus und nehme den, der vom Kurs abweicht (was bei den Erziehenden eventuell Missmut hervorruft); oder ich steige aus, fahre in die Gegenrichtung und komme ganz woanders an, was zu erheblichen Konflikten mit ihnen führen kann.

Petra und Siegfried, Geschwister, werden katholisch erzogen. Mit 19 Jahren tritt Siegfried aus der Kirche aus (c), mit 22 tritt Petra in den Orden der Franziskanerinnen ein (a)

Manche der RAF-Terroristen kamen aus einem evangelischen Pfarrhaus (c).

Frau S.: Ich habe meist das Gegenteil von dem getan, was meine Eltern, meine älteren Geschwister, meine Lehrer wollten; als Kind galt ich als renitent, aufmüpfig. Wäre ich das nicht gewesen, ich hätte den Krieg nicht so unbeschadet überlebt. Ich habe gelernt, mich zu behaupten und durchzusetzen (c).

Lob des Ungehorsams

Sie waren sieben Geißlein und durften überall reinschaun,
nur nicht in den Uhrenkasten, das könnte die Uhr verderben,
hatte die Mutter gesagt.
Es waren sechs artige Geißlein, die wollten überall reinschaun,
nur nicht in den Uhrenkasten, das könnte die Uhr verderben,
hatte die Mutter gesagt.
Es war ein unfolgsames Geißlein, das wollte überall reinschauen,
auch in den Uhrenkasten, da hat es die Uhr verdorben,
wie es die Mutter gesagt.
Dann kam der böse Wolf.
Es waren sechs artige Geißlein, die versteckten sich,
als der Wolf kam, unterm Tisch, unterm Bett, unterm Sessel,
und keines im Uhrenkasten,
sie alle fraß der Wolf.
Es war ein unartiges Geißlein, das sprang in den Uhrenkasten,
es wusste, dass er hohl war, dort hat's der Wolf nicht gefunden,
so ist es am Leben geblieben.
Da war Mutter Geiß aber froh.

Franz Fühmann

Nein: Keine Erziehung durch oder von Menschen, keine Veränderungsabsichten, auf welcher Altersstufe auch immer. Auch kein Gehorsamsverlangen mit dem Ziel *der Umformung* und *Fremdregulierung*. Diese Eingriffe in die Persönlichkeit des Menschen sind ethisch nicht vertretbar. Ferner kann es auch nicht wirklich gelingen, dass wir andere Menschen nach *unseren* Vorstellungen „bilden" und erziehen. Aber wir können *Bedingungen* schaffen, dass andere sich entwickeln, gemäß ihrer eigenen Persönlichkeits-struktur *und* ihrer Durchlässigkeit für Außenwirkungen. So betrachtet wird die „macht-volle" Erziehung abgelöst durch „macht-lose" Beziehungen der Menschen untereinander. Deren Verhaltensweisen sind u. a. Wahrnehmen, Einfühlen, Umsorgen, Begleiten (mit Orientierungshilfen), behutsames Entfalten lassen, Ermöglichung von Rechten, Einforderung von Pflichten und schließlich Begrenzen. (ausführlich siehe IV: Erziehungsfreie Beziehung)

Aber auch alle diese respektvollen Beziehungsvariablen sind nicht störungs- und konfliktfrei, sondern sind von Ambivalenzen geprägt: von Nähe und Ferne; Selbstständigkeit und Abhängigkeit; Bindung, Lösen und Freigeben; Anerkennung und Ablehnung; Vertrauen und Enttäuschungen; Offenheit und Verschlossenheit; Rollen-Asymmetrie und kommunikative Symmetrie. Und immer gibt es auch Möglichkeiten des Missbrauchs.

Welche Wirkung Macht hat, zeigt sich in den Handlungen von Menschen und den dahinter stehenden Haltungen:

Macht als Vermögen/Hilfe, als Stärke, als Mächtigkeit:	*Macht als unzulässiger Eingriff, als Übergriff, als Unterdrückung*
- führen, begleiten	- dominieren, erpressen
- lassen, zulassen	- determinieren
- eröffnen, zeigen	- puschen, gängeln
- unterstützen	- zwingen, nötigen
- Entfaltung ermöglichen	- Entfaltung blockieren
- ermutigen, aufbauen	- entmutigen, zerstören
- schützen, begrenzen	- einengen, einsperren

Der Mächtige unterdrückt. Seine Motive sind Hilflosigkeit, Ohnmacht und Angst. Wir sind überzeugt, „dass wir von außen determinierbar sind, instruierbar, kontrollierbar, wir handeln meist in der Gewissheit, dass wir nichts anderes tun können als das, wozu wir determiniert worden sind von außen; dies heißt, wir unterwerfen uns, wir gehorchen. Macht und Unterwerfung sind komplementär: keine Macht ohne Unterwerfung und keine Unterwerfung ohne Macht."[20]

---

[20] Portele, Gerhard: Autonomie, Macht, Liebe. Frankfurt a. M. (Suhrkamp), S. 193.

Ich beobachte auf Wunsch einer Schulleiterin eine Unterrichtsstunde von ihr und stelle fest, dass sie häufig die Kinder gängelt, an sie appelliert und relativ rasch zu Sanktionen greift. In der anschließenden Besprechung sagt sie u. a.: „Aber die müssen doch tun, was ich will. Schließlich habe ich die Verantwortung für sie." – (Und etwas später) „Das gilt übrigens auch für mein Kollegium."
> Ihre „Zöglinge": Kinder und Erwachsene. Ihre Motive: Macht, Dirigismus, Sorge um die Anbefohlenen, Verantwortung für andere...?

Das Motiv der Ziehenden und Schiebenden ist, nach eigenen Vorstellungen andere zu „formen" – anstatt wahrzunehmen, was ist und die Entwicklung der anderen zu fördern. Ziele für andere haben ist aus (neuro-)biologischen und ethischen Gründen grundsätzlich nicht möglich; aber wir können Bedingungen schaffen, damit Menschen ihre eigenen Ziele erreichen, ändern, aufgeben und andere suchen.

Eine Oma geht mit ihren beiden Enkeln spazieren. Sie trifft ihre Freundin, die Anteil nehmend fragt: „O, wie alt sind denn die beiden Kinder?" Worauf sie zur Antwort bekommt:
„Der Jurist ist neun, und die Ärztin vier."
> Sie weiß schon genau, was *ihre beiden Enkeln* werden sollen.

Ein Achtzigjähriger beginnt, chinesisch zu lernen. „Was, du in deinem Alter lernst noch chinesisch?", wird gefragt. „Ja", sagt er freudestrahlend, „ ich hab mich in eine 40jährige Chinesin verliebt."
> Er weiß genau, was *er* lernen will – und hat damit ein Ziel *für sich.*

Der Leiter einer Fortbildungsveranstaltung, gefragt, welches Hauptziel er denn habe, antwortet: „ ... dass die Teilnehmer am Ende zufrieden nach Hause gehen."
> Das ist sein Wunsch. *Sein* Ziel jedoch?

SELBST-Betrachtung
Aus Ihrer Sicht als Erzogene: Wie sind Ihre Erinnerungen an Menschen, denen es um Macht ging?
Aus Ihrer Sicht als Erziehende: Wie ging es Ihnen selbst, als Sie Macht anderen gegenüber ausübten?

Wachstumsblocker und Fehlentwicklungen

Sieht man sich um, fragt man Menschen, berücksichtigt auch noch die Medien zum Thema Erziehung, so sind die Mitteilungen und Erzählungen über eine glückliche Kindheit meist zählbar, die missglückten, die unglücklich machenden Lebensphasen jedoch eher unzählbar. Besonders in der Kunst, sei es Malerei, Literatur, Theater, Oper, in der seit Jahrtausenden die Lebensschicksale von Kindern, Jugendlichen und Erwachsenen thematisiert, dargestellt, aufgearbeitet, reflektiert werden, zeigt sich, welche zerstörenden Anteile die Erziehung hat.

Die gravierenden Verletzungen mit ihren immer noch schmerzenden körperlichen und seelischen Narben aus der Kindheit sind Mahnmale und weisen darauf hin, wie *Wachstum blockiert, Fehlentwicklungen produziert* und *Störungen verursacht* wurden und werden.

Die Ansicht, die Erziehungsrealität sei menschenwürdig, menschengerecht und sinnvoll, ist daher schwer nachvollziehbar. Hinzu kommt, dass die Vorstellungen, was Erziehung sei, weit auseinander driften, von Unterweisung, Belehrung und Ermahnung bis zu Züchtigung, Dressur und Gehirnwäsche. Ja sogar was als sexueller Missbrauch ans Tageslicht kam, wurde als Teil der Persönlichkeitserziehung apostrophiert (Beispiel Odenwaldschule).

Erziehende gehen von ihren eigenen Vorstellungen aus und wirken auf Menschen ein, um sie nach ihrem „Bild" zu formen. Andere Menschen nach eigenen Bildern zu formen, pervertiert zwischenmenschliche Beziehung zur Erziehung.

Doch Körper und Seele des Menschen streben nach Entwicklung und Wachstum (und das Gehirn sucht nach geeigneten Wegen und Lösungen dafür). Dass dabei auch Grenzerfahrungen gemacht werden, gehört zum Menschsein, nicht aber, dass Erziehung als Bremse oder gar als Zerstörer wirkt.

Im Beichtspiegel des Gebetbuches aus meiner Kindheit war zu lesen, dass „Unkeusches tun" schwerste Sünde ist. Wer sich an das Gebot hielt, dem fehlten natürliche sexuelle Erfahrungen und er erlitt u. U. Mängel in seiner menschlichen Entwicklung.

Auch noch im mittleren und hohen Alter können durch bestimmte Erziehungsweisen Wachstum, Entwicklung, Reifung und Reife von Menschen verhindert werden, mit unterschiedlichen Folgen:

Fall I: Frau N. und ihre vier Väter

Sie ist 61 Jahre alt.

In der Beratung spricht sie über ihre vier „Väter", von denen sie erst loskommt, als alle vier „sterben":

Mein leiblicher Vater war sehr streng, Widerspruch gab es nicht. Vor allem, was die religiöse Erziehung betraf, war er unangetastetes Vorbild, denn er machte alles „richtig", und was er für richtig hielt, war Gesetz. Von diesem autoritären Vaterbild geprägt, heiratete ich kurz nach dem Abitur meinen Religionslehrer, der in Struktur und Verhalten sehr meinem Vater ähnelte. Auf Grund seines dogmatischen Verhaltens, seiner geistigen Überlegenheit und brillanten Rhetorik wurde ich nun zum zweiten Mal erzogen, denn was er sagte und tat, galt. Auch ihm gegenüber blieb ich gehorsam.

Als er plötzlich verstarb, war ich Alleinerziehende von zwei Kindern. Wie gut, dass ein Freund der Familie sich um mich kümmerte, und in Kürze lebten wir auch zusammen. Beruflich hatte ich mich inzwischen zwar emanzipiert, aber im Privaten übernahm mein dritter Mann die Regie. Ich war Gehorchen gewohnt, so auch zum dritten Mal – und ich wagte es kaum, „aufmüpfig" zu werden, aus Angst, er würde mich entweder verlassen oder seine, gelinde gesagt „Maßregelungen", an den Kindern auslassen. Bei ihm war auch die Kontrolle sehr stark ausgeprägt. So schwieg ich oft, duldete und erduldete.

Als er starb, war ich 59 Jahre alt.

Nun lebe ich seit über zwei Jahren allein. Nur ganz wenigen Freunden konnte ich sagen, dass ich aufatmete, dass ich zu leben begann, und nun eigene Interessen verfolge.

Mein leiblicher Vater, schwerkrank, hat seinen Einfluss auf mich verloren.

Es gab aber noch einen „vierten" Vater: Gott! Auch von ihm habe ich inzwischen eine andere Vorstellung. Er ist mir kein personales Gegenüber, das mich zum „Artigsein" verpflichtet. Nein, ich habe eigene, für mich stimmige Wege der Spiritualität gefunden.

Vier Erzieher in 60 Jahren. Das war zu viel für mich.

Ich bin dankbar, noch Jahre vor mir zu haben – ohne Erziehung! Verlorene Jahre?

Nicht die, die ich mit meinen Kindern verbracht habe, wohl aber die, in denen ich zum großen Teil Erzogene und Gehorchende war. Jetzt höre ich auf mich und lerne mich immer mehr kennen! Ein beglückendes Gefühl!

Fall II: Herr D. und seine Mutter

Er ist 75 Jahre alt.

Als er sieben war, fiel sein Bruder im Krieg. Für die Eltern ein Schock. Jetzt hatten sie nur noch dieses eine Kind.

Der Vater zog sich völlig zurück, erzog nur noch in „Notfällen", wenn die Mutter nicht mehr weiter wusste, und in ihr selbst breitete sich immer mehr die Angst aus: nur nicht auch noch den zweiten Sohn verlieren. Ihre Erziehungsmaßnahmen bestanden deshalb vorwiegend aus Überbehüten, Verbieten, Verhindern, Eingrenzen, „Einsperren": der Junge im „Goldenen Käfig". Die Folgen für ihn:

Schlechte Leistungen in der Schule; der Schulabschluss reichte gerade noch für die Mittlere Reife; den Beruf für ihn suchte der Vater aus (Er hatte Einfluss auf den Betrieb, in dem er selbst arbeitete). In den 37 Jahren dort wurde er „geduldet", war soziale Randfigur und erfuhr an Leib und Seele, was man heute Mobbing nennen würde.

Privat versuchte er immer wieder, weibliche Bekanntschaften und Freundschaften zu pflegen, was die Mutter – inzwischen Witwe – durch offene und subtile Weise zu verhindern wusste. Je mehr sie ihren Sohn an sich band, was durch seine Pflege, als sie schwer krank wurde, noch verstärkt wurde, desto mehr verlor er den Kontakt zur Außenwelt. Er ist Junggeselle geblieben, bis heute, über ihren Tod hinaus.

Vital als Kind verkümmerte seine Persönlichkeit. Heute funktioniert er nur noch, um seinen Alltag zu bewältigen und auf den Tod zu warten, wie er selbst sagt.

> Für Frau N. war es mit 60 noch nicht zu spät, ihr Leben zu ändern; für Herrn D. war es zu spät. Deutlich wird in beiden Fällen: Das Motiv der „vier Väter" bei Frau N. war Macht, das Motiv der Mutter bei Herrn D. vor allem Angst.

Wie schrecklich Erziehung sein kann und dennoch einen Menschen letztlich nicht zu zerstören vermag, zeigt sich im Buch von Andreas Altmann[21] Der Autor beschreibt darin seine furchtbare, entsetzliche katholische Kindheit und Jugend, zeigt, wie Erziehung, Religion und Glauben missbraucht werden und einen jungen Menschen an den Rand seiner Existenz bringen:

Die Geschichte „handelt von brutaler Gewalt und Schrecken ohne Ende. Schonungslos blickt Altmann zurück: auf einen Vater, der als psychisches Wrack aus dem Krieg kommt und den Sohn bis zur Bewusstlosigkeit prügelt." ... „Noch als Todkranker hätte der uns den Krieg erklärt." Und er blickt zurück „auf eine Mut-

---

[21] Altmann, Andreas: Das Scheißleben meines Vaters, das Scheißleben meiner Mutter und meine eigene Scheißjugend. München (Piper), 3. Aufl. 2011, Umschlagseite u. S. 242.

ter, die zu schwach ist, um den Sohn zu schützen, und auf ein Kind, das um sein Überleben kämpft. Erst als Jugendlichem gelingt Altmann die Flucht. Die schreckliche Erfahrung aber kann ihn nicht brechen. Sie wird vielmehr der Schlüssel für ein Leben jenseits des Opferstatus. "

Andreas Altmann hat sich nicht zerstören lassen. Heute zählt er zu den bekanntesten deutschen Reiseautoren und wurde unter anderem mit dem Egon-Erwin-Kisch-Preis und dem Seume-Literaturpreis ausgezeichnet.

Ein Ende mit Bestrafung und Belohnung

Man kann Tier und Mensch bestrafen und belohnen. Die Mittel sind vielfältig, die Absicht ist immer die gleiche, nämlich: sie so zu erziehen oder „abzurichten", dass sie das tun, was man von ihnen erwartet. In der Fachsprache nennt man diese Vorgänge Konditionierung bzw. Instrumentalisierung.

Beide haben aber in zwischenmenschlichen Beziehungen generell und in der Pädagogik speziell nichts zu suchen: Der Mensch ist kein Tier, das man dressieren kann, sei es durch Belohnungen oder durch Bestrafungen. Letztere gehören in das Strafgesetzbuch und nicht in das „große Buch der Erziehung" und sind keine sozial verantwortlichen Mittel, um Wachstum und Entwicklung von Menschen zu fördern.

Strafen
Die Motive von Menschen, die bestrafen, sind sehr unterschiedlich:

Gewohnheit: Ein Vater bestraft sein Kind mit den gleichen Methoden, mit denen er selbst bestraft worden ist.

Hilflosigkeit: Eine Mutter bestraft ihr Kind, weil sie nicht weiß, wie sie es sonst „zur Vernunft" bringen soll.

Kränkung: Frau X bestraft ihren Mann, weil sie von ihm zutiefst gekränkt worden ist.

Rache: Ein Lehrer bestraft die ganze Klasse, weil er sich an ihr rächen will, da sie ihn in der Klassenzeitung bloßgestellt hat.

Warnschuss: Ein Vorgesetzter bestraft einen seiner Untergebenen mit der Bemerkung: „Das soll ein Warnschuss für Sie sein."

Abschreckung: Der Meister eines Betriebs bestraft einen seiner Lehrlinge mit der Absicht, dass dann das Fehlverhalten anderer nicht mehr vorkommen würde.

Verhaltensänderung: Ein Trainer bestraft einige seiner Spieler, damit sie in Zukunft nicht mehr zu spät zum Training kommen.

Macht: Der Anführer einer Gruppe bestraft ein Gruppenmitglied, um seine eigene Macht zu erhärten und seine Führung zu stabilisieren.

Normpriorität: Ein Vater bestraft seine Tochter, weil sie sich nicht so verhalten hat, wie Mädchen sich zu verhalten haben.

Wer als Bestrafender bloßstellt, ausgrenzt, andere ächtet oder körperlich und seelisch misshandelt, der richtet einerseits u. U. irreparablen Schaden an. Andererseits sagt er sehr viel mehr über sich selbst aus als über diejenigen, die er bestraft, z. B.: Ich habe eine Wut; ich möchte mich rächen, weil ich verletzt worden bin; ich bin hilflos; ich komme an meine Grenzen; meine Werte werden missachtet; ich bin gekränkt; mein Weltbild kommt durcheinander.

Frau K. redet seit Wochen nicht mehr mit ihrem Mann. Seitdem sie erfahren hat, dass er eine Affäre mit einer anderen Frau hatte (die beendet ist), bestraft sie ihn mit Schweigen und häufiger Nichtbeachtung. „Wer mich so kränkt, der soll auch leiden", sagt sie.

Menschen, die bestraft werden oder bestraft worden sind, zeigen sehr unterschiedliche Reaktionen:

In einer Hauptschule wurden einige Mädchen bestraft (nachmittags zwei Stunden „Nachsitzen"), weil sie des Öfteren zu spät in den Unterricht gekommen waren. Als sich das herumgesprochen hatte, wunderte sich der Lehrer, warum einige Zeit später wesentlich mehr Mädchen zu spät kamen (um „bestraft" zu werden). Es stellte sich heraus, dass sie lieber am Nachmittag für zwei Stunden in der Schule waren als alleine zu Hause.

Da wir nie sicher wissen, wie unsere Strafandrohungen und unsere Straf-maßnahmen beim Gegenüber ankommen, können wir auch nicht vorhersa-gen, welche Wirkungen Strafen haben werden: Angst, Schmerz, Verhärtung, Gehorsam, Furcht, Wut, Rachegedanken, Wiedergutmachung, Einsicht, Tö-tungsabsicht, Widerstand, Aggression, Schuldgefühl, Erkenntnisgewinn, Änderungsvorhaben, Erleichterung.

Was die Angst betrifft, so hat sie sich zwar bei unseren Urahnen für ihr Überleben bewährt, als Erziehungsmittel eignet sie sich deshalb auf keinen Fall. Denn: Obwohl Bestrafung mit Angstfolgen Veränderung bewirkt, so ist sie doch eine schlechte Trainerin und „Gesellschafterin". Bestrafungen ha-ben viel zu viele Nebenwirkungen, als dass sie sinnvoll wären: schädliche Prägungen, schmerzende Narben, unangenehme Gefühle, bleibende Trauma-ta. Deshalb sind sie im Rahmen der Erziehung in keiner Weise gerechtfertigt. Ganz abgesehen davon, dass Strafpraktiken im Laufe der Zeit ihre Wirkung verfehlen.

Es geht auch anders, wie ein Beispiel aus meiner Studienzeit zeigt:

In einem Proseminar bekamen wir am Ende der ersten Sitzung von einem jungen Assisten-ten Aufgaben, die wir bis zum nächsten Mal erledigen sollten. Weil niemand die Aufgaben gemacht hatte, sagte der Assistent zu Beginn: Nachdem ich Ihre Aufgaben für die Fortfüh-rung der Veranstaltung brauche, sie aber nicht vorfinde, beendige ich die Sitzung. Stand auf und ging – ohne verbale Vorwürfe, strafende Blicke oder irgendwelche Sanktionen.
> Da waren wir alle baff! Er „erzog" uns nicht, hinterließ aber Wirkung, bei mir zumindest Verwunderung und Nachdenklichkeit.

Statt Abwertung und Bestrafung...	*klare Rückmeldung*
- Ich bestrafe dich, weil du nicht aufge-passt hast.	- Ich möchte dir etwas mitteilen. Dazu brauche ich deine Aufmerksamkeit.
- Ich ignoriere Sie in Zukunft, weil Sie…	- Ich muss unbedingt mit Ihnen reden, weil Sie…
- Wenn du dich nicht mehr um die Kinder kümmerst, dann sperre ich dir das Haushaltsgeld.	- Ich fühle mich völlig überlastet und schaffe es alleine nicht. Ich brauche deine Unterstützung.

Menschen werden bestraft, weil sie Fehler gemacht haben – und dann oft in erniedrigtem Zustand alleine gelassen:

Ein Erlebnis aus meiner Internatszeit (1956):

Jeden Sonntagnachmittag Spaziergang, 40 Buben, zwei zu zwei hintereinander. Weil mir das zu langweilig ist, lasse ich mich zusammen mit einem Kameraden in die letzte Reihe zurückfallen. Dann rennen wir heimlich zur Schiffsanlage an der Donau, um uns einen Privatausflug zu gönnen.

Weil ich etwas Geld gespart habe, leisten wir uns eine Bootsfahrt, nicht wissend, dass gerade, als wir unter einer Brücke durchfahren, der Bubentross auf dem Heimweg ist und uns beide der begleitende Präfekt von oben sieht. Aus der Traum, zunichte gemacht das Erlebnis.

Im großen Studiersaal werden wir vors Tribunal gestellt. Vorne der Direktor, daneben die Präfekten, wir beide in der Mitte, hinter uns im Halbkreis 120 Buben. Mit schneidender Stimme der Hinweis auf das Verbot: Niemand darf die Gruppe verlassen (was ich auch einsehe). Lautstarke Verabscheuung des Fehlverhaltens, Bekanntgabe der Strafe: Hofarrest an der berüchtigten Mauer.

Anderntags wurde in der Mittagspause die angekündigte Strafe vollzogen. Für mich wie ein Weg zum Schafott. Ich muss eine Stunde lang an einer bestimmten Stelle im Innenhof stehen, mit dem Rücken an die Mauer gelehnt, muss zuschauen, wie die anderen um mich herum spielen. Ich darf mich nicht bewegen. Jeder, der mag, spuckt mir vor die Füße, lacht mich aus, droht mir mit hämischen Worten – Eine nicht enden wollende lange Stunde. Ich versteinere, spüre gar nichts mehr, nicht einmal mehr Wut oder Hass, gar nichts mehr.

P.S. 2011: *Ich besuche die Stadt P., suche den Innenhof auf, finde die Stelle, an der ich vor fünfundfünfzig Jahren als 13-Jähriger an der Mauer stand, lehne mich an sie, schließe die Augen. Die gesamte Szene läuft wie ein Film vor mir ab. Ich weine, erst jetzt – was ich damals nicht konnte.*

Nur auf *Fehler* hinweisen, die Menschen gemacht haben, genügt nicht. Dazu gehört auch, dass man ihnen Rückmeldung gibt – und auf Fehlverhalten mit „folgerichtigen" Handlungen reagiert, kombiniert mit Angeboten zur Haltungs- und Verhaltensänderung.

Die meisten *offensichtlichen* Bestrafungen geschehen in Familie und Schule, auch hier viele als *nicht folgerichtige Handlungen* bzw. *„Umlernhilfen":*

unerwünschtes Verhalten	*nicht folgerichtige Handlungen*
- Peter kommt zu spät nach Hause.	- drei Tage keine Fernsehen

- Tine übernachtet bei ihrem Freund, ohne die Eltern zu informieren.	- eine Woche Ausgangsverbot
- Schüler kommt mehrmals zu spät in den Unterricht.	- eine Seite aus einem Buch abschreiben
- Schülerin beschimpft einen Lehrer mit: „Du Arschloch!"	- zwei Tage Schulausschluss
- Schüler macht keine Hausaufgaben.	- Klassenbucheintrag

Aber auch in Beziehungskonstellationen unter Erwachsenen werden offene und versteckte Bestrafungen praktiziert als Reaktion auf unerwünschtes Verhalten:

unerwünschtes Verhalten	*nicht folgerichtige Handlungen*
- Herr F. lässt seine Kleider häufig auf dem Boden liegen.	- Seine Frau wirft sie manchmal in den Garten.
- Herr T.: Blätter seiner Bäume fallen auf das Grundstück seines Nachbarn.	- Dieser stopft sie regelmäßig in dessen Briefkasten.
- Frau N. redet im Freundeskreis abfällig über ihren Mann.	- Seit Wochen redet er nicht mehr mit ihr.
- Herr E., 56, besucht sehr selten seine Mutter im Seniorenheim.	- Seine Mutter enterbt ihn deshalb. Klärende Gespräche finden nicht statt.

Strafen (wie auch Loben) sind *Erziehungs*maßnahmen, weil sie in der Absicht geschehen, das Verhalten anderer zu verändern. (In intakten zwischenmenschlichen *Beziehungen* gibt es kein Strafen und Loben, wohl aber Rückmeldungen und stimmige Eigenhandlungen.)

Die Wörter Strafen und Bestrafung sind mental anders besetzt als das Wort Umlernhilfe. Wenn jemand sagt: „Ich werde dich bestrafen", dann läuft in ihm ein negativer Film ab im Gegensatz zum Satz: „Ich werde dir helfen, dich zu ändern." Dadurch erfährt das Du die notwendige Anerkennung in der Gemeinschaft anstelle von negativen Bewertungen und ggf. Ausschluss aus ihr.

Allerdings scheint es, „dass negative Erfahrungen besonders nachhaltig gespeichert werden, um uns in einer erneut auftauchenden Gefahrensituation unmittelbar warnen zu können. Schlecht ist die negative Qualität von Lernerfahrungen für das für das Weiterlernen. Wir möchten dieselbe Erfahrung nicht noch einmal machen."[22]

---

[22] Rüdell, Edith: Das BASIS-Buch des Lernens. Seelze (Friedrich) 2012, S. 41.

Personen, die strafen, handeln meist	*Personen, die faire Rückmeldungen geben, handeln meist*
- unkontrolliert (weil affekthaft)	- kontrolliert (weil überlegt)
- rachsüchtig (weil erniedrigt)	- betroffen (weil verletzt)
- aggressiv (weil hilflos)	- klar (weil selbstbewusst)
- fehlerhaft (weil unter Stress)	- sinnvoll (weil ohne Stress)
- kontraproduktiv (weil panisch)	- konstruktiv (weil distanziert)

Daraus können negative Folgen entstehen	*Sie können positive Wirkungen zeigen*
- Störung der emotionalen Beziehung	- kein Beziehungsabbruch, Zuwendung
- Beschädigung des Selbstwertgefühls	- Respekt vor der Person, Ahndung des Fehlverhaltens
- fehlende Handlungsalternativen	- Angebote von Handlungsalternativen
- Erkenntnis/Einsicht	- Angst, Aggressionen
- Ablehnung von (Um-)Lernhilfen	- Annahme von (Um-)Lernhilfen

Ein bekannter Schauspieler wurde gefragt, wie er mit dem neuen Regisseur zurechtkäme und antwortete: „Am Anfang war es sehr schwer. Er kritisierte überhaupt nicht, war nie ärgerlich, sagte höchstens seine Sichtweisen. Ich war total verunsichert. Aber nach einiger Zeit bemerkte ich, wie ich immer mehr zu meiner eigenen Darstellung der Rolle fand und mich als Marionette des Regisseurs von ihm löste. Bisher hatte ich immer nur so gespielt, wie andere es wollten und dass man mit mir zufrieden war. Ich war von ihnen abhängig geworden."
> Strafen, Missbilligungen u.ä. ändern höchstens das Verhalten, nicht aber die Haltung.

Loben

In meiner Kindheit gab es in der Familie keinerlei Strafen. Die kenne ich in meinem Leben nur als Schüler und Internatszögling. Und Strafender selbst war ich nur kurz während meiner Anfangszeit als Lehrer. Ich erkannte bald, dass Strafen keine angemessenen Erziehungsmaßnahmen sind.

Dass ich mich aber auch vom Loben und Belohnen verabschieden würde, hätte ich nie gedacht. Dies geschah erst dann, als mir bewusst wurde, dass Loben und Belohnen nur die Kehrseite von Strafen und Bestrafungen sind, wenngleich angenehm für Lobende wie für Gelobte. (Deshalb sind Belohnungen so beliebt.)

Beide Male jedoch handelt es sich um Bewertungen, beide Male um Konditionierung und Instrumentalisierung, da das Motiv der Handlung darin besteht, erwünschtes Verhalten bei anderen zu bewirken. Hinzu kommt: Je mehr wir andere loben, desto mehr werden sie auch vom Lob abhängig. (Und Abhängigkeit raubt den Menschen ihre Autonomie.)

Die „Kehrtwendung": An die Stelle von Lob und Belohnung (als positiv gedachte Erziehungsmaßnahme) tritt die Rückmeldung an den anderen (als Ausdruck der Beziehung zu ihm). Nicht: Weil du dich so und so verhalten hast (und damit du dich wieder so verhältst...), lobe ich dich. Sondern: Ich sage dir, wie es mir geht, *weil* du dich so und so verhalten hast; teile dir z. B. meine Freude, meinen Dank, mein Glücklichsein mit. Dadurch kann das Gegenüber sein eigenes Verhalten einschätzen und einordnen, d. h., er bewertet sich selbst und wird nicht von anderen bewertet:

Ende eines Schulvormittags, den ich als ausgesprochen produktiv empfand. Die Kinder, 3.Klasse, gehen an mir vorbei zur Tür – und ich hatte den Satz schon auf der Zunge: „Ihr wart aber heute toll!" – *sagte aber:* „Ich bin sooo gerne bei euch Lehrer." – *Da strahlten sie und gingen nach Hause.*
> Mit welchen Gedanken und Empfindungen?

Ein Junge, auf dem Weg zum Schwimmtraining, sagt zu seiner Mutter: „Mama, krieg' ich ein Eis, wenn ich heute meine Schwimmzeit verbessere?" *Darauf die Mutter:* „Nö, willst du schneller schwimmen wegen mir oder wegen dir?" – *Als der Junge nach Hause kommt, sagt er freudestrahlend:* „Du, Mama, ich bin heute 1,7 Sekunden schneller geschwommen als das letzte Mal." *Da strahlt auch die Mutter und antwortet:* „Jetzt spendier' ich dir ein Eis, weil ich mich riesig darüber freue."
> Das Eisspendieren nicht als Belohnung, sondern als Ausdruck ihrer Freude.

Menschen sind empfänglich für angenehme Rückmeldungen, wie: Ich freu mich mit dir; ich bin „stolz" auf dich; ich bin gerne bei dir; ich komme gut mit dir aus; ohne Dich hätte ich das nicht geschafft...

Dadurch bekommen die zwischenmenschlichen Beziehungen „erfreuliche Farben" und die Konditionierungen entfallen, nämlich Belohnung bei erwünschtem Verhalten, Bestrafung bei unerwünschtem Verhalten.

Allerdings: „Das Anstreben von Belohnung und das Vermeiden von Bestrafung ist ein biologisch-psychisches Grundprinzip." Z. B. Hunger stillen, Durst löschen, Schmerz vermeiden. Es gibt Motive, Bedürfnisse, Sehnsüchte und immer auch Belohnungen, z. B. in Form von Macht, Ruhm, Anerkennung, Geltung. Sie werden aber dann instrumentalisiert, wenn sie als *Erziehungsmittel* herhalten sollen. Sinn jedoch haben sie vor allem als „Selbstbelohnung": Events besuchen, Musik hören, eine Reise unternehmen, sich etwas Außergewöhn-liches gönnen...[23]

Menschen sind von klein auf gewohnt, gelobt zu werden. Das ganze Leben hindurch zieht sich diese Gewohnheit, dieser Wunsch, aber auch diese Abhängigkeit: Das Kind will von den Eltern gelobt werden; der Schüler vom Lehrer; der Arzt vom Patienten; der Kollege vom Chef; die Partner voneinander; der Künstler von seiner Fan-Gemeinde; der Pfarrer von den Gläubigen; der Schauspieler von den Zuschauern. – Und wenn das Lob ausbleibt, dann ereignen sich kleine und große Tragödien: das Kind bricht in Tränen aus; die Schüler verweigern den Unterricht; die Künstler verlieren ihre Kreativität oder werden depressiv; die Pfarrer retten sich in Moralpredigten; die Schauspieler steigern sich in Egomanien.

Der Mensch ist – aus biologischer Sicht – nicht abhängig von Lob, wohl aber von Anerkennung und von Rückmeldung auf seine Tun, sein Verhalten, seine Haltungen. (Man spricht hier auch von positiven Rückkoppelungen.)

Oder noch deutlicher: Anerkennung ist für den Menschen als soziales Wesen lebensnotwendig. Deshalb sind von zentraler Bedeutung sowohl die Stärkung des einzelnen als auch die erlebte Geborgenheit in der Gemeinschaft, das Freisein *und* das Verbundensein: Ich werde wahrgenommen; ich bin jemand; ich werde akzeptiert und anerkannt; ich bin nicht allein; ich gehöre dazu; ich werde nicht ausgegrenzt; ich werde gefördert; ich entwickle mich weiter...

Lobende	*Wertschätzende Rückmeldung*
Das Bild hast du aber gut gemacht.	Aaah! Mir gefällt dein Bild.
Du bist ein toller Kumpel.	Ich arbeite gern mit dir zusammen.
Da muss ich Sie jetzt aber wirklich loben, weil...	Es erleichtert mich, wenn ich sehe, wie selbstständig Sie arbeiten.

Der Lobende ist nie auf Augenhöhe mit dem Gelobten, im Gegensatz zum Wertschätzenden. Und hinzukommt: Bestrafung, Belohnung und Appelle bringen langfristig keine Änderungen.

---

[23] Roth, Gerhard: Bildung braucht Persönlichkeit. Wie Lernen gelingt. Stuttgart (Klett-Cotta) 2011, S. 265.

SELBST-Betrachtungen
Ich kann mir vorstellen, dass Sie meinen Gedanken über das Strafen zustimmen können. Auch denen über das Loben?
Wie ging es Ihnen, als Sie gelobt wurden; wie, als Sie bestraft wurden?
Wie auch immer: Sie wurden bewertet, so oder so.

Andere motivieren: chancenlos!

Im Duden steht unter dem Begriff Motiv bzw. Motivation das Wort „Beweggründe" und unter motivieren „anregen, anspornen".

Menschen haben also Beweg(ungs)gründe, die sie zu Bewegungen veranlassen (Motivation), und die Außenstehende *fördern* können (Motivationshilfe). Man unterscheidet intrinsische Beweggründe (innere Anreize) und extrinsische Beweggründe (äußere Anreize), vergleichbar mit einem Trainer, der an der Außenlinie *Impulse* gibt durch Klatschen, Zurufen. In beiden Fällen bewegt sich die Person jedoch selbst; sie wird nicht von anderen bewegt. (Die Gefahr besteht, dass Außensteuerungen von eigenen Absichten und Zielen ablenken, sie verdecken oder sogar löschen.)

Viele Menschen verstehen jedoch unter Motivieren *andere bewegen*. Was sind die Ursachen dafür?

Von Kindheit an bis zum Lebensende wollen Menschen, dass das, was sie selbst für wichtig erachten, in andere „einfließt", Wirkung zeigt und sie verändert, d.h. sie wollen Einfluss nehmen. Wir können jedoch keinen Einfluss nehmen im Sinne des „Einfließenlassens" und Bestimmens, wenn der/die andere es nicht will. Wir können nur selbst machen, das heißt, wir haben Macht im Sinn des Machens, des Könnens, des Vermögens, des eigenen Tuns. Wir können in Kontakt und Beziehung treten, wobei jeder Einzelne die Eigenbewegungen bestimmt: „Wir Lebewesen, wir Menschen, sind ‚von innen her bestimmt' und nicht von außen. Wir sind aber zumindest in unseren Handlungen meist tief davon überzeugt, daß wir andere Menschen, andere Lebewesen von außen bestimmen können. Wir meinen, daß wir nicht nur etwas ‚auslösen' können, den anderen ‚perturbieren', sondern wir handeln in der Gewißheit, daß wir von außen determinieren können, instruieren, kontrollieren; das heißt, wir üben Macht aus. Genauso tief sind wir überzeugt in unseren Handlungen, daß wir von außen determinierbar sind, instruierbar, kontrollierbar, wir handeln meist in der Gewißheit, daß wir nichts anderes tun können als das, wozu wir determiniert wurden von außen; dies heißt, wir unterwerfen uns, wir gehorchen. Macht und Unterwerfung sind komplementär; keine Macht ohne Unterwerfung und keine Unterwerfung ohne Macht."[24]

Diese Gedanken und Erkenntnisse rütteln gewaltig am Selbstverständnis der Erziehung, in der es hauptsächlich um Einwirkung, Input-Output-Strategien, Steuerbarkeit und um die Frage geht, wie wir andere motivieren (= bewegen!) können. Deshalb sehe ich Motivation (verstanden als „den anderen bewegen") auf gleicher Ebene wie das Wort „Erziehung", weil bei beiden Veränderungsabsichten und *Fremdbestimmung* im Mittelpunkt stehen.

Am deutlichsten wird dies im Raum Schule, in der eine der (scheinbar) wichtigsten didaktischen Fragen der Lehrer über Generationen hinweg lautet: Wie motiviere ich die Schüler?

Und ihre Antwort: Wir müssen die Schüler deshalb motivieren, damit sie dorthin gelangen, wohin wir sie haben wollen (auf dem Hintergrund unseres schulpolitischen und erzieherischen Auftrags), nämlich zu *unseren* Zielen. Dadurch wird jedoch Motivation pervertiert zur Fremdbewegung, zur Fremdbestimmung, zur Konditionierung und Instrumentalisierung.

Die andere Sicht:
Selbstorganisation ist von außen nicht machbar. Wir können aber anbieten, statt antreiben, führen statt ziehen (geführt werden kann nur einer, der geführt werden will, sonst ist es Gezogenwerden); etwas beim anderen auslösen statt erzwingen; stimulieren statt dominieren.

Ein Vater geht mit seinen beiden Kindern in eine Buchhandlung, in der es viele Leseecken gibt. Er spendiert ihnen je 10 Euro mit den Worten: „Sucht euch was Schönes aus." Der Junge, neun Jahre alt, kann schon lesen und eilt davon. Das Mädchen, etwa vier, und der Bilderbücher überdrüssig, bleibt zurück und murmelt: „Der kann schon lesen. Jetzt wird's Zeit, dass ich auch lesen lerne."
> Selbstmotivation des Mädchens: es bewegt *sich*, weil *es* keine Lust mehr hat, Bilderbücher anzusehen. (Fremdmotivation überflüssig)

Konsequenzen für den Umgang mit Menschen:
die Ansicht aufgeben, man könne von außen andere verändern (von außen kann man nur Bedingungen schaffen, schützen, begrenzen, verhindern …)

---

[24] Portele, Gerhard: Autonomie, Macht, Liebe. Frankfurt a. M. (Suhrkamp) 1989, S. 193.

Abschied nehmen von der Meinung, man könne für andere Ziele haben. Was jeder lernt, bestimmt der Lernende selbst. Einwirken von außen ist umbiegen, Lernen von innen ist sich verändern, entwickeln, wachsen.

Menschen wollen andere motivieren (= bewegen, antreiben), und zwar durch Vorschriften in *Tempo*, *Inhalt* und *Meinungen*:

Jetzt komm' schon, ich kann nicht so lange warten. – Bist du schon fertig mit dem Anziehen? – Beeil dich. – Steh jetzt auf und verbring' nicht dein ganzes Leben im Bett – Nein, das Kleid steht dir nicht, glaub mir's – Mutter, ich bitte dich, du kannst doch in deinem Alter nicht noch eine neue Beziehung eingehen. – Du, mit deinen künstlerischen Ambitionen, wirst garantiert scheitern – Mit Ihren verqueren Ansichten werden Sie es nicht weit bringen. Sie müssen sich dem Trend anpassen. – Ohne Glauben an Gott hat dein Leben keinen Sinn. – Das gibt aber eine Bauchlandung, wenn du nach M. umziehst. Großstadt ist nichts für dich...

Beobachtungen in einer Fußgängerzone:

Eine Mutter mit einem kleinen Kind. Sie bleibt häufig stehen, weil das Kind häufig stehen bleibt, um „die Welt mit seinen Sinnen zu erobern": sehen, schauen, gucken, begreifen, betasten, befühlen... Auf 250 m Wegstrecke höre ich die Mutter genau 19 mal „Komm jetzt!" sagen.
> Geduldig die Mutter, verständlich ihre „Bewegungsbitten" an das Kind, das aber nicht aufzuhalten ist in seinem Welterforschungsdrang.

Janosch ist nicht aus der Ruhe zu bringen – und er macht den Eindruck, in sich zu ruhen. Das nervt den Lehrer, der genau das Gegenteil ist: 1000 Ideen mit Tempo 100 beim Umsetzen und gleich 10 Sachen auf einmal.

Während eines Wandertages ist Janosch am Ende der Schülerschlange anzutreffen. „Auf, auf!" ermuntert ihn der Lehrer und schubst ihn an der Schulter nach vorne. Da sagt der Junge seelenruhig, aggressionsfrei und völlig unerwartet: „Ich bin nicht Ihr Reitpferd, sondern der Janosch." – Das saß. Und plötzlich fand sich der Lehrer als Letzter in der Reihe. Seine Nachdenklichkeit hat ihn von selbst langsamer werden lassen – und dankbar für diese Art von Lektion.

Jeder Mensch hat seine Eigenart, sein eigene Geschwindigkeit, seine eigenen Ansichten, seine persönliche Weise zu sein – und ein Recht darauf, sie zu leben.

Menschen nehmen anderen die Freiheit der äußeren und inneren Bewegung, wenn sie an ihnen zerren und ziehen; wenn sie sie schleppen oder an ihnen „herumschnitzen"; wenn sie sie in andere Richtungen drängen; ihnen die Verantwortung für ihr eigenes Tun nehmen; sie gegen ihren Willen steuern; wenn sie sie mit Instruktionen, Impulsen und Appellen überhäufen, um sie dorthin zu bringen, wohin sie sie haben wollen.

Solche Art von gängelnden Handlungen hat mit Motivation nichts zu tun, sondern ist für beide Seiten kontraproduktiv: Die einen müssen dauernd schieben – und verlieren dadurch Kräfte für andere Aktivitäten. Die anderen werden dauernd geschoben – und können sich dadurch gemäß ihrer eigene Individualität kaum entwickeln.

Aber wir können günstige Voraussetzungen schaffen, indem wir, statt andere motivieren, uns selbst bewegen, indem wir sie z. B. einladen, verstehen, ermutigen, inspirieren:

Im Workshop zum Thema Motivation demonstriere ich eine Interaktion mit zwei verschiedenen Verhaltensmustern:

Im ersten Fall verschränke ich die Arme, sage, dass ich „verschlossen" bin und bitte jemanden, mich (verbal oder körperlich) zu motivieren (= mich also zu bewegen), mit dem Ziel, mich zu öffnen. Meist greifen die Akteure zu folgenden Fremdbewegungsversuchen, indem sie

a) heftig auf mich einreden, ich solle mich doch (endlich) öffnen (Überredung)
b) mir die Arme auseinander ziehen (Gewaltanwendung)
c) mich z. B. kitzeln (Austricksen)

In allen drei Situationen wurde ich bewegt, habe mich aber nicht freiwillig „geöffnet".

Im zweiten Fall nehme ich die gleiche Haltung ein und bitte jemanden, sich selbst zu bewegen, ohne mich, den „Verschlossenen", zu bewegen. Dabei gebe ich fünf Handlungsmöglichkeiten vor: einladen, verstehen, ermutigen, inspirieren, stimulieren.

Die Akteure greifen z. B. zu folgenden Handlungen:

– einladen: Ich möchte gerne mit dir ins Gespräch kommen.
– verstehen: Du wirkst verschlossen auf mich. Was ist denn vorgefallen?
– ermutigen: Ich trau dir zu, dich zu öffnen.

- *inspirieren: A. breitet die Arme vor mir aus und sagt: "Wow, welch ein schöner Tag."*
- *stimulieren: B. steht vor mir, gibt mir einen kleinen Stups und sagt freundlich: „Na, du?"*

> Sich selbst bewegen – und anderen dadurch Selbstbewegung ermöglichen.

Hinter dem Wunsch, andere zu bewegen, steht oftmals die Angst, sie würden sich nicht dorthin begeben, wohin man sie haben möchte. Hinter dem Zwang, andere zu bewegen, steht oftmals Macht, weil man sie da haben möchte, wo sie zu sein haben.

Wie erfreulich sind da Selbst-Motive/Motivationen wie Begeisterung, Leidenschaft, Sehnsucht, Liebe – und wie gut, dass viele Menschen sie durch ihr Verhalten und ihre Taten zeigen: die Entdecker und Forscher, die Künstler und Alltagskreativen, die Lebensspender und Lebensretter, die Fantasievollen und die Welteroberer – im Großen wie im Kleinen.

Es ist ethisch unzulässig, andere zu motivieren im Sinne von: Ich bestimme über dich, wann, wie und wohin du dich zu wegen hast. Es ist menschlich jedoch fair und angemessen, andere um Erlaubnis zu bitten, wenn man sie bewegen möchte oder, falls diese um Motivationshilfe bitten, sie ihnen zu geben: die Eltern ihren Kindern, die Lehrer ihren Schülern, die Trainer ihren Sportlern, die Experten den Unkundigen.

Im Gespräch mit Sportlern habe ich zwei Tendenzen immer wieder erlebt. Die einen: Es hilft mir sehr, wenn mein Trainer mich während des Wettkampfs anspornt. Die anderen: Ich will in Ruhe gelassen werden; ich kann mich selbst motivieren.
> Die einen brauchen „Fremdbewegungsappelle", den anderen genügt Selbstbewegung.

Ein Schüler zum Lehrer: „Loben Sie mich nicht so viel. Da kann ich mich dann gar nicht mehr konzentrieren."
> Sogar Lob als Motivation kann ablehnend aufgenommen werden.

„Ich bin freundlich zu den Eltern", sagte mir eine Lehrerin, „damit sie auch freundlich zu mir sind."
> Freundlichkeit als Motivierungsabsicht und nicht als Ausdruck eines persönlichen Bedürfnisses.

Smileys – oder: Menschen sind keine Tiere:

In einem Schülerheft sehe ich eingeklebte Smileys. „Die krieg ich immer, wenn ich was gut gemacht habe", sagt mir ein Mädchen. Und die Lehrerin meint: „Ja, die gebe ich her, damit die Kinder brav lernen."

Mein ungutes Gefühl: sie lernen „brav lernen", weil sie Smileys bekommen – und nicht, weil sie um der Sache willen lernen wollen auf Grund ihrer Neigungen, Interessen, Begeisterung, Leidenschaft. Diese Motive brauchen keine Belohnungen, sie sind Motivation genug. Und Kinder sind keine Hunde, denen man einen Knochen zeigt, damit sie „Männchen" machen und ihnen einen gibt, wenn sie „Männchen" gemacht haben. Nein, keine „Um-zu"- Pädagogik, keine Instrumentalisierung von Menschen.

Es gibt eine ganze Reihe von Möglichkeiten, die *Selbstmotivation* von Menschen zu erkennen und zu fördern: sich kundig machen über Erkenntnisse und Ergebnisse der Hirnforschung, der Lernbiologie, der Lernpsychologie, weil sie Aufschluss geben über die Verhaltensweisen von Menschen; sie beobachten, um zu erfahren, wo ihre Neigungen, Interessen, Begeisterungen, Leidenschaften liegen; sie in ihren Absichten, Zielen, Vorhaben unterstützen; ihnen Rückmeldung über ihr Tun geben, gleichsam als „Spiegel" ihrer Tätigkeiten; ihnen Selbst- und Mitbestimmung, Solidarität und Kooperation ermöglichen:

Es geht schon auf das Ende des Schuljahres zu. Alle können bereits schreiben, nur Christian noch nicht. Er will auch gar nicht schreiben lernen. Problemlos lesen, das kann er aber.
Die Lehrerin versucht alles, ihn zum Schreiben zu motivieren. Vergeblich.
Die Beratungslehrerin testet ihn, hat jedoch auch keine Erklärung für Christians Schreibverweigerung, wie die Lehrerin sein Verhalten nennt.
Schließlich kommt der Junge in die Obhut eines Psychiaters, der die Ursache der Schreibhemmung herausfindet: Christians Vater ist arbeitslos und Analphabet. Die Mutter muss deshalb für ihn, notgedrungen, unter großen Anstrengungen immer wieder jede Menge Formulare ausfüllen. Mit der Zeit wird es ihr zu viel. Mehrmals sagt sie deshalb zu ihrem Sohn: „Wenn Du einmal schreiben kannst, dann machst du den ganzen Kram hier!"
> Verständlich die Weigerung des kleinen Christian: unter solchen Umständen und Folgen lieber nicht schreiben lernen wollen – und wie unnütz wäre hier Fremdmotivation.

P. S. Übrigens: Innerhalb kürzester Zeit lernte Christian nach dem Gespräch mit dem Psychiater das Schreiben, weil er ihm zusicherte (in Absprache mit der Lehrerin): Du darfst selbst bestimmen, wann und was du schreiben willst.

SELBST-Betrachtung
Wenn Sie andere motivieren: was sind *Ihre* Motive, dass Sie dies tun?
Oder, generell gefragt: Was bewegt Menschen, andere zu bewegen?
Haben Sie den Eindruck, es wird Ihnen etwas genommen, wenn Sie andere nicht motivieren dürfen/können?

Ein berühmter Pianist wurde von besorgten Eltern gefragt, wie sehr sie ihren Sohn zum Klavierspielen anhalten sollten, damit er ein berühmter Pianist werden würde. – Sie bekommen von ihm die Antwort: „Bremsen müssen Sie ihn, bremsen!"

Wofür begeistern Sie sich? Sind Sie noch zu bremsen?

Erziehungsbedingte Ängste

Das ABC menschlicher Ängste ist weit ausgedehnt; es muss jedoch nicht auch noch durch Erziehung unnötig vergrößert werden, sei es für Erziehende wie für Erzogene: *Was ist das für eine Erziehung, wenn sie Angst erzeugt!?*

Angst ist eine schlechte Erzieherin, da durch sie Wahrnehmung, Empathie und Handlungsfähigkeit eingeschränkt, wenn nicht sogar verhindert werden.

Wenn man Menschen liebt oder sich ihnen besonders verbunden fühlt, hat man, auf Grund der liebevollen oder nahen Beziehung zu ihnen, natürliche Ängste um sie. Bei Verlust durch Trennung oder Tod empfindet man normalerweise Schmerz und Trauer.

In „Erziehungsverhältnissen" können sich bei den Erziehenden (nicht nur als Eltern) und bei den Erzogenen (nicht nur als Kinder) zusätzliche Ängste einstellen:

Die Angst, Einflussnahme und Macht zu verlieren
Menschen, die sich u. a. als Machtmenschen definieren und deren Bestreben es ist, möglichst viel Einfluss auf andere zu nehmen, haben Angst, diese beiden für sie zentralen Persönlichkeitseigenschaften zu verlieren. Ohne diese fühlen sie sich schwach – und sind (meist ohne es zu wissen) abhängig von ihnen. Sie tun alles in ihrer Macht stehende, um diese zu erhalten.

Kinder werden dann z. B. in Schach gehalten, konditioniert, dominiert, domestiziert, ihrer natürlich Freiheit beraubt und in ihrer Entwicklung be- und gehindert.

Peter, hochintelligent, immer Klassenbester, in keiner Weise überheblich, muss erleben, dass sein Vater sich immer mehr von ihm zurückzieht, ihn des Öfteren auch auslacht, vor anderen bloßstellt. Der Junge, ratlos und ziemlich „durcheinander", vertraut sich einem Schulpsychologen an, dem es gelingt, den Vater zu einem Gespräch einzuladen. Es stellt sich heraus, dass der Vater Angst hat, in der Familie nichts mehr zu gelten und seinen „besseren Herrn Sohn" dafür verantwortlich macht.
> Keine Chancen für Söhne und Töchter, wenn sie „besser" sind als solche Väter (oder auch Mütter)
Chancen jedoch für Peter, da sein Vater sein Fehlverhalten einsah, sogar mitteilte, ihm gegenüber Schuldgefühle zu haben – und es letztlich schaffte, ihn zu unterstützen und „stolz" auf ihn zu sein.
> Ein Beispiel für gelungene Veränderung: Von der machtvollen Erziehung zur authentischen Beziehung

Erwachsene z. B. werden unterdrückt, als Konkurrenten ausgespielt, wie damals, als sie Kinder waren (und anfangs friedlich miteinander spielten). Sie werden erzieherisch abwertend behandelt durch Bloßstellung, Missachtung, Negierung. Frauen werden bevormundet, Männer begegnen sich nur noch auf Kampffeldern.

Herr W. und Herr H., beide angesehene Ärzte in einer Gemeinschaftspraxis und beliebt bei den Patienten, kooperieren einvernehmlich als Kollegen.
Nach etwa drei Jahren beginnt Herr W., seinen Kollegen herablassend zu korrigieren, ihm unsachgemäße Vorschriften zu machen, ihn zu kommandieren und sogar vor anderen herabzusetzen.
Herr H. kommt sich „wie ein Schuljunge vor, dem man sagt, wo es lang geht".
Herr W. wiederum äußert in einem Schlichtungsgespräch, er habe Angst, dass ihm „der ganze Laden hier aus der Hand genommen werde".
> Ein Beispiel, wie aus Kooperation Gegnerschaft wird

Die Angst, Menschen als „Beziehungs*objekt*" zu verlieren

Menschen, die wenig autonom und in ihrer Persönlichkeit schwach sind, brauchen Objekte zur Stärkung. Dadurch benützen sie andere und instrumentalisieren sie.

Wenn Kinder mit Puppen oder Erwachsene mit Marionetten spielen, dann sind ihre „Figuren" – im Spiel – Subjekte, mit denen sie sich identifizieren, in Kontakt sind, sich auseinandersetzen…

Wenn es aber nicht mehr ums Spielen geht, sondern um Realitäten, dann sind Menschen, die wie Puppen oder Marionetten gehalten oder benutzt werden, (Erziehungs-)Objekte, d.h., man entzieht ihnen ihren eigenen Willen, lässt für sie keine Alternativen zu, gibt ihnen keine Entscheidungsfreiheit oder schränkt sie ein, mindert ihre Handlungsmöglichkeiten. Von Selbstbestimmung keine Rede.

Frau M. ist geschieden. Der ältere Sohn studiert in einer entfernten Stadt, der jüngere, 17 Jahre alt, geht in das Gymnasium und wohnt bei der Mutter.

Die Fäden, mit denen sie ihren Marionettensohn – im wahrsten Sinne des Wortes – in der Hand hat, sind vielfältig: sie bestimmt die Zeit, wann er aufzustehen hat; sie rüttelt ihn so lange, bis er aufwacht; sie schreibt ihm vor, was er zum Frühstück „Gesundes" zu essen hat; sie ruft ihn mehrmals täglich aus ihrem Büro an, um zu erfahren, wo er sei, was er mache, mit wem er zusammen ist; sie kritisiert ihn vor anderen; sie schreibt ihm vor, wie lange er Fernsehen darf; sie notiert detailliert, was er alles im Haushalt zu tun habe.

„Ich habe schon so oft versucht abzuhauen, aber es gelingt mir nicht", sagt der 17-Jährige. „Wenn ich das tue, dann schreit sie oder fängt an zu weinen. Dann verdrück ich mich halt in mein Zimmer – oder hau ab zu Freunden. Aber auch bei denen klingelt sie dann an."

Die Mutter: „Ich muss ihm doch sagen, was er zu tun hat." Und: „Wenn er nicht mehr da ist, um wen soll ich mich denn da kümmern?"

> Seit einigen Wochen sind beide in einer Familienberatungsstelle mit dem Ziel, sich voneinander zu lösen und Wege des Miteinander zu finden, die für beide akzeptabel sind.

„Kaukasischer Kreidekreis" (Brecht):
Die falsche Mutter: ihre Motive sind Macht und Besitz.
Das Kind als Objekt, das sie an sich reißt.
Die wirkliche Mutter: ihr Motiv ist Liebe.
Das Kind als Subjekt, das sie los lässt.

Die Angst, Menschen als Partnerersatz zu verlieren

Blicke zurück in die Nachkriegszeit: Millionen von Frauen in Europa waren plötzlich ohne Partner, waren Witwen und Alleinerziehende. Ihre Kinder waren für sie die leibhaftige Erinnerung an ihre Männer, waren Menschen, denen sie ihre Liebe schenken konnten, die ihnen halfen, sie unterstützten. Die Jungen waren „der Mann im Haus", Partnerersatz, die Mädchen „beste Freundinnen", Trösterinnen; die Geschwister untereinander häufig „Mama/Papa" bzw. „umsorgte Kinder".

In diesen Zeiten waren die Töchter und Söhne *lebensnotwendiger* Ersatz für die Mütter, aus materiellen und psychischen Gründen, wobei – was die Erziehung und Beziehung betrifft – die einen gestärkt, die anderen geschädigt aus dieser Art von Familienkonstellation herausgingen.

Die Angst der Mütter damals, ihren Partnerersatz zu verlieren, wurzelte darin, zum einen ohne Lebenshilfe, zum anderen ohne menschliche Nähe zu sein.

Wenn heutzutage jedoch Kinder und Jugendliche für Mütter und Väter Partnerersatz sind, dann hauptsächlich aus sozialen und psychischen Gründen. In beiden Fällen herrscht Verlustangst. Kinder und Jugendliche, die sich aus der „Ersatzbindung" lösen können und für ihr eigenes Leben profitieren, haben Glück gehabt. Diejenigen, die es nicht konnten und können, leiden bisweilen ein ganzes Leben an den Folgen „pervertierter Zuwendung":

Herr A., 63 Jahre alt, hat seine Tochter sehr eng und streng erzogen; Einschränkungen waren jahrelang an der Tagesordnung. Er bestimmte, wie was zu tun sei. Der Mutter gelang es kaum, Ausgleich zu schaffen, da sie selbst schwach und dem Mann ausgeliefert war.
Jetzt ist Herr A. Witwer. Beruflich kommt er gut zurecht, privat ist er in der Lage, sich um das Nötigste zu kümmern. Er wünscht sich sehr, dass ihn seine Tochter, verheiratet und entfernt wohnend, öfters besuchen kommt. Jedoch, sie meidet ihn. Freunden gegenüber sagt sie wiederholt: „Jetzt kann ich mich endlich dafür rächen, was er mir alles verboten hat, und wie er mir meine Kindheit versaut hat."

Damals wie heute gilt es, die beteiligten Personen in ihren Nöten, in ihrer (unterschiedlichen) Abhängigkeit, in ihren schwierigen Lebensumständen, in ihren Zwängen zu verstehen.

Das Verstehen ist das eine, die Wirkungen und Folgen zu analysieren das andere. Und vor allem ist es wichtig beizutragen, die schädigenden Erziehungs- und Beziehungsverhältnisse zu beenden, sozialverträgliche Alternativen des Zusammenlebens oder befriedigende Trennungsmöglichkeiten zu suchen.

Die Angst der Erziehenden vor dem Alleinsein
Erziehende können sich oft kaum von ihren Zöglingen lösen, weil sie Angst vor dem Alleinsein haben.

Eine Studentin schildert das Verhältnis ihrer Mutter zu ihr und die Folgen für sie:

Ich studiere in der Stadt M., habe dort ein Zimmer und komme an manchen Wochenenden nach Hause zu meiner allein stehenden Mutter. Sie macht mir zunehmend Vorwürfe, dass ich sie vernachlässige, zu wenig mit ihr telefoniere und fordert von mir, dass ich jedes Wochenende nach Haus zu kommen habe, weil sie so allein sei. Meinen Freund kann ich nicht mitbringen, weil sie ihn deutlich spüren lässt, dass er unwillkommen ist. Das verletzt mich. Ich bekomme auch Schuldgefühle meiner Mutter gegenüber. Ich fühle mich hin und her gerissen zwischen den Verpflichtungen und Forderungen meiner Mutter gegenüber und dem Bedürfnis nach eigener Lebensgestaltung.

Ein Ehepaar sucht eine Beratung auf, weil ihre Ehe „in Schieflage" geraten ist, denn er ist beruflich unter der Woche aushäusig und sie kann nicht alleine sein. Das gegenseitige Erziehen nahm vor Jahren seinen Lauf:

Die Sonntagabende bereits begannen mit Vorwürfen und Rechtfertigungen: „Musst du denn immer noch weg. Kannst du dich denn beruflich nicht umorientieren und dableiben?" Weinkrämpfe auf der einen, Schulterzucken auf der anderen Seite. Während der Woche Anrufe seitens der Frau, Verleugnungen seitens des Mannes; er hatte eine Liebschaft, irgendwo. Sie fühlte sich zu Hause total frustriert und ahnte, dass ihr Mann sie betrügt.

Er brauchte seine Freiheit, sie buhlte um seine Nähe.
Erziehung der Frau: Hör auf wegzufahren; bleib zu Hause; such dir eine andere Stelle. Erziehung des Mannes: Lass mich in Frieden ziehen; sei froh, dass es dir gut geht bei mir.

Ziel ist, dass beide Seiten ihre Selbstbestimmung erhalten, ihre Erziehungs- und Abhängigkeitsverhältnisse beenden, sie in Beziehungen umwandeln und zu einer Balance kommen, die für beide stimmig ist.

Die Angst, nicht mehr geliebt zu werden

Zwar sind Kinder und Jugendliche selbstständige Wesen, während ihres Heranwachsens aber besonders abhängig von der Zuwendung, Pflege und des Schutzes ihrer Eltern. Es ist für sie lebensnotwendig, geliebt zu werden. Ist dies den Eltern nicht (immer) möglich, dann tun sie (fast) alles, um sich diese Liebe von ihnen zu „erkaufen" und geraten manchmal in ambivalente bis schier aussichtslose Situationen und Gefühlszustände: Erwartungen erfüllen, auch wenn sie sich überfordert fühlen; lieb, brav, freundlich sein, auch wenn sie in einer anderen Stimmung sind; den Willen der Eltern erfüllen, auch wenn sie lieber *„eigenwillig"* sein wollen; so denken wie die Eltern, auch wenn sie lieber *„eigensinnig"* sein wollen; sich fügen, auch wenn sie so gerne anders sein wollen; folgsam sein, auch wenn sie eigene Wege gehen möchten.

Weil jeder Mensch geliebt werden will, haben auch *Erwachsene als Erzogene* Angst, nicht (mehr) geliebt zu werden. Erleben sie sich ungeliebt, suchen sie Liebesersatz – bewusst und/oder unbewusst – in Krankheiten, Suchtverhalten; sie lassen sich ausnützen, erniedrigen, dulden Bloßstellungen und Abwertungen.

So kommt es, dass sie sich auf menschenunwürdige Weise ihre Liebe erkaufen müssen.

Die Angst, bestraft zu werden

Erzogene haben schmerzhafte Erlebnisse und Erfahrung mit Bestrafungen, die Narben hinterließen und Ängste vor neuen Strafen hervorrufen.

Was geschieht mit Menschen, die – bisweilen krampfhaft – ihr Verhalten ändern, nur weil sie Sanktionen und Strafmaßnahmen entgehen wollen?

Dadurch wird verhindert, dass die Änderungen ihrer selbst willen oder, selbst bestimmt, in der Beziehung zu anderen geschehen. Das ist der Fluch jeglichen Strafens.

Was ist das für eine Erziehung, deren Begleiter Strafende und Strafen sind und Angst bei den Bestraften auslösen?

Nur keine Strafen bekommen – und deshalb u. a. die Wahrheit verschweigen, lügen, davonlaufen, andere bezichtigen, andere verleumden, andere töten; Intrigen verbreiten, sich verstellen – die eigene Entwicklung bleibt auf der Strecke und andere werden geschädigt.

Die Angst, Menschen zu verlieren, von denen man abhängig ist

Verstandesmäßig müsste es doch „eigentlich" so sein, dass ein Verlust der Abhängigkeit Befreiung bei den Menschen auslöst. Mitunter ist das Gegenteil der Fall: Wer von klein auf permanente Abhängigkeit gewohnt ist, wird sich schwer tun, auf „Befreitsein" umzuschalten. Eher macht sich Verlorensein breit:

Frau B. beklagte sich häufig bei Verwandten und Freunden, wie egoistisch und herrisch ihr Mann sei; wie er ihr vorschreibe, was sie zu tun und zu unterlassen habe.

Manche rieten ihr zur Trennung, was sie strikt von sich wies, meist mit den Worten: „Dann habe ich ja niemanden mehr, der mir sagt, was ich tun soll. Ich fühl mich so verloren." (!)

Nach dem Tode ihres Mannes lebte sie noch 23 Jahre alleine; die Erzieherrolle übernahmen ihre beiden Töchter...

> Sie hat psychisch nie erwachsen werden können (dürfen?).

Die Angst der Erzogenen vor dem Alleinsein

Diejenigen, die es nicht aushalten, bleiben im „Hotel Mama" – und sind bereit, den Preis der Abhängigkeit zu bezahlen. Gewinne haben sie natürlich auch:

Herbert ist Anfang 30. Im Hause seiner Mutter hat er eine Souterrain-Wohnung. Sie ist quasi seine Haushälterin, was er genießt. Weil es jedoch oft zu Streitereien kommt (u. a. wegen Berufswechsel, Freundeskreis, Freundin), suchen sie eine Beratung auf. „Ich weiß, ich sollte ihn rauswerfen.", sagt seine Mutter, „Ich hab's bis jetzt noch nicht geschafft". Und er: „Ich kann mir nicht vorstellen auszuziehen. Mir geht's doch gut. Und wenn's funkt zwischen uns, dann zieh' ich mich zurück."

> So betrachtet gibt es auch noch 40-, 50- und 60-Jährige, die „erzogene Kinder" bleiben.

„Auf der Bühne fühle ich mich nie alleine", sagte eine Schauspielerin, „da kann ich in Rollen schlüpfen. Sobald ich aber von ihr abtrete und nach Hause komme, klammere ich mich an meinen Mann. Ohne ihn bin ich völlig hilflos, physisch wie psychisch."

Dieser wiederum hatte schon öfter vor, sich von ihr zu trennen, weil er die Umklammerung kaum aushielt. Er blieb: „Ich kann sie doch nicht alleine lassen; sie ist ja wie ein Kind."

Sie starb vor ihrem Mann.

Ist die Angst vor dem Alleinsein eine urmenschliche Angst?

Ja – und deshalb ist das „Gegengewicht" (über-)lebensnotwendig, nämlich die „individualisierte Gemeinschaft" (Hüther), d.h., eine Balance von individueller Lebensgestaltung *und* Gemeinschaftssinn, von Freiheit *und* Verbundenheit (was gleichzeitig möglich ist). Geborgenheit gibt Sicherheit, die beste Voraussetzung dafür, sich auf neue Erfahrungen (was auch mit Unsicherheit verbunden ist) einzulassen.

Die Erziehenden haben dann die Chancen, sich wieder mehr auf sich selbst und die eigenen Bedürfnisse zu besinnen, und die Erzogenen haben die Chance, in der neu gewonnenen Freiheit erwachsen zu werden.

Eltern oder Alleinerziehende, die ihre Töchter und Söhne, als diese noch Kinder waren, liebevoll in den Arm genommen haben, und deren liebevolle Umarmung von Jahr zu Jahr immer mehr zum Würgegriff geworden ist – diese Eltern können lernen, ihre Arme zu öffnen, ihren Kindern die Freiheit zu schenken und stattdessen wieder lernen, sich selbst in den Arm zu nehmen. Und was in der Kindheit möglich war, sollte auch im Erwachsenenalter möglich sein.

Wer aufhört, andere zu erziehen, ermöglicht ihnen Freiheit. Wer nicht mehr erzogen wird, hat die Freiheit zum eigenständigen Lernen. Wer nicht mehr erzieht, erhält selbst wiederum Freiräume.

Lernen ohne Erziehen

Früher bezog sich das Wort *lernen* hauptsächlich auf die Schule, die Ausbildung (einen Beruf erlernen), heute wird er umfassend verstanden: „Das Hirn lernt immer", sagt der Hirnforscher Spitzer. Es ist anpassungsfähig, hochkomplex strukturiert. Seine Entwicklung ist nutzungsabhängig, d. h., es ist an Lösungen interessiert, an Überlebensstrategien. Es filtert, deutet und bewertet/ordnet die Außenimpulse und ist auf das Überleben programmiert. Es ist sowohl diszipliniert als auch „verrückt", schafft Ordnung *und* Chaos, ist kreativ *und* Energie sparend. Gefühle *und* Sachwissen geben sich „die Hand". (Hirnunmöglich ist deshalb z. B. der Satz: „Bleiben Sie sachlich!")

Lässt sich das Gehirn beim Lernen durch Erziehen dreinreden? Gibt es im Gehirn des Menschen so etwas wie „Erziehung" oder gar Drill?

Das Gehirn selbst ist ein *Beziehungsorgan*[25] mit Milliarden von Nerven-zellen, Verästelungen, Verschaltungen, Verbindungen (Synapsen), Strängen, emotionalen und kognitiven Netzwerken. Durch die Vernetzung von Sinnes-eindrücken werden neue Informationen mit alten verbunden.

Der Neurobiologe Hüther betont, wie lebenswichtig „lebendige Bezie-hungserfahrungen" sind, die als neuronale und synaptische Beziehungsmus-ter in unseren Gehirnen verankert werden, denn „sie gehen unter die Haut".[26]

Wer bestimmt jedoch, was unter die Haut gehen soll? – Das (gesunde) Hirn. Menschen, die andere erziehen, haben bestimmte Vorstellungen, Ab-sichten, Hoffnungen, Ziele: mein Kind, mein Partner, meine Partnerin soll… Die Nachbarn, die Schüler, die Kollegen, die Gläubigen, die Politiker sol-len…

Der Unternehmer Reinhold Würth sagte im Rahmen eines Vortrags: „Wenn wir in der Firma ein neues Produkt einführen wollen, so planen wir das durch von der Abteilungsspitze bis hinunter zum Facharbeiter."

Mir leuchtet ein: zuerst planen, dann durchführen – und habe sofort an Er-ziehende gedacht. Sie denken häufig (vorschnell) ans Produzieren und kaum ans „Durchdeklinieren". Es fehlen die Fragen: Kann mein Gegenüber das leisten, was ich von ihm fordere? Geht das denn überhaupt, was ich da ver-lange?

Wie geht es ihm/ihr, wenn ich ziehe, schiebe, steuere …? Der Erziehende sagt, was andere sollen. Der Beziehende fragt, was andere brauchen.

Mit welcher Selbstverständlichkeit *Erziehung* benutzt wird, um persönli-che Interessen, egozentrische Absichten, eigene Wünsche, verdrängte Hoff-fungen durchzusetzen: Objekte werden nicht gefragt, über Objekte wird ver-fügt.

Und was sagt das Hirn dazu? Es antwortet sehr klar: Dies und jenes kann ich, kann ich nicht, kann ich noch nicht, probier' ich aus.

Jedes Kind braucht beim Heranwachsen eigene Erfahrungen. „Deshalb sind wir alle einzigartig und jeder für sich auch besonders begabt. Und das

---

[25] Fuchs, Thomas: Das Gehirn – ein Beziehungsorgan. Stuttgart (Kohlhammer), 3. Aufl. 2010.

[26] Hüther, Gerald: Was wir sind und was wir sein könnten. Frankfurt a. M. (S. Fischer), 8. Aufl. 2011, S. 20. Zusätzlich zu seinen Büchern verdanke ich Gerald Hüther wichtige Anregungen zu meinem Thema, sei es durch Vorträge oder durch Ausführungen im Fern-sehen.

ist gut so, denn wenn wir alle gleich wären, könnten wir auch nichts mehr voneinander lernen."[27]

Sowohl beim Benutzen des Hirns als auch beim Einwirken auf andere ist es unbedingt erforderlich, achtsam, menschenwürdig und respektvoll mit ihm umgehen und es fragen: Was kannst du, was traust du dir zu, wo sind deine Grenzen, gibt es Möglichkeiten der Überschreitung?

Was ist zu tun, damit dies annähernd gelingt?

Menschen wahrnehmen, beobachten
Menschen geben Signale, senden Botschaften aus, zeigen sich und das, was sie tun: sie lachen und weinen, sie freuen sich und sie sind wie gelähmt, sie wehren ab und nehmen an. Dabei ist es wichtig, das Verhalten *zu beschreiben* anstatt zu bewerten, denn: das Hirn kann nur mit Beschreibungen etwas anfangen (= was Menschen zum *Ausdruck* bringen). Zudem sind Beschreibungen intersubjektiv überprüfbar im Gegensatz zu Bewertungen, die rein subjektiver Art sind, wobei negative Bewertungen verletzen können:

Beschreibungen	*Bewertungen (negativ)*
Peter macht keine Hausaufgaben.	Er ist faul.
Evi redet sehr viel.	Sie ist ein Plappermäulchen.
Kollege A. beschimpft andere.	Er ist unverschämt.
Politikerin F. sagt heute so, morgen so.	Sie ist eine Lügnerin.
Herr U. lächelt.	Er grinst süffisant.
Frau T. verweigert mehrmals ihre Zustimmung.	Sie ist stur.

Der Sinn unserer Beobachtungen in diesem Zusammenhang ist nicht, Verhalten anderer respektlos und voyeuristisch aufzudecken, sondern annähernd herauszufinden, was Personen (ver-)mögen (und was nicht), um dann rücksichtsvoll und fair mit ihnen umzugehen – und vor allem unsere Erwartungen entsprechend darauf abzustimmen, weil es sonst heillose Überforderungen gibt (häufig eine besonders schwere Folge von Erziehung).

---

[27] Hüther, Gerald: Was wir sind und was wir sein können. Frankfurt a. M (S. Fischer), 8. Aufl. 2011, S. 40

Akzeptieren, was wir bei Menschen vorfinden
(a) bei Kindern:
Die einen spielen gerne allein, andere wiederum mit anderen zusammen; sie hantieren mit Stofftieren, mit Hölzern, mit Puppen, mit Spiel-Autos. Die einen laufen, rennen, toben, die anderen gehen gemächlich. Sie kneten, schnitzen, nähen, hämmern, schnitzen, lesen, schreiben, rechnen. Sie sind bereits kleine Fachleute für das Handy, das Internet. Sie gehen auf Menschen zu oder sie meiden sie:

Schon als kleiner Junge, so erzählten mir meine Eltern, bin ich auf Besuche, die zu uns kamen, zugelaufen, habe sie umarmt, bin auf ihren Schoß gehüpft und habe sie gefragt: „Magst mich?"
> Mein Hauptberuf heute: Beziehungsdidaktiker, Kommunikationstrainer, Coach

(b) bei Jugendlichen:
Sie schließen Freundschaften, sind verliebt, haben Hemmungen oder sind hemmungslos. Die einen können einen Motor auseinander nehmen und wieder zusammensetzen, andere befassen sich lieber mit Weltraumtechnologie. Sie spielen Fußball, Theater, Schach, Geige oder Saxophon. Sie sitzen stundenlang vor dem Computer, während andere stundenlang Dramen verschlingen. Sie machen in den Ferien soziale Dienste, arbeiten in einem Reitstall oder in einer Firma; sie jobben als Verkäufer, Zeitungsreporter oder in einer KFZ-Werkstatt.

(c) bei Erwachsenen:
Sie leben allein oder in einer Partnerschaft, in einer Familie, in einer Wohngemeinschaft. Sie haben technische, soziale, handwerkliche oder künstlerische Berufe. Sie interessieren sich für Briefmarken, Fußball, Schach, Boxen, rhythmische Gymnastik. Sie bevorzugen im Urlaub Berge oder das Flachland. Sie reisen oder bleiben lieber daheim. Sie führen Krieg oder leben friedlich zusammen. Sie sind ihrem Wesen nach offen oder verschlossen.

Auf der ganzen Welt eine Vielfalt von Menschen, mit Milliarden von verschiedenen Gehirnen, die sich entwickeln, die Beachtung, aber keine Erziehung brauchen.

Fördern, was vorhanden ist

Beispiel Schule: erster Schultag nach den Ferien: „Guten Morgen – Buch auf, S. 5; Heft raus…, fangen wir an…" Ohne hinzugucken, wen sie da vor sich haben, beginnen manche Lehrenden den Unterricht mit Menschen, die unterschiedliche Gehirne haben, unterschiedliche Lernerinnen und Lerner sind.

Erst in letzter Zeit werden sog. Lernstandserhebungen durchgeführt, z. B. mittels Test u. ä mit dem Ziel herauszufinden, an welcher „Gehirnhaltestelle" Schülerinnen und Schüler stehen. Und derer gibt es viele.

Übertragen auf unseren Alltag heißt das: Unsere (selektiven) Beobachtungen sind notwendig, damit wir wissen, wie wir unser Hirn erfolgreich einsetzen und wie wir uns und andere fördern können:

Der Personalchef einer Firma sagte mir: „Meine Aufgabe ist es, meine Mitarbeiterinnen und Mitarbeiter genau zu beobachten, damit ich weiß, wo und wie ich sie am besten einsetzen kann, förderlich für sie und erfolgreich für die Firma."

SELBST-Betrachtung

Wir sind am Ende des Kapitels „Warum Erziehung schädlich ist" angelangt. Ihr Resümee? Ihre Erkenntnisse? Ihre Konsequenzen?

III. Ohne ICH keine Beziehung zum DU

Bei-sich-selbst-Bleiben
ermöglicht dem anderen
das Zu-sich-Kommen
Kurt Singer

Es braucht mindestens
zwei, damit einer sich
kennen lernt.
Gregory Bateson

Im ersten Kapitel habe ich gezeigt, dass Erziehung in allen Bereichen der Gesellschaft (und nicht nur in Familie und Schule) weit verbreitet ist und wie sie sich auf die Menschen auswirkt. Im zweiten begründete ich meine Überzeugung, dass Erziehung grundsätzlich schädlich ist. Im dritten Kapitel wende ich mich nun dem ICH des Menschen zu.

Auf der einen Seite ist es der Ausgangspunkt für gelungene Beziehungen zum DU, auf der anderen Seite braucht es das DU, um sich, wie Bateson sagt, im Spiegel des anderen kennen zu lernen.

Was das ICH genau ist, darüber gibt es eine Reihe von unterschiedlichen wissenschaftlichen Erklärungen, auch im Zusammenhang mit den Begriffen Selbst oder Person.

Im Folgenden verstehe ich unter dem ICH das Bewusstsein des Menschen als Einheit in seinem Fühlen, Denken und Handeln. Ich gehe auf vier Themen ein, die alle um das „ICH" kreisen und zusammengehören: auf die Sehnsucht des Menschen, geliebt zu werden; auf seinen Wunsch, Selbstbewusstsein zu haben und echt zu sein; auf das „weite Land" in ihm und auf die Autonomie als Ziel und Weg.

Ich halte nichts von Idealvorstellungen über den Menschen, wie er zu sein habe, von Zielen, die ihn *überfordern* (was lieblos wäre und ihn in der Folge dadurch möglicherweise entmutigen würde), von unrealistischen Erwartungen im Horizont der Aussage, der Mensch sei die Krone der Schöpfung.

Meine Vorgehensweise basiert darauf, genau hinzusehen, was ist und die subjektiven Wahrnehmungen zu überprüfen, ggf. sie zu relativieren und nach realistischen Lösungen zu suchen, immer mit dem Vorbehalt, dass es nur subjektive Wahrheiten gibt: Was Menschen *über* sich selbst mitteilen, ist gleichzeitig das, was sie *von sich* preisgeben.

Das geliebte Kind

„Kein Kind wird je fassen, dass es sich ohne Liebe zurechtfinden muss. Es kommt mit der unbedingten Gewissheit zur Welt, geliebt zu werden. So wie die Luft zum Atmen bereitsteht, so die Liebe… Im Lauf der Jahre wird dem Mensch jedoch bewusst, dass jenes Grundnahrungsmittel nicht vorrätig war. Nicht für ihn. Und natürlich versteht er nicht, wie es dazu kommen konnte, dass die einen geliebt wurden und die anderen nicht."[28]

Vom ersten Schrei an ist der (gesunde) /Mensch autonom (im Sinne des Selbstseins und seiner vitalen Lebensfunktionen): Er hat eine eigene Atmung, einen eigenen Herzschlag, ein eigenes Herz-Kreislauf-System, eigene Organtätigkeiten, eigene Empfindungen und Gefühle. Seine Autonomie wird nicht dadurch gemindert, dass er gleichzeitig auch relativ abhängig ist, z. B. von der Zuwendung anderer, im Kindheitsstadium von Mutter und Vater durch ihre Liebe. Er braucht Ernährung, Pflege, Fürsorge, Schutz, Führung, Orientierungshilfe, Zuneigung, körperlich wie seelisch, und ist verloren, wenn sie fehlt: „Wie keinem ein fehlender Arm nachwächst, so fährt in niemanden nachträglich das selige Bewusstsein: 'Ich wurde geliebt'"[29]

Diese Urerfahrung des Wahrgenommen- und des Geliebtwerdens ist die Basis für die weitere Entwicklung zu einem selbstbewussten Ich und zur Selbstständigkeit. Für das Kind, das sich ungeliebt fühlt, führt der Weg in die Abhängigkeit, in die Isolation oder noch stärker, entsetzlicher, wie Altmann es beschreibt: „Der Zukurzgekommene ist gezeichnet, für den Rest seines Lebens."[30]

Das Dilemma: Die lieblosen Eltern waren selbst meist ungeliebte Kinder, die wiederum von Eltern, die ungeliebte Kinder waren, abstammen, die wiederum…

Die Liebe als Quelle des Lebens gab es für sie nie.

---

[28] Altmann, Andreas: Das Scheißleben meines Vaters, das Scheißleben meiner Mutter und meine eigene Scheißjugend. München (Piper), 3. Aufl. 2011, S. 219.
[29] Ebd.
[30] Ebd.

Die Tragik: Kein Ende des „kollektiven" Ungeliebtseins und Weitergabe von Lieblosigkeiten von Generation zu Generation auf Grund des eigenen Mangels an Liebe…

Die Lösung: Jemand in der Generationenkette beginnt, sich dieser „Lieblos-Kette" bewusst zu werden und fängt an, die Liebe (als Haltung) zu entdecken und als Verhaltensweise zu leben und weiterzugeben.

Stehen ungeliebte Kinder später als Erwachsene mit leeren Händen da? Können sie souverän und autonom sein,[31] obwohl sie liebeshungrig geblieben sind? Ist ihr Hunger nach Liebe grenzenlos, unstillbar?

Oder: Weil ungeliebt, können sie besonders nachempfinden, wie andere Menschen sich als Ungeliebte fühlen – und vielleicht gemeinsam sich aufmachen, um die Liebe zu finden und sie sich gegenseitig zu geben.

SELBST-Betrachtung
Wie sieht Ihr Resümee aus, wenn Sie Ihre eigene Lebensgeschichte betrachten: Als Kind geliebt, ungeliebt? Und Ihre Weiterentwicklung als Erwachsene?

Kinder empfinden, fühlen, handeln, denken. Diese Reihenfolge ist bei ihnen nicht festgelegt. Es kann sein, dass sie zuerst handeln, (z. B., weil die Anreize stark sind), dann erst etwas fühlen (Schmerz, Freude) und schließlich denken: Warum war das jetzt so?

In meinem Zeugnis der 2. Klasse Volksschule (heute Grundschule) stand in der Kopfzeile: „Reinhold sollte zuerst denken, dann reden." Mir machte dieser Satz überhaupt nichts aus, weil ich ihn nicht verstand; meinem Vater schon eher, weil er befürchtete, sein Sohn würde ein unbedachter Schwätzer werden.
> Der Lehrer ging davon aus, dass Kinder wie Erwachsene sich verhalten sollten: zuerst denken, dann reden. Gut gemeint von ihm, aber nicht erfüllbar von seinen Schülern.

Kinder werden von Erwachsenen häufig in ihren Entwicklungen falsch „eingeordnet" und unrechtmäßig mit ihnen verglichen. Sie werden auch in ihren Wahrnehmungen und in ihrem Tun empfindlich gestört, beispielsweise, wenn ihre Gefühlsäußerungen nicht erwünscht sind oder ihr Ich abgewertet

---

[31] Siehe auch Miller, Reinhold: Als Lehrer souverän sein. Weinheim (Beltz) 2011, S. 64 ff.

wird durch Mitteilungen wie: „Stell dich nicht so an!" – „Dafür bist du zu blöd!" – „Du bist ja nur ein Mädchen!" oder ähnliches.

Durch solcherlei Einflüsse und Prägungen, von Kindheit an, kann sich das Ich eines Menschen gar nicht oder nur schwerlich entfalten. Es wird verbogen und ist gestört, mitunter ein ganzes Leben lang. Verbogene entwickeln Misshaltungen und geraten rasch ins Wanken, sei es im Privatleben, in der Schule oder im Beruf.

Menschen, Kinder wie Erwachsene, denen menschliche Liebe entzogen oder verweigert wurde, reagieren entweder aggressiv, strafend, beleidigend oder beleidigt, drohen mit Vergeltung oder mit Rückzug, vollziehen Racheakte an sich und anderen. Manche Biografien von Amokläufern sprechen Bände und geben erschütternde Zeugnisse preis über die Akteure: nach ihrer Tat bleiben sie oftmals stumm und wie ein Stein verhärtet. Oder sie wenden die erfahrenen Lieblosigkeiten gegen sich selbst an durch Suchtverhalten, Selbstschädigungen bis hin zu Suizidversuchen und Selbsttötungen. Sie ziehen womöglich auch noch andere in den Tod:

„Was für ein verpfuschtes Leben", sagt ein zweifacher Mörder, bevor er sich mit knapp sechzig Jahren das Leben nimmt: verpfuscht worden durch andere von klein auf, verpfuschend das Leben anderer.

Oder, fast ein Glücksfall, sie gelangen zur Einsicht und ändern ihr Leben.

Oder sie sind so mit sich selbst beschäftigt, dass sie andere zu wenig wahrnehmen oder gar übersehen:

Eine Fünfzigjährige: „Ich kann mich nicht erinnern, dass mein Mann mit mir über seine Gefühle gesprochen hat. Die meinen beachtet er sowieso nicht. Und ob er mich wirklich liebt, weiß ich bis heute nicht."

Peter, 48 Jahre alt, Sohn eines bekannten Schauspielers: „Mein Vater sagte zwar immer, dass er uns liebe, aber er war ja nie zuhause. Seine Fans waren ihm wichtiger. Ich glaube, er gab mir nur deshalb viel Geld, weil er Schuldgefühle hatte. Irgendwann war ich auch dann nicht mehr käuflich und haute von zu Hause ab."

Oder sie anerkennen andere und nehmen sie an wie sie sind:

Mein Vater hat immer zu mir gehalten, egal was ich machte – und hat mir geholfen, wieder klar zu kommen.

Ich habe nie von meiner Mutter etwas Abfälliges zu hören bekommen – und ich konnte ihr alles sagen, wenn ich es wollte.

Mein Vater hat mich nie geschimpft, nie. Ich hatte immer das Gefühl, dass er mich liebt. Und er hat's mir auch oft gesagt.

Das geliebte bzw. das ungeliebte Kind in uns ist jeweils so alt, wie wir selbst sind. Es lebt von Anfang an in uns, wächst oder verkümmert, entfaltet sich oder verdorrt. Es ist einmalig auf Grund der Gene, des unterschiedlichen Umfelds und der verschiedenen Prägungen. Erziehung, die eingrenzt und gängelt, vergeudet die Potenziale nicht nur der heranwachsenden Kinder und Jugendlichen, sondern aller Menschen. Das geliebte Kind kann sich entwickeln – und manchmal wachsen ihm sogar Flügel, mit denen es sich in für sie ungeahnte Höhen aufschwingen kann: das Glück ist ihm nahe. Kann sie unbegrenzt, bedingungslos sein, die Liebe, wie es häufig gefordert wird?

Ich bin ich der Überzeugung – vor allem auf Grund der Erfahrungen mit Menschen innerhalb meiner Beratungs- und Coachingarbeit – dass der Anspruch, bedingungslos zu lieben, sehr hoch ist und in den Bereich des Mythos gehört. Bei Milliarden Menschen auf der Erde kann es keine einheitlichen oder sogar normativen Aussagen darüber geben, was denn nun „die Liebe" sei und was „man" darunter zu verstehen habe. Von „bedingungsloser Liebe" (als ideologischem Anspruch) halte ich nichts, jedoch viel von Liebe als Haltung (Näheres siehe VI: Liebes-Beziehungen).

Theologen und Philosophen haben über Jahrtausende immer wieder von dieser „bedingungslosen Liebe" gesprochen und geschrieben – und die Literatur ist übervoll vom Thema „Liebe". Sie ist *das* Lebensthema der Menschen, unabhängig davon, ob sie sich erfüllt oder nicht.

Auch Erziehende meinen es oft gut, sprechen von Liebe zu ihren Anbefohlenen, spüren in ihren Herzen Liebe zu ihnen – und merken, dass sie in der Realität bisweilen überfordert sind. Der hohe Anspruch, „bedingungslos" zu lieben (lieben zu müssen) und gleichzeitig die Erfahrung des Scheiterns, können Menschen sogar lähmen und in ihnen Schuldgefühle erzeugen:

Eine Mutter, allein erziehend, berichtet mir unter Tränen, dass sie völlig überfordert sei, was ihre beiden Kinder beträfe – und dass sie manchmal daran denke, sie einfach in ein Heim zu geben. „Aber ich lieb' sie doch", sagt sie – „und dennoch könnt'ich sie manchmal zum Teufel wünschen...Und dann denk` ich: was bin ich doch für eine Rabenmutter – und hab' furchtbare Schuldgefühle."

> Da sind einerseits ihre mütterliche Liebe, ihre Einstellung zu ihren Kindern, ihre Gefühle – und andererseits die Realität, die sie überfordert. Sie „lieben" ist ihr Gefühl und sie „zum Teufel wünschen" der Ausdruck ihrer Überforderung. Beides hat berechtigt Platz in ihrer Seele. Entscheidend wird sein, wie sie mit diesen beiden sich widerstreitenden „Botschaften" in ihr umgeht.

Es geht nicht um „bedingungslose Liebe", sondern um Liebe, *die Bedingungen braucht*, damit sie auch wirksam werden kann:

Zeit und Raum, um die Liebe als Haltung und Einstellung in sich entwickeln zu können und sie zu spüren. Zeit für sich, um bei sich zu sein. Zeit, um sich auf das Du einzulassen. Raum für die eigenen Gefühle und Gedanken, Raum für die Gefühle und Gedanken der anderen. Zeit und Raum, um liebevoll zu handeln, was beispielsweise in der Beziehung zu Kindern heißt: Abschied vom Zeitungslesen, vom geregelten Schlaf, vom Fitnessstudio, vom Fernsehen, vom Kaffeeklatsch, vom Buch lesen, vom Stammtisch, vom Hobby… und dafür mehr Hinwendung zu den Kindern: sie beachten und wahrnehmen; mit ihnen spielen, reden; mit ihnen etwas unternehmen und gestalten; sie schützen, trösten; für sie handeln, wenn sie noch nicht in der Lage sind… Liebe als konkrete Tätigkeiten; z. B.: Verringerung der Kluft zwischen Reich und Arm, differenzierte finanzielle Unterstützungen, Abbau von Diskriminierungen, Initiierung von Bürgerstiftungen, Nachbarschaftshilfen und anderen sozialen Einrichtungen, Plätze für Kinder und familienfreundliche Freizeitangebote, Bildungsangebote auch außerhalb von Schulen u. a. m.

Wer Liebe fordert, ohne ihr günstige Bedingungen der Realisierung zu geben, handelt selbst lieblos.

Ein selbstbewusstes ICH

Die Theorie der Persönlichkeit bestätigt es hinlänglich, dass ein selbstbewusstes Ich in keiner Weise nur ich-bezogen ist, sondern sowohl selbst bewusst als auch gleichzeitig sozial verträglich sein kann. Dies zeigt sich beispielsweise in guten Paarbeziehungen: die Partner gehen umso besser miteinander um und harmonieren umso mehr, je bewusster sie sich selbst wahrnehmen: Beziehungsfähig ist, wer gleichzeitig eigenständig ist.

Diese Eigenständigkeit besteht von klein auf und entwickelt sich weiter durch *liebevolle Zuwendung* seitens der Erwachsenen.

Im Umkleideraum eines Hallenschwimmbads, mit vielen Einzelkabinen, höre ich einen Jungen rufen: „Papa, wo bist du? Ich vermisse dich." – Aufhorchen lässt mich die Klarheit der Stimme, keineswegs weinerlich oder gar panisch. – Pause – „Papa, ich suche dich." – „Ich komme... ", der Papa.

Unmittelbar danach sehe ich beide, Hand in Hand zum Schwimmbecken gehen, der Junge noch keine fünf Jahre alt, wie ich herausbekomme.

> Wie schön das Selbstbewusstsein des Jungen und sein Vertrauen zu seinem Vater

Die Erfahrung, zu den „geliebten Kindern" zu gehören, ist die beste Voraussetzung, ein gesundes Selbstbewusstsein zu bekommen:

Als meine Tochter etwa zwölf Jahre alt war, fragte sie mich: „Papa, wie bekomme ich ein Selbstbewusstsein?" Ich bat sie, möglichst detailliert aufzuschreiben, was sie gestern alles erlebt (empfunden, gefühlt, getan) hat und jeden Satz mit ICH zu beginnen. Wenig später brachte sie mir eine umfangreiche Liste: Ich habe nachts geträumt ... Ich raste zum Schulbus ... Ich habe eine Klassenarbeit geschrieben ... Ich habe mit anderen gespielt ... Ich habe Hausaufgaben gemacht ... Ich hatte eine Wut ... usw. Am Ende ergaben sich viele ICHS und in Verbindung mit ihnen Empfindungen, Gefühle, Tätigkeiten.

> Sie hatte zwar „nur" ein ICH, aber dieses in vielen Arten der Verwirklichung.

SELBST-Betrachtung
Wäre das auch etwas für Sie, Ihre „Ich-Tätigkeiten" aufzuschreiben und dadurch die Vielfalt Ihres Ichs zu erspüren?

Es ist wichtig, dass Menschen ICH-Erfahrungen machen, von klein auf, das heißt, dass sie sich als Tätige erleben, als Subjekte, und nicht als Objekte, denen man ständig sagt, was sie zu tun, was sie zu fühlen, zu denken, zu lassen und wie sie sich zu verhalten haben. Selbstbewusste Ichs entstehen, wenn Fremdbestimmung verschwindet und Selbstbestimmung immer mehr Raum gewinnen kann.

Ich besuche eine mir bekannte Familie (Mutter, Vater, 9-jährige Tochter), zu der ich allerdings lange Zeit keinen Kontakt hatte. Mitten im Gespräch mit den Eltern nimmt mich das Mädchen plötzlich an der Hand und sagt unvermittelt: „Ich zeig dir mein Zimmer." Als ich mich dort mit ihr umschaue, sehe ich u. a. zwei Plakate an einer Wand:

Auf dem einen Zeichnungen (aus der Zeit, als Stefanie noch nicht lesen konnte):
eine Zahnbürste (= Zähne putzen); einen Schuh (= zubinden); Messer und Gabel
(= essen können); ein Fahrrad (= fahren können); Kleider (= sie selbstständig
anziehen)...

Auf dem anderen Plakat Mitteilungen mit Datum (seit Stefanie lesen und schrei-
ben kann): Was ich alles kann: schwimmen, Schlittschuh laufen, lesen, eine Ge-
schichte schreiben...

„Das kann ich alles schon", sagt sie „stolz". „Und ich schreib oft was dazu."

>Ich war beeindruckt: Mit Hilfe der Eltern entstand quasi ein Portfolio über die
selbstbewusste ICH –Stefanie.

Die Missachtung des Ich zieht Beziehungslosigkeit nach sich, denn: Ohne
Ich kein Wir, keine Beziehung. Die Überbetonung des Ichs jedoch, das
„Nur-Ich", stellt das Ich in den Mittelpunkt, verweigert das Weitergehen
zum Du, zum Wir und verhindert damit die Beziehung zu anderen: Ohne das
Du verlaufen die Beziehungswege im Sand. (Bei kleinen Kindern entwickelt
sich zuerst ein Wir-Gefühl im Sinne: ich gehöre dazu. Allmählich lernt es
dann sein eigenes Ich kennen.)

Das Ersetzen des eigenen Willens durch einen fremden Willen bedeutet
den Verlust des Ichs. Die persönliche Tragik besteht dann darin, dass Kinder
(und nicht nur sie), ihr Ich eintauschen gegen Gehorsam, Konformität und
Abhängigkeit. Wenn Kinder diesen Eintausch nicht vollziehen, dann nennen
Erwachsene diesen Vorgang Trotz, Renitenz oder Eigensinn. Aber was ist
das für eine Liebe, die Gehorsam verlangt und Abhängigkeit produziert.

Sind Ihnen solche oder ähnliche Sätze vertraut?

Wenn du nicht tust, was Mama sagt, dann hat sie dich nicht mehr lieb.
Wenn du so rumlungerst, versaust du mir noch meine ganze Stimmung.
Wenn du nicht den Betrieb übernimmst, wirst du enterbt.
Wenn Sie sich nicht fügen, sind Sie hier fehl am Platz.
Wenn Sie mir nicht zustimmen, dann müssen wir uns halt trennen.

Wir-Gefühl und Zugehörigkeit entstehen nicht durch Brechung der einzelnen
Ichs, sondern gerade durch deren Akzeptanz und Wertschätzung. Ob die ein-
zelnen dann in die Gemeinschaft sich integrieren, hängt von ihren eigenen
Bedürfnissen und den für sie sinnvollen Angeboten der Gemeinschaft ab:

„Das alte ‚Wir' war ein ‚Wir', zu dem wir geworden waren. Das neue ‚Wir' ist dabei, ein ‚Wir' zu werden, das wir selbst aktiv gestalten.“[32]

Zwei Grunderfahrungen können Menschen von Kindheit an machen. Die eine: Ich werde wahr- und angenommen. Die andere: Ich werde übersehen, ich werde abgelehnt, ich werde missachtet. Sind das Wechselspiel von Selbst- und Fremdwahrnehmung und der „Widerhall der anderen" positiv und sind Sehen und Gesehen werden, Hören und Gehört werden, Wahrnehmen und Wahrgenommenwerden in einer dynamischen Balance, dann kann sich ein gesundes Selbstbewusstsein entwickeln.

Aus neurobiologischer[33] und psychologischer Sicht besteht ziemliche Übereinstimmung darüber, welche Merkmale eine starke Persönlichkeit mit einem gesunden Selbstbewusstsein aufweist. Sie verfügt über autonome Potenziale, die die besten Voraussetzungen sind für qualitätsvolle und förderliche Beziehungen. Es ist nicht die *Erziehung*, durch die eine starke Persönlichkeit sich entwickelt, sondern es sind zwischenmenschliche *Beziehungen,* durch die und innerhalb derer sie wächst und reift. Sie verhält sich authentisch ohne Absichten, *andere* zu verändern.

Eine starke Persönlichkeit, im Kontext der Beziehungen zum Du,

> ➢ ist ziel- und affektkontrolliert, emotional stabil, verträglich, verlässlich und gewissenhaft:
> Dadurch weiß das Du Bescheid über die Ziele, muss kein Ausrasten befürchten und kann sich auf das Gegenüber verlassen.
> ➢ zeigt keine Überreaktionen und hat eine mittlere Frustrationstoleranz:
> Dadurch muss sich das Du nicht verteidigen oder wehren und muss nicht mit einem frustrierten Gegenüber rechnen.
> ➢ verfügt über ein gutes Bindungspotenzial und ist empathiefähig:
> Dadurch fühlt sich das Du angenommen und verstanden.
> ➢ behält die eigenen Interessen im Auge und ist gleichzeitig ausgleichend und kompromissfähig:
> Dadurch erlebt das Du eine Ausgewogenheit des Gegenübers von gesundem Ich und altruistischer Zuwendung.

---

[32] Roth, Gerhard: Bildung braucht Persönlichkeit. Wie lernen gelingt. Stuttgart (Klett-Cotta) 2011, S. 31 u. S. 60.
[33] Ebd.

- ➢ ist begeisterungsfähig, gesellig und offen für neue Erfahrungen:
  Dadurch kann das Du sich angstfrei mitteilen, wird mit einbezogen und bekommt Rückmeldungen.
- ➢ erkennt Risiken und Gefahrenquellen:
  Dadurch ist das Du nicht Risiken oder Gefahren ausgesetzt und nicht in Turbulenzen verwickelt.
- ➢ wird von seinen Kindheitskonflikten nicht mehr beherrscht:
  Dadurch wird das Du nicht durch unbewältigte Vergangenheit des Gegenübers belastet.
- ➢ ist frei geworden für Neubewertung und Neuinterpretation von Situationen, Erlebnissen und Beziehungen und für Erwartungen anderer:
  Dadurch hat das Du vermehrt Chancen zu Änderungen und wird nicht in alte Muster gepfercht.
- ➢ erträgt ein gewisses Maß an widersprüchlichen Anforderungen:
  Dadurch hat das Du – im Bedarfsfall – einen Partner, der auch mit Konfliktsituationen angemessen umgehen kann.
- ➢ hinterfragt Rollen und Normen:
  Dadurch erhält auch das Du Freiräume für Entwicklungen.

Treffen in zwischenmenschlichen Beziehungen zwei selbstbewusste Ichs aufeinander, so profitieren beide: das gegenseitige Erziehen ist überflüssig, förderliche Beziehungen werden zur Normalität und Selbstverständlichkeit. Ist nur eines stark und selbstbewusst, dann ist es „tragfähig" genug, das „Du" aufzufangen und ihm zu einem starken Ich zu verhelfen.

Ein starkes Ich ist in der Lage, eigene Schwächen zu akzeptieren und sie „pfleglich" zu behandeln – wie auch die der anderen. definiert sich nicht durch andere, sondern durch sich selbst und der Aussage: Ich bin.

Auf dem Weg, ein selbstbewusstes, starkes Ich zu entwickeln, gibt es allerdings zwei große Hürden:

Die erste Hürde, eingetrichtert in der Kindheit: Nur ja kein Egoist sein; sich zurücknehmen, sich demütig zeigen. Hier wird das gesunde Ego mit dem ungesunden Egoismus verwechselt, der Altruismus falsch verstanden.

Die zweite Hürde, entstanden aus einem schwachen Ich: Die anderen sind mir egal, Hauptsache es geht *mir* gut.

D. h.: Zu viel Ich mündet in die Sackgasse Egoismus. Zu viel „Du" endet im Verlust des Ichs.

Die beiden Hürden werden übersprungen, vergessen gemacht, verschwinden, wenn eine Balance entsteht zwischen der Realisierung von Ich-Ansprüchen und Du-Bedürfnissen.

Menschen mit geringem Selbstbewusstsein definieren sich über andere und nicht über sich selbst und ihr eigenes Tun. Dies geschieht entweder durch Abwertung der anderen, um selbst größer zu erscheinen oder durch Teilhabe an der Größe der anderen, um das eigene Kleinsein zu kaschieren.

Natürlich braucht es auf dem Weg zu einem starken Ich Pubertätsphasen, die zur Entwicklung einer Persönlichkeit gehören, „Trainingsplätze" zum Ausprobieren entweder durch Reibungen mit Größen: mit dem Vater, der Mutter, den Lehrern, den Vorgesetzten, den Göttern und Gott... oder durch Verherrlichung von Idolen: Sportlern, Pop- und Filmstars...

Eine Bekannte lernte in ihrer Jugend Geige nur deshalb, weil ihr Vater davon nichts verstand und ihr, wie üblich, nicht dreinreden konnte: das Instrument als Mittel zur Selbstbehauptung.

Im Zimmer eines Jungen, 14 Jahre alt, hängt ein selbst gemachtes Poster mit der Aufschrift: Jesus und ich - unschlagbar.

Aber es gibt auch Menschen, die diese Phasen nie durchschritten haben, sondern ein Leben lang in ihnen geblieben sind. Ein starkes Ich hat sich bei ihnen nicht entwickeln und manifestieren können.

In Kursen zum Thema Persönlichkeit benutze ich manchmal ein Bild, um den Unterschied zwischen eigenem Größenwachstum und „den anderen klein kriegen" zu demonstrieren:
Ich zeichne ein großes Rechteck und ein kleines – mit der Bemerkung: „Wenn Sie (als „kleines Rechteck") das große Rechteck kleiner machen oder gar durchstreichen, werden Sie dadurch nicht größer. Größer werden Sie nur durch eigenes Wachstum."

Wie schon bei der „bedingungslosen Liebe" halte ich nichts von ideologisch besetzten Forderungen, wie ein „selbstbewusstes Ich" zu sein hat oder von hehren „Ich-Zielen" oder gar „Ich-Förderungsprogrammen", die man in Selbsterfahrungskursen „absolviert". Ich sehe das Ich als grundsätzliches „Entwicklungsland", nicht defizitär gemeint, sondern wortwörtlich im Sinne von entwicklungs- und ausbaufähig. Dies kommt im Buchtitel von Hüther treffend zum Ausdruck: „Was wir sind und was wir sein könnten"[34]

Deshalb ist es wichtig zu sehen, welche Potenziale wir in uns haben und wie wir diese zur Entfaltung bringen können. Das geschieht in erster Linie dadurch, dass Menschen in ihrer Entwicklung gefördert und nicht behindert werden.

Winterhoffs Buchtitel trifft auch hier den Nagel auf den Kopf: „Lasst Kinder wieder Kinder sein."[35] Vieles geschieht dann von selbst und in der Folge auch bei Erwachsenen. Und es schadet nicht, sich zu vergegenwärtigen, dass wir Menschen auch Ecken und Kanten haben, Besonderheiten und Schwächen – und dass sie mitunter die Würze in zwischenmenschlichen Beziehungen sein können.

Echt sein: Übereinstimmung von Gefühlen, Gedanken und Handlungen

Kinder sind „ganz bei sich", wenn sie empfinden, fühlen, denken, handeln, ganz authentisch, ganz echt. Dieses Konzentriertsein beginnt u. a. dann zu wanken und wird empfindlich gestört, wenn sie von Erwachsenen fremdbestimmt, unterdrückt und ihre Wahrnehmungen „umgeleitet" werden. Das Kind wird sich dann selbst fremd und verliert seine Echtheit. Wenn dies geschieht, lernen Menschen generell, sich weniger oder gar nicht (mehr) wahrzunehmen. Statt authentisch zu agieren, reagieren sie nur noch so, wie sie belehrt und konditioniert worden sind.

Echt (authentisch) sein bedeutet vor allem: Fühlen, Denken und Handeln in Übereinstimmung bringen, sie und sich also nicht im inneren Widerstreit belassen. Es bedeutet nicht, das Innere „rosafarben" anzustreichen, um alles rosa sehen zu können, sondern die Empfindungen, Gefühle und Gedanken in allen „Farben" wahrzunehmen, z. B. als angenehm oder unangenehm, erfreulich oder unerfreulich, belastend oder erleichternd, gewohnt oder ungewohnt.

Emotionen, als Ausdruck unserer Gefühle, sind Zeichen unserer Vitalität. Wir haben allerdings auch erfahren (müssen), dass sie bewertet werden: Bereits als Kinder haben wir gelernt, dass Äußerungen der Freude und Heiterkeit, dass Strahlen und Lachen, dass Freundlich- und Liebsein für die Er-

---

[34] Hüther, Gerald: Was wir sind und was wir sein könnten. Frankfurt a. M. (S. Fischer), 8. Aufl. 2011.
[35] Winterhoff, Michael: Lasst Kinder wieder Kinder sein. Gütersloh (Gütersloher Verlagsanstalt), 7. Aufl. 2008.

wachsenen angenehm und Wut (Brüllen), Zorn (Stampfen), Aggressionen (Schimpfwörter sagen) und Trauer (Weinen) unangenehm für sie sind. Also haben wir gelernt zu sortieren: die „guten" gesagt, die „schlechten" vertagt (= geschluckt, verdrängt!).

Es ist anstrengend, dauernd so tun zu müssen, „als ob": Freundlich sein, obwohl ich ärgerlich bin; zuhören, obwohl mir das Gesagte egal ist; lachen, obwohl mir zum Heulen ist; Interesse heucheln, obwohl ich uninteressiert bin. Welchen Preis bezahlen wir für die so genannte „Höflichkeit", für das Angepasst- und Bravsein? Für das Verstellen, nur um nicht anzuecken?

Eine junge Krankenschwester sagt in der Beratung, sie wisse nicht, was sie tun solle, wenn Patienten sie bisweilen sexistisch anmachen. „Ich muss doch freundlich sein und ihnen helfen. Manchmal zerreißt es mich schier ... und ich habe eine Stinkwut."

Inzwischen hat sie gelernt, ihr Denken (Pflichtbewusstsein), ihre Gefühle (Wut, verletzt sein) und ihr Handeln (Klarheit) in Übereinstimmung zu bringen, indem sie authentisch ist.

„Neulich", so berichtet sie, „hat mich wieder ein Patient verbal angemacht. Da hab ich zu ihm klipp und klar gesagt: Hören Sie sofort auf, mich so anzusprechen, das verletzt mich. Wenn es wieder vorkommt, werde ich Sie nicht mehr betreuen, sondern einen Pfleger holen." – „Da habe ich mich sehr gut gefühlt."
> Kein „Zurückschießen", keine flapsigen Bemerkungen, sondern stimmige, echte Reaktion

Ein bekannter Psychiater nimmt im Fernsehen an einer Gesprächsrunde teil, beginnt zu sprechen und wird einige Male heftig von einem anderen Teilnehmer angegriffen. Da wendet sich der Psychiater zu ihm und sagt: „Ich habe den Eindruck, Sie wollen meine Meinung gar nicht hören." Da stutzt der Angesprochene und sagt: „Nö, diesen Quatsch nicht." Darauf bekommt er zur Antwort: „Gut, dann werde ich meine Meinung für mich behalten."
> Und das klang nicht trotzig, sondern selbstbewusst: Klarheit in der Mitteilung, kein Beleidigtsein, keine Abwertungen, kein Gegenangriff, ein „Bei-sich-selbst-bleiben".

Wenn Fühlen, Denken und Handeln keine Partner sind, sondern sich gegenseitig behindern, bleiben häufig *Gefühle* auf der Strecke, indem sie beispielsweise zu wenig wahrgenommen, mitgeteilt oder von anderen missachtet werden. Dann bedienen sie sich destruktiver Kanäle (Ironie, Zynismus, aggressive Handlungen, Racheakte, körperliche Schmerzen) mit einer entsprechenden Sprache: Ich muss mich wappnen und rüsten. – Ich muss auf der Hut sein. – Dem werd ich's aber geben. – Da werde ich kontern. – Jetzt sage ich gar nichts mehr. – Meine Gefühle behalte ich für mich. – Und Abwertungen wie: Du Heulsuse. Du Weichei. Du mit deiner Gefühlsduselei. Oder: Bleib sachlich. Reiß dich zusammen.

Der Preis für die Verdrängung jedoch ist hoch:

Ein Vater: „Wenn ich mich hilflos fühle, dann zeige ich das nicht. Dafür werde ich dann aber rasch sarkastisch oder gar zynisch. Meine Familie leidet darunter – und mir tut es hinterher leid."

Lieblos mit Gefühlen umgehen: Wir schämen uns unserer Tränen und wir bekämpfen sie; es ist uns peinlich zu weinen; wir würgen unseren Ärger hinunter und schlucken unsere Wut; wir verbergen unsere Angst und überspielen sie mit Coolness. Wir verkneifen uns das schallende Lachen (Gehört sich nicht!). Wir nehmen die Gefühle nicht ernst und bagatellisieren sie – und doch sind sie da, melden sich, kommen als Emotionen und Handlungen zu Wort: Ich habe eine Wut auf dich – Ich könnte dich ohrfeigen. – Ich bin ganz außer mir. – Am liebsten würde ich um mich schlagen. – Ich könnte schreien vor Zorn. – Ich bin ganz gelähmt und zu nichts mehr fähig.

Aber auch: Ich könnte jauchzen vor Freude. – Ich möchte tanzen vor Glück. – Am liebsten würde ich Purzelbäume schlagen. – Ich bin total happy.

Gefühle verbergen

Schild an einem Zimmer einer Behörde: Hier sind nur sachliche Gespräche erwünscht.
> Wie mag das Gefühl des Schreiber heißen? Angst (vor Kritik, Vorwürfen…)?

Während einer Sitzung entsteht ein Streit zwischen zwei Teilnehmern mit heftigen gegenseitigen Vorwürfen. Der Vorsitzende steht auf und sagt: „Aber bitte, meine Herren, bleiben sie doch sachlich."

Nur sachlich bleiben geht nicht; das würde den Menschen „halbieren". Seine Gefühle gehören dazu.

Gefühle beachten

Sich der eigenen Gefühle bewusst werden und spüren, wie man sie in der jeweiligen Situation innerlich erlebt und durch kurzen, inneren Monolog überlegen und entscheiden, was man dem Gesprächspartner von den eigenen Gefühlen mitteilen will (= innere Selektion: nicht alles innerlich Wahrgenommene wird auch mitgeteilt): Was kann ich anderen zumuten, was ist angemessen zu sagen, was werde ich aufschieben, was behalte ich für mich? Und schließlich: In Übereinstimmung mit den wahrgenommenen Gefühlen, Gedanken und inneren Erlebnisempfindungen adäquat handeln.

SELBST-Betrachtung

a. Beobachten Sie Menschen, die miteinander kommunizieren: Welche erleben Sie als echt, welche nicht? An welchen verbalen und nonverbalen Äußerungen machen Sie Ihre Eindrücke fest?
b. Beobachten Sie sich selbst, ob Sie authentisch waren/sind oder nicht.
c. Lassen Sie sich beobachten – und fragen Sie anschließend Ihre Partner, ob und wie diese Sie als echt bzw. unecht erlebt haben.
d. Beobachten Sie die Emotionen von Menschen (= Verhaltensweisen, die die Gefühle zum Ausdruck bringen: welche sind Ihnen angenehm, welche unangenehm, welche in bestimmten Kontexten deplaziert?

Menschen, die Gefühle spüren und sie mitteilen, zeigen, dass sie lebendig sind und meistens auch in der Lage, mit ihren Gefühlen behutsam umzugehen: sie wahrnehmen und sie äußern; sich ihrer nicht schämen; die Vielfalt der Reaktionen in Kauf nehmen/aushalten.

Manche Menschen sind der Meinung, Gefühle zu äußern sei Schwäche. Meine Antwort: Gefühle sind für uns im Laufe der Zeit ungewohnt, ja sogar fremd geworden, abhanden gekommen, aus unserer Wahrnehmung verschwunden. Oder es ist wie in einem Gefängnis: Wer sich daran gewöhnt hat, dem ist die Freiheit suspekt und hat sogar Angst vor ihr. Freiheit oder Gefängnis? Freiheit im Umgang *mit* unseren Gefühlen oder gefangen *in* unseren Gefühlen?

„Das Denken allein ist kein geeignetes Instrument, um sich damit in der Welt zurechtzufinden… So geht das Zeitalter der Rationalität mit einer bemerkenswerten Erkenntnis zu Ende: Denken können wir, was wir sollen. Sogar Handeln können wir – zumindest eine Zeitlang – nach unserem eigenen Gutdünken. Aber um glücklich und zufrieden, mutig und zuversichtlich leben zu können, müssen wir in der Lage sein, etwas zu empfinden."[36]

Wir kommen unserer Gefühlswelt (wieder) näher, wenn wir uns in einem ersten Schritt auf die körperlichen Reaktionen konzentrieren: Unruhe, Magendrücken, Kopfschmerzen, Anspannung im Nacken; aber auch „Schmetterlinge im Bauch", Entspanntheit, Lächeln. Die Wahrnehmung von Körperempfindungen führt uns zu unseren Gefühlen. In der Alltagssprache werden diese beiden Begriffe meist synonym verwendet. Genauer betrachtet handelt es sich bei den Empfindungen um Reaktionen von Reizeinwirkungen und bei den Gefühlen um Grundphänomene, die durch Erlebnisse ausgelöst und durch Emotionen gezeigt werden, z. B.: Ich bekomme ein Geschenk – und freue mich. Ich werde krank – und habe Angst. Ich werde verleumdet – und habe eine Wut.

Der zweite Schritt besteht im angemessenen Umgang mit unseren (belastenden) Gefühlen und deren Akzeptanz. Ich kann dazu stehen, dass ich zornig, enttäuscht, verzweifelt bin…

Der dritte Schritt besteht in der Unterlassung der Bewertung in „gut" und „schlecht". Gefühle entziehen sich einer Bewertung und jeglicher Moral (nicht jedoch die Handlungen, die daraus erfolgen). Wir sagen zwar, wir haben ein „gutes" oder ein „schlechtes" Gefühl, meinen aber damit einen erfreulichen oder unerfreulichen, einen angenehmen oder unangenehmen Zustand. Gefühle sind weder gut noch schlecht, sie sind! Entscheidend ist, wie wir mit ihnen umgehen und welche Konsequenzen wir daraus für unser Handeln ziehen. Deshalb ist die Wahrnehmung der Gefühle von so großer Bedeutung, weil sie Einfluss auf unser selbstverantwortliches Handeln haben: Gefühle sind u. a. der Motor für unser Handeln!

Eine junge Praktikantin hat die Gelegenheit, bei einem älteren Kollegen zu hospitieren (während er Kurse leitet). Im Anschluss daran sagt sie ihm, wie souverän und authentisch sie ihn empfand: „Ich hatte den Eindruck, dass Sie sich jeder Situation gewachsen fühlten."

„Das stimmt", bekommt sie von ihm zur Antwort, und: „Ich fühle mich sicher, denn ich kann auch in einer Situation, der ich mich nicht gewachsen fühle, sagen, dass ich mich ihr nicht gewachsen fühle. Das ist befreiend für mich."

---

[36] Hüther, Gerald: Was wir sind und was wir sein könnten. Frankfurt a. M. (S. Fischer), 8. Aufl. 2011, S. 86f.

> Authentisch sein macht nicht schwach, sondern stark. Nicht authentisch sein macht auf Dauer krank.

Elmar, ein Nachbarjunge, vier Jahre alt, klingelt. Ich öffne die Tür. In der Hand hält er einen Wiesenblumenstrauß. Er streckt ihn mir entgegen und sagt: „Den schenk ich dir." Er sieht mein überraschtes und freudiges Gesicht, steckt die Hände in seine Hosentaschen und sagt: „So, und jetzt schenkst mir auch was."
> Pure Echtheit, wie schöööön!

SELBST-Betrachtung
Sind Sie eher in Sach- oder Gefühlswelten zuhause? Oder fühlen Sie sich in beiden wohl?

Die beste Psychohygiene ist, das eigene Selbst wahrzunehmen und Fühlen, Denken und Handeln in Übereinstimmung zu bringen. Für manche mag das ein mühevolles Tun sein, wenn sie Verschüttetes wieder entdecken. Für andere mag es eine Befreiung sein, weil sie das eigene reiche, weite Land in sich selbst spüren.

Das weite Land

„Das weite Land" ist der Titel eines Theaterstücks von Arthur Schnitzler, in dem die Seelenlandschaften von Menschen gezeigt werden mit all ihren Hoffnungen, Sehnsüchten, Wirrnissen, Umwegen, Erfüllungen, Brüchen, Wegen und Umwegen, in ihrer Einsamkeit und ihren Beziehungskonstellationen…

Ich habe den Titel deshalb übernommen, weil er für mich eine wunderbare Bezeichnung dafür ist, dass jeder Mensch in sich sein eigenes – weites! – Land hat und eigene Vorstellungen, wie er es gestaltet mit der Erwartung, dass andere es mit Achtung und Achtsamkeit wahrnehmen.

Menschen machen aber auch die Erfahrung, dass ihr „weites Land" ungebeten betreten, willkürlich verändert, bewusst oder unbewusst zerstört wird, wobei Erziehende mitunter ungebetene Gäste, lieblose Veränderer oder gar brutale Zerstörer sind.

Wie sieht es aus, das weite Land? Welche emotionalen Farben hat es, welche Gefühle birgt es? Das ganze Leben hindurch: Vertrauen, Enttäuschung, Misstrauen, Wünsche, Angst, Zielstrebigkeit, Resignation, Zerstörungswillen, Güte, Schmerz, Verletzlichkeit, Trauer, Liebe.

Während einer Beratung mit einer Frau erwähnte ich mein Bild vom „weiten Land". Sie griff es spontan auf und sagte sinngemäß: Ich hatte als Kind ein weites Land. Ich durfte es aber nicht zeigen, weil ich wegen meiner Ideen und Fantasien ausgelacht wurde. So lebte ich zwei Leben: das eine in meiner Fantasie, in meinen Träumen nach innen, das andere in der Realität meiner Umwelt, der Familie, der Schule, während des Studiums, innerhalb meiner eigenen Familie nach außen.

Jetzt, da die Kinder aus dem Haus sind, ich alleine lebe, entdecke ich wieder Stück um Stück „mein weites Land".

> Ihre Tränen dabei: eher Glück – als Trauer über Versäumtes

„Man kann Menschen, vor allem junge Menschen, nicht daran hindern, sich selbst in der Welt umzuschauen und sich ein eigenes Bild davon zu machen, wer diese jeweils anderen hinter den Gartenzäunen, in den anderen Dörfern und Städten und den anderen Ländern und Kontinenten sind."[37]

„Das weite Land" des Menschen: es ist fruchtbar, unfruchtbar, blühend, moorig, morastig, weich, verdorrt, bewässert, zerklüftet, verhärtet, sanft…

Die Schicksale der Menschen sind zu stark, zu eigen-willig, zu natürlich, als dass man sie „umfrisieren" könnte. Es würde schon genügen – und die Welt sähe friedlicher aus – wenn Menschen sich auf den Weg machen würden und Interesse am Land der anderen zeigen. Was Erziehende jedoch häufig tun ist, dieses „Land der anderen" nach ihren eigenen Maßstäben zu verändern, weil sie der Meinung sind, es passe nicht zu ihren „Zöglingen", egal ob jung oder alt. Oder, um es anders zu formulieren: sie stülpen anderen ihre eigenen Erfahrungen über und verhindern dadurch deren *Selbst-* Erfahrungen:

Während meines Pädagogik- und Psychologiestudiums nahm ich auch an sog. Selbsterfahrungsgruppen teil unter versierter Leitung von „Gruppenprofis". Ich war so engagiert dabei, dass ich mich hin und wieder grenzüberschreitend verhielt, für andere dachte und ihnen dreinredete. „Dreinmischer" sagte der Gruppenleiter mehrmals zu mir.

> Das saß – und war ein heilsamer Lernprozess für mich.

---

[37] Hüther, Gerald: Was wir sind und was wir sein könnten. Frankfurt a. M. (S. Fischer), 8. Aufl. 2011, S. 28f.

„Jedes Kind macht beim Heranwachsen eigene Erfahrungen. Deshalb sind wir alle einzigartig und jeder für sich auch ganz besonders begabt. Und das ist gut so, denn wenn wir alle gleich wären, könnten wir auch nichts mehr voneinander lernen..." Die wichtigsten Erfahrungen... „sind solche, die in lebendigen Beziehungen mit anderen Menschen gemacht werden... In all jenen Bereichen, in denen es sich von tierischen Gehirnen unterscheidet, wird das menschliche Gehirn durch Beziehungserfahrungen mit anderen Menschen geformt und strukturiert."[38]

Aus diesem Grunde „Landverbot" für Besserwisser, Dreinmischer, Selbst-Wegnehmer, Wortabschneider, Zurechtweiser, Ideenkiller, Gedankenzerstörer, Eselstreiber, Gefühlsbagatellisierer, Interessenabwürger, Erfahrungstöter, Belehrer, Freiheitsberauber, Bildungsdrängler.

Aber grünes Licht für Wahrnehmer, Beobachter, In-Ruhe-Lasser und Loslasser, Entdeckungshelfer, Wegbegleiter, Abwarter, Beteiligte, Teil- und Rücksichtnehmer, Erfahrungsöffner, Mitwanderer, Wertschätzer, Achtgeber, Mitfühler.

In seiner unnachahmlichen Art bringt es Thomas Bernhard auf den Punkt: Durch *Be*lehrung wird der Kopf „völlig unempfindlich gemacht", durch *Auf*merksammachen jedoch ereignen sich „Landentdeckungen":

„Mein Onkel Georg lief mit mir nicht, wie mein Vater, auf unseren Italienreisen von einer Säule zur anderen, von einem Denkmal zum anderen, von einer Kirche zur anderen, von einem Michelangelo zum anderen, er hat mich überhaupt nie zu einem Kunstwerk geführt. Gerade deshalb aber verdanke ich meinem Onkel Georg mein Kunstverständnis, weil er mich nicht von einer Kunstberühmtheit zur anderen drängte, wie meine Eltern, sondern mich mit allen diesen Kunstwerken immer in Ruhe ließ, mich immer nur aufmerksam machte darauf, dass es sie gibt und wo sie zu finden seien, aber nicht, wie meine Eltern es mit mir getan haben, meinen Kopf alle Augenblicke an eine Säule oder an eine römische oder griechische Mauer stieß. Dadurch, dass die Meinigen, außer meinem Onkel Georg, meinen Kopf schon in früher Kindheit an die so genannten berühmten Altertümer der Welt gestoßen haben, mit der ihnen eigenen plumpen Rücksichtslosigkeiten haben sie meinen Kopf sehr bald völlig unempfindlich gemacht für jede Art von Kunst, sie hatten sie mir dadurch nicht nahe gebracht, sondern verekelt."[39]

---

[38] Hüther, Gerald: Was wir sind und was wir sein könnten. Frankfurt a. M. (S. Fischer), 8. Aufl. 1011, S. 40 u. 44.

[39] Bernhard, Thomas: Auslöschung. Frankfurt (Suhrkamp)1986, S. 35.

Ihr eigenes inneres Land ausloten und *Selbstbewusstsein* entwickeln können Menschen nur, wenn sie „selbst fahren" (und dadurch Selbst-Erfahrung machen). Aus ihren Erfahrungen entstehen Erfahrungen, entstehen Erfahrungen..., die für ihr (Über-)Leben notwendig sind und die auch Glück, und Lebenssinn enthalten können.

Die Ursachen der Verhinderung von Selbsterkundung und Selbstbewusstsein liegen tiefenpsychologisch in der frühkindlichen Mutter-Kind-Symbiose: Wenn die Mutter das Kind nicht in die Eigenständigkeit, in die *Selbst*erfahrung entlässt und dadurch die für beide Seiten lebensnotwendige Trennung von sich aus blockiert, dann bleibt das Kind in Abhängigkeit und ist unfähig, ein eigenständiges Selbst aufzubauen.

Eine unterlassene Trennung ist ein Vorgang, wenn auch – vordergründig betrachtet – mit „Vorteilen": für das Kind, das behütet und versorgt bleibt (oft ein ganzes Leben lang, was sich dann später im „Hotel-Mama-Syndrom" zeigt und beispielsweise im Film „Ödipussi" von Loriot so trefflich dargestellt wird). Ebenso für die Mutter, die behüten und umsorgen kann und darin ihren Lebenssinn sieht. Unproblematisch, wenn es für beide stimmt, wenn beide nicht leiden, wenn beide zufrieden sind oder sogar glücklich. Lebewesen, die in Symbiosen leben, profitieren immer. Die Lebensmuster oder Lebensskripten der Menschen sind vielfältig und nicht durch Normen einzuengen. Sie sind jedoch problematisch – und oft schmerzlich –, wenn eine oder beide Seiten sich unwohl fühlen, eingezwängt, abhängig und unfrei (geworden) sind:

Sogar nach dem Tod seiner Mutter, vor 20 Jahren, hat sich Herr G. nicht von ihr trennen können. Er lebt seither alleine, nach wie vor in seinem Kinderzimmer. Das elterliche Schlafzimmer blieb unverändert. Ab und zu wechselt er die Bettwäsche. Beziehungsversuche zu Frauen scheitern, weil er sie immer mit seiner Mutter vergleicht – die, in seinen Augen, niemand erreichen kann.

Frau St., überbehütet von Kindheit an, vom Vater dominiert bis zu seinem Tod vor 11 Jahren, lebt alleine. Männer- und Frauenbeziehungen gab es jeweils nur kurzzeitig. Nach ihren eigenen Worten beendete sie sie, weil ihr „ alles viel zu nah" war und sie die Enge nicht aushielt. „Natürlich fehlen mir Zuwendung und Wärme" sagt sie, „ aber ich hab ja genügend Freunde und meine Katze".

Und es gibt tragische Schicksale, wie dieses:

Frau N. lebt allein, schon immer. Sie hat sich ein paar mal verliebt, dann aber abrupt die Beziehungen abgebrochen. „Ich habe Angst, es könnte eine ‚ große Liebe' daraus entstehen... Und was mache ich, wenn sie zu Ende geht? Dann ist mein Unglück noch größer. Deshalb bleibe ich lieber allein."

Bisweilen ist es schwer, für sich herauszufinden, wo der rechte Platz ist im Koordinatensystem von Nähe und Ferne, von Bindungsangst und Bindungslust.

Das echte, wirkliche Loslassen kann nur aus der Haltung der Liebe heraus geschehen mit dem Ziel, anderen die Selbstständigkeit zu ermöglichen.

So einfach springt man aber nicht aus dem Kind- oder Erwachsenennest, wenn man einbehalten wurde oder sich eingenistet hat. Selbst- und nicht Abhängigkeitserfahrungen sind das probate Mittel, um auf eigenen Beinen eigene Wege zu gehen, eigenes Land zu entdecken und zu besiedeln.

SELBST-Betrachtung
Was Sie wohl auf Ihren Reisen ins Innere alles (wieder-)entdecken werden?

Autonomie als Ziel und Weg

Sie ist *absolut* im Sinne des Selbst-Seins und der Eigenständigkeit, die jedes Lebewesen hat, das nicht in Symbiose lebt. Sie ist *relativ* im Kontext der Umwelt, kohärent mit und interdependent zu ihr: „Kein Lebewesen ist ohne andere Lebewesen überlebensfähig. Jedes Tier, jede Pflanze, ja sogar jedes Bakterium verdankt seine Existenz dem Umstand, dass es Eltern gab, die es gezeugt und mit dem zum Überleben Notwendigen ausgestattet haben."[40]

Hüther spricht hier von „verdanken" und „Notwendigkeit", also von positiven bzw. natürlichen Aspekten, die die Autonomie einschränken bzw. relativieren.

Ganz anders verhält es sich mit den negativen, von den Menschen produzierten Aspekten, die es in der Welt gibt und durch die Menschen sich abhängig machen bzw. gemacht werden, z. B. durch politische Konstellationen,

---

[40] Hüther, Gerald: Was wir sind und was wir sein könnten. Frankfurt a.M. (S. Fischer), 8.Aufl.2011, S. 176.

wirtschaftliche Ausbeutung, Missachtung der Umwelt, Suchtverhalten u. ä. Es wäre geradezu zynisch, hier von Autonomie zu sprechen. Sie dennoch „am Leben zu erhalten" oder sich zu wehren, geschieht beispielsweise durch Demonstrationen oder durch Bewegungen wie Attac oder Occupy.

Arno Gruen versteht unter Autonomie die „Möglichkeiten des ungehinderten Erlebens der eigenen Wahrnehmungen, Gefühle und Bedürfnisse." Also gerade keine Symbiose. „Wo dieses eigene Erleben nicht geschehen kann, da entstehen sowohl Abhängigkeit wie auch Herrschaftsanspruch."[41]

Das bedeutet, dass Erziehen *grundsätzlich* keine Tätigkeit ist, durch die Autonomie entstehen und sich entwickeln kann. Für manche Erziehenden mag dies tragisch sein, weil gerade sie die Absicht haben, ihre „Zöglinge" zur Mündigkeit zu führen. Sie bewegen sich deshalb in einem „Teufelskreis", der darin besteht, dass sie als Erziehende Unmündige „produzieren", die (als Unmündige) Unmündige zu mündigen Menschen mit einem autonomen Selbst erziehen wollen.

„Eigentlich" unmöglich, doch zeigt die Erfahrung, dass – wenn auch durch schwierige Lebensprozesse – Personen sich dennoch zu autonomen Persönlichkeiten entwickeln können, aber nicht durch Erziehung, sondern durch Befreiung von ihr. Es ist jedoch ein langer Weg dorthin zu einer autonomen Persönlichkeit, den sie, als Erzogene, – in Abhängigkeit und Unmündigkeit – beginnen, um dann allmählich Unabhängigkeit, Mündigkeit und ein stabiles Selbstwertgefühl zu erreichen mit einer „Antenne" für soziale Belange.

SELBST-Betrachtung
Denken Sie an Ihre Erfahrungen als Erzogene, als Kind und als Jugendliche in Familie und Schule, als Erwachsene in Partnerschaften, im Freundeskreis und Berufsleben:

Was fällt Ihnen ein, wenn Sie an Möglichkeiten des *„ungehinderten Erlebens* der eigenen Wahrnehmungen, Gefühle und Bedürfnisse" denken?

Inwieweit geben Sie Ihren Mitmenschen Möglichkeiten „des ungehinderten Erlebens der eigenen Wahrnehmungen, Gefühle und Bedürfnisse?"

Sind Sie mehr ein „Anweiser-Mensch" oder ein autonomer Selbst-Mitteiler?

---

[41] Gruen, Arno: Der Verrat am Selbst. München (DTV), 18. Aufl. 2006, S. 11.

Anweiser:	*Selbstmitteiler:*
Komm pünktlich!	Ich bin um 9.00 Uhr da und warte auf dich.
Zieh deine Mütze an!	Ich mache mir Sorgen, du könntest dich erkälten.
Lass mich ausreden!	Ich bin mit meinen Ausführungen noch nicht zu Ende.
Dein Zimmer ist ja ein Saustall.	Ich fühl mich in deinem Zimmer nicht wohl.
Sprich in ganzen Sätzen!	Ich verstehe nicht, was du meinst.
Das geht dich nichts an!	Darüber möchte ich nicht reden.

Selbstmitteilungen geben dem anderen die Chance zum autonomen Handeln, Anweisungen produzieren beim anderen Gehorsam oder Widerstand.

Der autonome Mensch:
Er ist einzig- und eigenartig.
Er ist selbst-ständig, steht auf eigenen Beinen.
Er ist im Kontakt mit sich und mit anderen.
Er *be-*zieht sich auf andere, aber *er-*zieht sie nicht.

Beispiel Verkehrsregelung

In Bohmte, einer Stadt in Norddeutschland (Nähe Osnabrück), haben die Bürger einen sog. „Shared Space" in der Innenstadt eingeführt in einer Länge von ca. 400 m. Auf der Hauptkreuzung wurden Ampeln, Verkehrschilder, Markierungen, Bordsteine abgebaut. Der Verkehr regelt sich allein durch gegenseitige Rücksichtnahme. Lediglich die Regel rechts vor links gilt als Vorgabe. Die Verkehrsteilnehmer achten aufeinander, suchen Blickkontakt, nehmen Rücksicht. Natürlich gibt es auch Konflikte oder Streit, wer jetzt zuerst... Aber die Unfallzahlen sind deutlich zurückgegangen.

Ich gehe einen Waldweg entlang und erblicke schon von weitem eine Schranke. 50 Meter davor sehe ich ein Schild mit der Aufschrift: Vorsicht, in 50 m Schranke!

Im Zentrum einer Stadt mit ca. 20.000 Einwohnern zähle ich in einer Einbahnstraße auf 700m 82 Hinweisschilder, davon 46 Verkehrsschilder.

Sind Ampeln und Warnschilder nun gut gemeinte Hinweise und Schutzvorkehrungen oder gedankenvoll/gedankenlose Erziehungsmaßnahmen?

Fördern sie die Achtsamkeit der Menschen oder produzieren sie gerade das Gegenteil, nämlich Unachtsamkeit oder gar Leichtfertigkeit? Wachsen in der Erziehungslandschaft reife Früchte heran oder gibt es nur abgestorbenes Fallobst?

Weil wir um unsere Autonomie fürchten oder weil wir Angst haben, Macht und Einfluss zu verlieren, greifen wir zu Einflussmaßnahmen (beispielsweise in Form von Appellen oder durch Strafmaßnahmen u. ä.), die andere beeinflussen/zwingen sollen, das zu tun, was wir wollen. Die Mittel der Fremdveränderung sind völlig nutzlos: Was sich nicht „von innen heraus verändert", verändert sich nicht wirklich.

In Gruppen, wenn es um Selbst- und Fremdbestimmung ging, um Wege in die Autonomie, habe ich ab und zu unvermittelt einige Personen wie folgt angesprochen, um sie erleben zu lassen, was Fremdbestimmung bewirkt: „Ich kann Ihre Schrift nicht lesen; Sie sollten deutlicher schreiben!" – „Ich möchte, dass Sie Ihre Meinung ändern." – „Sie gehen jetzt in die Gruppe B; das Thema wird Sie bestimmt interessieren!" – „Sie sollten dringend einen Kurs besuchen, bei Ihren geringen Kenntnissen."

Ich habe niemals auch nur in Ansätzen selbst bestimmende Bereitschaft zu Veränderungen erlebt, sondern entweder Widerstand (Empörung, Angriff) oder Schweigen, Rückzug, Entschuldigungen oder Gehorchen.

> Wenn wir so mit Menschen umgehen, verbauen wir ihm und uns den Zugang zueinander.

Das geliebte Kind, das selbstbewusste Ich, der Wunsch, echt zu sein und Autonomie zu erlangen im weiten Feld seelischer Landschaften und realer Außenwelt: all dies gehört zusammen und ist eine „gebündelte Kraft", eine „synergetische Einheit", um für und in Beziehungen fähig zu sein. Aber nicht alle Menschen haben diese Fähigkeit erlangt oder möchten autonom sein:

„Ich möchte gar nicht autonom werden", sagte mir ein Kollege. „Abhängigkeit ist mir lieber. Auf jeden Fall ist es für mich einfacher. Autonom sein ist so anstrengend."

Untersuchungen bei jugendlichen Häftlingen haben beispielsweise ergeben, dass manche von ihnen lieber im Gefängnis bleiben wollen, weil sie vor

„draußen" Angst haben. „Wer kümmert sich denn dann um mich", sagen die jungen Menschen.

Es gibt Neurobiologen, die der Meinung sind, dass es keine menschliche Freiheit gäbe und dass alle unsere Entscheidungen bereits im Gehirn gefallen sind, bevor wir uns entscheiden und handeln. Abschied von der Autonomie auch hier?

Ich bin der Ansicht, dass mein Gehirn in der Lage ist, mir einen „Boden" für meine Entscheidungen zu bereiten und zwar durch synaptische Verschaltungen. Das Hirn aktiviert sie, damit *ich* dann meine Entscheidungen treffen kann.

Und solange ich das *Bewusstsein* habe (den Eindruck, die Vorstellung), frei zu entscheiden, so lange fühle ich mich autonom.

Würde ich recherchieren, wer und was alles über mich verfügt, mich beeinflusst, steuert, manipuliert – von persönlichen Gesprächspartnern über Werbekampagnen bis hin zu den Medien – dann würde mein „Autonomkartenhaus" sowieso in sich zusammenfallen.

Ein Fahrlehrer hat mir demonstriert, was „subjektiv erlebte Autonomie" heißt (ohne es so zu nennen):

„Mein Fahrschüler weiß gar nicht, wann ich auf dem Nebensitz mit Kupplung, Gaspedal oder Bremse einwirke. Ich sage es ihm auch nicht und lasse ihm im Glauben, wie gut er bereits selbstständig *fahren könne. Und er ist zufrieden. Deshalb lernt er dennoch das Autofahren."*
> Ist das nun Verhinderung der Autonomie oder rücksichtsvolles „Lehrerverhalten" und Lernhilfe?

Ein Abstecher in die Sprachwelt von Eltern und Kindern: Interessant und aufschlussreich ist es, wenn wir die Beziehungskonstellation (Stichwort Autonomie) zwischen Eltern und Kindern unter sprachlichen Gesichtspunkten betrachten:

Kinder sagen zu den Eltern normalerweise Mama, Papa, Mammi, Papi, Mutti, Vati oder Kosenamen. Später als Erwachsene

- bleiben sie bei den ihnen vertrauten Bezeichnungen, wenn sie zu ihnen oder von ihnen sprechen (*Variante I*).
- sagen sie nach wie vor zu ihnen die vertrauten Bezeichnungen, sprechen aber anderen gegenüber von „meine Mutter", „mein Vater" (*Variante II*).

– sagen sie zu ihnen und anderen gegenüber „Mutter" oder „Vater" oder nennen die Vornamen (*Variante III*).

Ursachen der Varianten: Gewohnheit (I); auch als Erwachsene bleiben sie den Eltern gegenüber *Kind* (II); als Erwachsene reden sie mit Erwachsenen und bleiben *Sohn/Tochter* (III).

Vater, 63, Sohn, 35, führen zusammen eine Arztpraxis. Während der Ordinationszeit sagt der Sohn auf dem Gang, für einige Patienten hörbar: „Du, Papi, wie lange bist du heute noch im Haus?"

Eltern wiederum nennen ihre Kinder beim Vornamen oder sagen Kosenamen.
Wenn die Kinder groß sind

– werden sie immer noch Kinder genannt („Ach, Kind, mach doch...!") und beim Vornamen genannt(*Variante I*).
– werden sie beim Vornamen genannt und anderen gegenüber sprechen sie von ihren Kindern (*Variante II*).
– werden sie beim Vornamen genannt und anderen gegenüber reden sie von „mein Sohn" bzw. „meine Tochter" (*Variante III*).

Ursachen der Varianten: Gewohnheit (I); auch als Erwachsene bleiben sie für sie *Kinder* (II); als Erwachsene reden sie mit Erwachsenen, die *Sohn/Tochter* bleiben (III).

Im Fernsehen: Eine Frau, etwa Mitte 40, spricht über ihre Mutter und nennt sie auch so.
  Plötzlich „kippt" die Anrede, indem sie sagt: „Und als ich einmal zu spät nach Haue kam, da hat mich meine Mami gleich bestraft."
> In der Gegenwart „Mutter", in der Vergangenheit und im Erinnern als Kind damals: „Mami"

SELBST-Betrachtung
Und wie ist es für Sie?
Wie sprechen Sie Ihre Tochter, Ihren Sohn an, wenn sie erwachsen sind?
Wie werden Sie von Ihren erwachsenen Töchtern und Söhnen angesprochen?
Wer ist in die Erwachsenenschuhe geschlüpft, wer in den Kinderschuhen geblieben? (Nur sprachlich?)

IV. Erziehungsfreie Beziehung

> „Wir spüren die tiefe Sehnsucht danach,
> ungebunden zu sein,
> nicht kommandiert zu werden,
> selbst unsere Maßstäbe
> zu bestimmen und zu setzen."
> Joachim Gauck[42]

Stand im 3. Kapitel das ICH im Mittelpunkt meiner Ausführungen, so geht es jetzt um die Beantwortung der Fragen: Was unterscheidet Erziehung von Beziehung? Was geschieht, wenn Erziehung wegfällt? Wie sehen die Beziehungen der einzelnen ICHs untereinander aus? Was können wir tun, damit wir zufrieden und friedlich miteinander umgehen? Wie sieht das „neue Miteinander" aus – im Gegensatz zum früheren, alten, erzieherischen?

Andere verändern? Nein!

Es gibt eine Fülle von Buchveröffentlichungen zum Thema Erziehung. Die Kolumnen darüber in den Zeitungen häufen sich und die Ratgeberinnen und Ratgeber in Zeitschriften, Fernsehen und Internet geben Rundumratschläge. Ich habe Erziehungsbücher und Sendungen näher unter die Lupe genommen und fand in zahlreichen Publikationen zwei grundsätzlich verschiedene Haltungen: die eine als Erziehung *von* Menschen mit dem Ziel, sie zu verändern; die andere als Beziehung *zu* Menschen, die *ohne* Veränderungsabsichten auskommt.[43] Dabei entdeckte ich eine Reihe von Merkmalen, die Gemeinsamkeiten, Ähnlichkeiten, Verbindungen, Überschneidungen und Ergänzungen aufweisen:

---

[42] Gauck, Joachim: Freiheit. Ein Plädoyer. München (Kösel), 5. Aufl. 1012, S. 13.
[43] Juul, Jesper: Aus Erziehung wird Beziehung: Authentische Eltern – kompetente Kinder. Freiburg (Herder), 8. Aufl. 2010.

Selbstständigkeit	für sich selbst sorgen
	Beziehungen leben von der Autonomie der einzelnen.
	Ohne sie gäbe es Abhängigkeiten, durch sie wird erst Miteinander und Füreinander möglich.
Empathie	einfühlsam für sich und andere sein
	Sie fördert die Rücksichtnahme und lässt Solidarität entstehen.
	Ohne sie erkalten die Beziehungen oder frieren sogar ein.
Pflege/Fürsorge	physisch und psychisch sich selbst und andere pflegen und versorgen
	Das betrifft nicht nur Neugeborene oder Kleinkinder, sondern generell Menschen, die in Not, krank oder hilfsbedürftig sind.
Schutz	körperlich und seelisch unversehrt bleiben und anderen beistehen
	Entweder sind Menschen stark genug, dass sie andere behüten und schützen oder sie brauchen selbst Behütung und Schutz. Ein Geben und Bekommen. Dazu gehört u. a. auch, dass sie auf die *Folgen* ihres Verhaltens hingewiesen werden. Das Motiv ist dann nicht Macht (oder gar Erpressung), sondern Bewahren, Warnen und Verhinderung von Schädigungen
Unterstützung	mehr Sicherheit haben und Erleichterung bewirken
	Sie reduziert das Ansinnen, alles allein machen zu können oder zu müssen und bietet die Möglichkeit zu freierem Handeln.
Förderung:	die eigenen Potenziale entwickeln und die der anderen ermöglichen
	Das heißt: wachsen, sich entwickeln und dazu beitragen, dass dies anderen ebenso möglich ist.
Führung	Vertrauen geben und sich anvertrauen
	Führen kann nur, wer selbstständig ist. Führung braucht die Zustimmung dessen, der geführt werden will (sonst ist es Zwang).

Orientierungshilfe	sich in der Welt zurechtfinden können und anderen dabei helfen
	Orientierung haben und sie denjenigen geben, die sie brauchen
Ermöglichung von Rechten	bekommen, was einem zusteht
	Wer Rechte hat, kann dem Rechtlosen zu seinem Recht verhelfen.
Erfüllung von Pflichten	Verantwortung übernehmen
	Dafür sorgen, dass die Pflichten „gerecht" verteilt und dass sie entsprechend erfüllt werden
Begrenzung	Die eigenen Freiräume schützen und die der anderen (be-)achten
	... und bei Überschreitungen sich abgrenzen.

Ich erkannte auch Gründe, warum ich mich nie so recht wohl fühlte, wenn ich das Wort *Erziehung* hörte oder wenn ich selbst erzieherisch handelte, nämlich:

– Die Absicht, andere nach eigenen Maßstäben zu verändern
– Die Einseitigkeit des Umgangs miteinander: hier die Erziehenden, dort die Erzogenen
– Die hierarchische bzw. asymmetrische Kommunikation zwischen den Machthabenden und den Gehorchenden.

Und ich fand heraus, dass in *guten Beziehungen* diese drei Dominanten keinerlei Rolle spielen.

Ich eliminierte die Veränderungs- und Ziehabsichten aus der bisherigen Erziehung – und siehe da, jetzt kam „nur" noch Beziehung zum Vorschein: die Metamorphose war vollzogen. Mein Unbehagen verschwand.

Hinzu kam die Erkenntnis, dass die o. g. Merkmale immer *beide Seiten* betreffen, das Ich und das Du, je nach Anspruch und Bedürftigkeit, nach Notwendigkeit und Situation.

Aus meiner Sicht bedeutet Erziehung ein Einwirken auf andere, um sie zu verändern. Zwischenmenschliche Beziehungen hingegen enthalten keine Fremdbestimmungen. Sie sind „Emotions- und Gedankenaustausch", Gemeinschaften mit einer Vielzahl von Ausdrucksmöglichkeiten, sind ein Verbundensein mit sich und gleichzeitig mit anderen. Es liegt in der Entscheidung der einzelnen, wie sie sich artikulieren, sich gegenseitig auf- und annehmen, einschätzen und bewerten, und wie sie ihr „kommunikatives Ping-Pong-Spiel" gestalten.

Die Absicht, *andere* verändern, beeinflussen und (von außen) bestimmen zu wollen, widersprechen der Würde und dem Selbstbestimmungsbestreben des Menschen, ganz abgesehen davon, dass sie letztlich scheitern: Fremdveränderungen, angefangen von Mitteln der sanften Beeinflussung bis hin zu drastischen Durchsetzungsmethoden, sind auf die Dauer nicht tragfähig und brechen vor allem in Konflikt- und Krisensituationen zusammen. Deshalb macht es überhaupt keinen Sinn, von „Erziehung" zu sprechen. (Konsequenterweise müsste dann die *Er*ziehungswissenschaft in *Be*ziehungswissenschaft umbenannt werden.)

Ich brauche keine Erziehung, um mit Menschen jeglichen Alters zu leben, sondern stütze mich ganz auf *gleichwertige* und *gleichwürdige* Umgangsformen: Es gibt keine Machtspiele, keine Gewinner, keine Verlierer, dafür aber sehr fruchtbare (und nicht mehr fruchtlose oder gar furchtbare) Begegnungen, seien sie kurz dauernd oder langfristig, privat oder öffentlich, zwischen Jung und Alt – auch wenn die Handlungen und einzelnen Tätigkeiten im konkreten Vollzug sehr unterschiedlich sein können, ja sogar müssen (z. B. Kinder wie Kinder und nicht wie Erwachsene behandeln). Winterhoff warnt: „Kinder, die von klein auf wie Erwachsene behandelt und gesehen werden, haben keine Chance, sich kindgerecht zu entwickeln."[44] Wichtig ist der entsprechend einfühlsame Zugang *zu* den Menschen und nicht die, wie auch immer geartete, Veränderung *von* Menschen.

Der vollzogene Wandel:

Erziehung im alten Stil:

als Beeinflussen von außen mit dem Ziel der Verhaltensänderung von Personen

Beziehung als neuer Stil:

als *Be*ziehung durch Begleiten und Fördern mit dem Ziel, voneinander zu lernen und dadurch persönliches Wachstum zu ermöglichen

Und so sieht der Unterschied zwischen Erziehung und Beziehung in der Praxis aus. (Ich habe diesen „Fall" wiederholt in Trainingsgruppen „spielen lassen"):

---

[44] Winterhoff, Michael: Warum unsere Kinder Tyrannen werden. Gütersloh (Goldmann), 7. Aufl. 2012, S. 205.

Erziehung

ER ist zuständig für die Zubereitung des Frühstücks. An einem Morgen rutscht ihm eine Tasse aus der Hand (die Lieblingstasse seiner Frau) und zerbricht. Als SIE die Küche betritt entsteht folgendes „kommunikatives Ping-Pong-Spiel":

ER	SIE
Du, es tut mir sooo leid, dass ich deine Tasse zerdeppert habe.	Ach Mensch! Weil bei dir immer alles schnell gehen muss.
Ich hab's ja nicht mit Absicht gemacht.	Hättest du besser aufgepasst!
Wie kann ich das wieder gut machen?	Kaputt ist kaputt. Dann werde ich halt wieder für das Frühstück zuständig sein müssen.

Schweigend frühstücken sie weiter.

Beziehung

ER	SIE
Du, es tut mir sooo leid, dass ich deine Tasse zerdeppert habe.	Oh, ausgerechnet meine Lieblingstasse.

Bedauern; Tränen in den Augen

Ich möchte mein Missgeschick wieder gut machen.	Ich brauch jetzt erst mal Zeit, um dein Missgeschick zu verdauen

kurze Zeit später

Ich hab' einen Vorschlag: ich kauf' dir ein neue, eine besonders schöne.	Weißt was, ich geh mit – und dann schaue ich, welche mir am besten gefällt.
Jetzt bin ich aber erleichtert.	Und ich bin dir nicht böse…

Weiterführendes Gespräch während des Frühstücks

> Ihr Kommentar dazu? Ihre Erfahrungen in ähnlichen Situationen?

Diese Episode zeigt generell: Auf der einen Seite die „hierarchische Kommunikation Erziehung" (in der B als Reaktion auf A sagt, wie er sich zu verhalten und was er zu tun habe). Auf der anderen Seite der symmetrische Dialog auf Augenhöhe zwischen den Beteiligten, in der A und B autonom in ihren Mitteilungen und Antworten sind. Wirkliche Veränderungen geschehen von innen und nicht durch wie auch immer geartete Außeneinwirkungen. Handlungen von außen können höchstens auslösen.

Vielleicht haben Sie an dieser Stelle jetzt Zweifel, ob das auch bei Kindern und Jugendlichen möglich ist. Aus meiner Erfahrung und Sicht: Ja – unter der Voraussetzung, dass die Eltern authentisch sind, respektvoll mit ihren Kindern umgehen und sozialverträglich agieren. Der symmetrische Dialog ist möglich, allerdings auch manchmal schwierig, weil es um individuelle Interessen, Bedürfnisse, Wünsche von Menschen geht, um ihre Befindlichkeiten und Gefühle. Sie sind keine trivialen Maschinen, reagieren nicht vorhersehbar und haben ein „*Eigen*leben" mit lebensgeschichtlichem Hintergrund.

Zwei Beispiele von Lösungen

In Peters Zimmer ist, aus Sicht der Mutter, Chaos. Für ihn „kreative Baustelle", wie er selbst sagt, auf der er sich sichtlich wohl fühlt; für die Mutter nicht, was sie ihm auch sagt. „Musst ja nicht reinkommen", seine Antwort. Und: „In deiner Küche ist alles so arschglatt."

Bereits einige Tage später murmelt er: „Wir können uns ja im Gang treffen, wenn du nicht in mein Zimmer willst." Gesagt, getan: In der nächsten Zeit gibt es „Gang-Gespräche".

Nach einiger Zeit sagt Peter zu seiner Mutter: „Wenn du magst, kannst mich ja mal in meinem Zimmer besuchen." Was die Mutter auch tut: Aufgeräumt hat Peter zwar nicht, als sie kommt, aber sein Bett ist gemacht und der Schreibtisch gedeckt: O-Saft, zwei Gläser und zwei Bienenstiche, sogar zwei Tempotaschentücher als Servietten. Die Mutter ist gerührt. (Und in der nächsten Zeit gelingt es ihr öfters, nicht immer und sofort in ihrer Küche aufzuräumen.)

Meine Frau, unsere Tochter und ich wohnten einige Zeit in einem alten Gutshof, der außen bei Dunkelheit nicht immer beleuchtet war. „Nimm den Hausschlüssel mit!", sagten meine Frau und ich (fast) jeden Tag zu unserer Tochter S. (12 Jahre). Die ewige Mahnerei: allmählich lästig für uns Drei.

Eines Tages, mit beginnender Dunkelheit, bin ich in der Wohnung. Es klingelt stürmisch. Ich schaue aus dem ersten Stock und sehe S. vor der Haustür stehen - und öffne, einem Impuls folgend, nicht. Nochmals Klingeln... Für S. vergeblich. Ich warte. In der Zwischenzeit überprüfe ich das Motiv meines Handelns: Ich will ihr kein's auswischen mit einem „Ätsch, das kommt davon, weil du nicht...", sondern ich verspüre Sorge: Was ist, wenn meine Frau und ich mal wirklich nicht zuhause sind? Wie geht es S. dann?

Etwa 10 Minuten mögen vergangen sein. Ich öffne die Tür, S. saust an mir vorbei, faucht „Bist du fies!" – und verschwindet in ihrem Zimmer, ich in dem meinen. Das Abendessen findet schweigend statt.

Kurz vor dem Einschlafen setze ich mich an ihr Bett, schaue sie an. „Ich weiß schon", sagt sie, „ was du mir sagen wolltest." – Wir drücken uns fest.

> Seit dieser Zeit ist S. „schlüssel-autonom". Und ich glaube, durch diese Erfahrung auch noch in anderen Bereichen.

Was ist nun gemeint, wenn von zwischenmenschlichen *Beziehungen* gesprochen wird?

Auf Grund bestimmter Umstände, Konstellationen und Funktionen sind Beziehungen verschieden; z. B. Beziehungen zwischen Eltern und Kindern, zwischen Lehrern und Schülern, Ärzten und Patienten, Vorgesetzten und Untergebenen, zwischen Liebenden oder zwischen Vertragspartnern, zwischen Tätern und Opfern.

Beziehungen entstehen, wenn zu Kontakten oder Kooperationen *emotionale Berührungen* kommen, d. h. wenn die Begegnungen einen „nicht kalt lassen", wenn sie „zu Herzen" oder „unter die Haut gehen". Dies kann sowohl unangenehm/belastend sein, wenn Wut, Ärger, Frust, Enttäuschung entstehen, oder als angenehm und wohltuend empfunden werden, wenn Zufriedenheit, Freude, Lust, Dankbarkeit „ins Spiel kommen". Wichtig dabei ist eine „innere Verbundenheit", ein Gemeinschaftsgefühl.

Beziehungen sind real erfahrbar, beidseitig oder einseitig, entstehen aber auch in den Fantasien der Menschen, wie z. B. Fan-Idol-Beziehungen, die unerwiderte Liebe zu einem Menschen (u. a. Stalkerphänomene) oder die Beziehung eines Täters zu seinem Opfer. Sie gibt es zu Künstlern (Schriftsteller, Maler, Musiker) – und es gibt sie als geistige Verbindung, sei es zu realen oder fantasierten Menschen, zu Personen, an die man glaubt (wie z. B. Heilige) oder gedachte Wesen (wie z. B. Engel) oder als Liebesbeziehung zu Gott.

Ich besuche eine Vorstellung im Wiener Burgtheater, in dem „die Wessely" mitspielt. Auf dem Weg zum Ausgang höre ich einen Mann euphorisch sagen: „Ich liebe sie heiß und innig. Ich bin ihr verfallen, obwohl ich bisher nur ein Autogramm von ihr ergattern konnte."

Eine Klosterschwester wurde nach ihren Vorstellungen zum Pfingstfest befragt. Sie gab u. a. zur Antwort: „Der Hl. Geist ist für mich jemand, der mir sagt, was ich tun soll."

Als meine Frau und ich in Leipzig nach einer Aufführung der Matthäuspassion an der Grabplatte von J. S. Bach standen, kamen uns die Tränen.

SELBST-Betrachtung
Schade, dass ich nicht weiß, was ich bisher bei Ihnen ausgelöst habe, denn mich interessiert, wie es Ihnen derzeit geht oder was Sie denken, nachdem Sie meine Ausführungen über den Abschied von der Erziehung gelesen haben.

Meine Erfahrungen in Gesprächen mit Menschen: Verwunderung, Bedenken, Verunsicherung, Erleichterung, Ablehnung, Zustimmung. Und bei Ihnen? Empfehlung: Beobachten Sie in nächster Zeit Ihre Verhaltensweisen unter dem Aspekt der o. g. Beziehungsmerkmale (mit oder ohne Veränderungsabsichten?)

Verstehen und verstanden werden

Wenn, wie erwähnt, in Beziehungen die Emotionen das wichtigste Band zwischen Menschen sind, dann kommt dem gegenseitigen Verstehen und dem Empathievermögen eine große Bedeutung zu.

> Zwischen
> dem, was ich denke,
> dem, was ich sagen will,
> dem, was ich zu sagen glaube und
> dem, was ich wirklich sage und
> dem, was du hören willst,
> dem, was du wirklich hörst,
> dem, was du zu verstehen glaubst,
> dem, was du verstehen willst und
> dem, was du wirklich verstehst,
> gibt es mindestens neun Möglichkeiten,
> sich nicht zu verstehen.
>
> Passagno

Wenn ich diesen Text Semiarteilnehmern zu lesen gebe, dann bekomme ich Zustimmung mit folgenden drei Ergänzungen: „Jetzt sag ich gar nichts mehr." (eher locker gemeint). „Ich bin nur für den oberen Teil zuständig." (mit Erleichterung). „Da muss ich nachfragen, um zu wissen, wie meine Botschaften angekommen sind." (mit entspannter Erwartung). Manchmal ergänze ich: Dieser Text zeigt mir, dass ich im Grunde alles (sozialverträglich) sagen kann, weil ich ja das „Ankommen" nicht in der Hand habe, sondern nur das Senden.

Wäre der Text von mir, so würde meine letzte Zeile lauten: „… sich *anders* zu verstehen".

Wir haben kein „Du-hast-gesagt-Organ", sondern nur ein „Ich-habe-gehört-Organ". Menschen sind in ihrem Hören, also in ihrem Aufnehmen der Botschaften zwar geprägt, aber dennoch autonom. Deshalb können auch Reaktionen so ganz anders sein als erwartet, und insofern ist der Satz wichtig: Sag mir bitte, wie meine Mitteilungen bei dir angekommen sind, damit ich weiß, wie ich in der Kommunikation fortfahren kann.

Beziehungen leben vom gegenseitigen Verstehen. Es besteht allerdings nicht darin, eine möglichst hohe Trefferquote der Gemeinsamkeit zu erreichen, sondern das jeweilige individuelle Verstehen mitzuteilen und mit dem Gesagten des Senders zu vergleichen und Übereinstimmungen und Nicht-überein-stimmungen festzustellen.

Ich spreche deshalb nicht mehr von Missverständnissen, sondern vom „Andersverstehen", seitdem ich folgenden Versuch unternommen habe:

Ich bat eine Person, mir etwas von sich zu erzählen. Ich nahm kurz wahr, was ich von ihr hörte, sagte aber dann genau das Gegenteil – und sie meinte anschließend: Ja, genau so habe ich es gemeint.

Verstehen heißt, in die Welt der anderen eintauchen – ohne jedoch den Kontakt zu sich selbst zu verlieren. „Ich verstehe dich" ist deshalb eine Mischung aus Eigen- und Fremdwahrnehmungen.

Bei den Milliarden Menschen, von denen jeder seine eigene Wirklichkeit hat, ist das „Andersverstehen" das Normale, vor allem dann, wenn unterschiedliche kulturelle Welten aufeinander treffen. Wir haben keine Verfügung über die anderen, wie sie unsere Mitteilungen zu verstehen, wie sie zu fühlen und zu denken haben.

Ein Schüler, 14 Jahre alt, fragt den neuen Lehrer, als er in die Klasse kommt:
„Sind Sie ein guter Lehrer?" Dieser versteht die Frage als Provokation und gibt
ihm einen Eintrag ins
Klassenbuch.
> Ein anderer Lehrer hätte beispielsweise den Satz als Kontaktaufnahme verstanden.

Ein Vorgesetzter einer Firma fragt besorgt eine an Krebs erkrankte Frau, ob er
ihren Arbeitsplan ändern soll, worauf er zur Antwort bekommt: „Wollen Sie mir
unterstellen, ich schaffe es nicht mehr?"
> Eine andere Frau wäre eventuell dankbar gewesen für die Rücksichtnahme ihres
Chefs.

SELBST-Betrachtung
Beobachten Sie Menschen in Gesprächen und notieren Sie Situationen des
Andersverstehens (früher Missverständnisse genannt).
Sprechen Sie mit Menschen – und nehmen Sie wahr, wie Sie selbst reagieren, wenn Sie Antworten bekommen wie: Das stimmt gar nicht, was Sie sagen – Da täuschen Sie sich aber gewaltig. – Das kann doch nicht sein – Red'
doch keinen solchen Quatsch! – Oder: Das sehe ich ganz anders. – Da bin
ich anderer Meinung…

Gegenseitiges Verstehen ist immer Annäherung an die jeweilige Wirklichkeit der Beteiligten. Das Verstehen wird erleichtert, wenn Menschen eine
gemeinsame Geschichte, gemeinsame Erfahrungen, eine gemeinsame Kultur
haben, die einen relativ stabilen „Verständigungsrahmen" bilden. (Dies erklärt z. B. die Tatsache, dass interkulturelle Verständigung nicht nur seman-
tisch bisweilen so schwierig ist.)

Andere verstehen bedeutet jedoch nicht zwangsläufig, auch ihr Verhalten
und ihre Handlungen zu akzeptieren, zumal, wenn sie destruktiv sind. Ich
entkopple diese beiden Vorgänge ganz bewusst, wodurch mir der Zugang zu
den jeweiligen Personen und das Verstehen leichter fallen.

Das Verstehen von Mitteilungen ist ein zirkulärer Vorgang, ein dialogi-
scher Prozess. Deshalb brauchen wir das „kommunikative Ping-Pong", um
Annäherungen zu erreichen:

a. Ich sage dir meine Nachricht.
b. Du sagst mir, wie du meine Nachricht verstanden hast.

c. Ich sage dir, ob ich sie auch so gemeint habe: Erkenntnisgewinn darüber, ob Übereinstimmung stattgefunden hat oder nicht. (Vorsicht: Diese Zirkulation kann – theoretisch – endlos gehen.)

Wirklich Gemeintes, Gesagtes und Gehörtes können sowohl eng beieinander liegen (= „Wie schön, dass du mich verstehst.") als auch weit auseinander sein (= „So habe ich es überhaupt nicht gemeint.").

Verstehen ist *Haltung* und *Handlung* zugleich mit Merkmalen wie Echtheit/Ehrlichkeit, Interesse/Anteilnahme, Wertschätzung, Akzeptanz, Zuhören. Diese werden durch verschiedene Aktivitäten so zum Ausdruck gebracht, dass sie der Empfänger mit seinen Sinnen wahrnehmen kann, sie also *spürt* und somit Verständnis *erlebt* und sich verstanden *fühlt*.

Die Begleiterin schlechthin bei Verstehensprozessen ist die Empathie, worunter man das Einfühlungsvermögen in andere und das Mitfühlen mit anderen versteht. Ich unterscheide allerdings zwischen Einfühlung in sich selbst und Mitfühlen mit anderen. Bei der Empathie werden eigene Gefühle *ausgelöst*, die dann gleichsam die Brücke zu den Gefühlen der anderen bilden. Neurowissenschaftler haben herausgefunden, dass dabei die sog. Spiegel-neuronen eine wichtige Rolle spielen: in einem Spiegelneuron werden die gleichen *Aktivitätsmuster* beim Zuschauer/Betrachter erzeugt wie beim (beobachteten) Ausführenden.

Wir kennen das: Wir lachen „automatisch" mit, wenn andere lachen: „Lachen steckt an." Wir gähnen mit. Trainer machen die Bewegungen ihrer Schützlinge automatisch/ unbewusst nach: sie springen mit den Hochspringern hoch (und können nicht auf ihren Stühlen sitzen bleiben); wenn ihre Boxerschützlinge Schläge bekommen, so tun ihnen diese selbst weh. Wir verziehen das Gesicht, wenn andere in eine saure Gurke beißen, den Zahn gezogen bekommen, rutschen tiefer in den Sessel, spüren eigenen Schmerz. Wir weinen mit, wir fühlen mit, wir leiden mit. Wir empfinden, „als ob" wir es selbst erlebten.

Dieses Einfühlen in sich selbst und das Mitfühlen mit anderen sind zwei bedeutsame „Beziehungsfäden" in der zwischenmenschlichen Kommunikation. Dabei geht es nicht um das, was wir „vermeintlich" beim anderen „heraushören", sondern was wir real hören und sehen. Wer „*heraus*hört", betritt das Terrain der Fantasie, der Interpretation, wer hört, genau sieht, das der Realität.

Ich coache Menschen, die beruflich beratend tätig sind. Eine Frau berichtet: „Ein Mann kommt zu mir, sagt, dass er hin- und her gerissen ist zwischen seinem Beruf und der Betreuung seiner kranken Frau. Ich frage ihn, ob er auch Schuldgefühle habe. Er verneint. – Erst im dritten Gespräch sagt er von sich aus, dass er Schuldgefühle habe".

> In der Analyse wird der Frau bewusst, dass sie zu früh das Thema Schuldgefühle zur Sprache gebracht hat, denn Ausgangspunkt war für ihn zunächst das „Hin- und Her- Gerissenensein".

Das bedeutet generell: In guten Gesprächen entscheiden die Beteiligten selbst, wann und wie sie etwas zur Sprache bringen, sowohl, was den Inhalt als auch den Zeitpunkt betrifft. Der jeweils Zuhörende greift auf, was sie/er hört, sieht. Diese Gesprächshaltung geschieht aus Respekt vor der Wirklichkeit der anderen, aus Achtsamkeit und Rücksichtnahme. (Deshalb sind beispielsweise Fragen in Gesprächen sehr ambivalent: zum einen wichtig als Klärung, zum anderen „gefährlich", weil sie ausfragend, kontrollierend und manipulierend sein bzw. empfunden werden können.)

Wie die Erfahrung zeigt, gibt es auch „Empathieblockaden", häufig gekoppelt mit Verdrängung eigener Gefühle. Die Ursachen dafür sind unterschiedlich:

Beispielsweise fällt es Männern meist schwerer als Frauen, Gefühle zu äußern. Hier spielt die unterschiedliche Sozialisation eine große Rolle. Auch schlimme Erlebnisse in der Lebensgeschichte einzelner lösen Blockaden aus, z. B. Krieg oder Gefangenschaft; Erschießungen, Vergewaltigungen, Folterungen mitansehen müssen.

Ich habe von klein auf immer Gefühle äußern können/dürfen. Meine Eltern haben sie aufgenommen und nie bagatellisiert. Lediglich in manchen Ferien, die ich bei Onkel und Tante verbringen durfte, musste ich mich öfters gefühlsmäßig meinem Onkel gegenüber „beherrschen": er mochte keine großen Bezeugungen des Dankes, keine Bussis, keine Umarmungen... Erst als Jugendlicher wurde mir bewusst, wie sehr er durch Krieg und Gefangenschaft Teile seiner Gefühle abspalten musste, um selbst zu überleben.

Auch im normalen Alltag ist häufig wahrzunehmen, wie an die Stelle von Gefühlen Verhaltensweisen wie Ablehnung, Missachtung, Ironie, Sarkasmus oder Zynismus treten – und wie dadurch Beziehungen gestört oder sogar zerstört werden:

Wenn seine Frau weint, geht Herr F. entweder aus dem Zimmer oder sagt, meist ärgerlich, Sätze wie „Hör doch auf mit deinem Geheule!" oder: „Hast wieder deine Tage?" oder „Reiß dich zusammen!" In der Eheberatung sagt er, dass es ihm hinterher Leid tut, so reagiert zu haben. „Ich kann so schwer mit ihrem Weinen umgehen. Meist denke ich, ob ich daran schuld bin?"

„Mitschwingen"

Ich mag keine Staus, wenn ich Auto fahre. Wütend klopfte ich einmal auf das Armaturenbrett, worauf meine Frau sagte: „Jetzt beruhig dich doch! Es geht doch gleich weiter." (Ich beruhigte mich nicht – und es dauerte lange.)

Am Abend sprachen wir über den Vorfall und ich bat meine Frau, mich nicht mehr in meiner Emotion zu bremsen. – Einige Zeit später: Wieder ein Stau, wieder mein Trommeln auf dem Armaturenbrett... und meine Frau neben mir plötzlich: „Ist aber auch ärgerlich für dich." – und trommelt mit. – Ich schau sie an - und wir lachen beide entspannt.

„Mitschwingen" = an der Welt des anderen teilnehmen, und zwar nicht nur verstandesmäßig, sondern vor allem auch emotional durch Worte, Gesten, Berührungen, Bewegungen: jemandem tröstliche Worte sagen, seine Hand nehmen; jemandem zuzwinkern; mit jemandem auf gleicher Höhe gehen; mit ihr/ihm tanzen; fröhlich und beschwingt (!) sein; neben jemandem in gleicher Haltung sitzen, wie folgendes Beispiel zeigt:

Ich sehe auf einer Parkbank einer Schule einen Jungen sitzen, nach vorne gebeugt, die Ellenbogen auf den Oberschenkeln, den Kopf auf die Fäuste gestützt. Er kennt mich flüchtig – und ich frage ihn, ob ich mich ebenfalls auf die Bank setzen kann. Er nickt kurz, ohne aufzuschauen. Ich lasse mich nieder – in einigem Abstand von ihm. Erst im Nachhinein wird mir bewusst, dass ich in gleicher Haltung und Gestik neben ihm sitze.

Nach einiger Zeit des Schweigens dreht er seinen Kopf zu mir und beginnt zu reden, zuerst stockend, dann flüssiger. Seine Mama sei im Krankenhaus. Ich höre zu...

Einige Zeit später treffe ich ihn zufällig wieder. Wir erkennen uns beide, reden kurz. Mittendrin erwähnt er, fast beiläufig, warum er mich wieder erkannt hatte: „Sie haben sich damals neben mich gehockt und ich musste nicht zu ihnen aufschauen." Ich lächle ihn an.

> Annäherung durch Mitschwingen

Ich sehe, wie ein älteres Paar nebeneinander eine Straße entlang geht, nicht im Gleichschritt, aber gleichen Schrittes.

Meine Tochter sitzt am Schreibtisch, büffelt Mathe, kapiert's nicht und kratzt sich am Kopf. Ich komme hinzu, sehe ihr über die Schulter und kratze mich beim Lesen ebenfalls (unbewusst) am Kopf, worauf sie hochblickt und sagt: „Gell, jetzt kratzt dich auch am Kopf."
> Verstehen durch nonverbale Kommunikation

Mitschwingen durch verbale Kommunikation:

Person A	*Person B*
Julia, 7, spielt „Mensch ärgere dich nicht!" und wird letzte, worauf sie die Männchen von der Spielfläche schubst.	Der Vater (mit Anteil nehmender Stimme): „Wow! Jetzt hast du das Spiel umgetauft in ‚Mensch, ärgere dich!'"
Ein Schüler wirft, voller Wut, ein Arbeitsblatt auf den Boden.	Der Lehrer, ihm zunickend: „Wohl nicht dein Tag heute, was?"
Sohn/Tochter: „Das Abi schaff ich ja doch nicht!"	Mutter/Vater: „Du kommst mir so vor, als ob du vom Tal aus auf einen riesigen Berg blickst."

Mitschwingen, im wahrsten Sinn des Wortes:

Ein Fußballer drischt voller Zorn auf eine Papptonne.	*Sein Trainer drischt auf eine daneben stehende.*
Carmen tanzt nach der Sportstunde noch alleine in der Halle.	*Die Sportlehrerin kommt hinzu, fragt, ob sie mittanzen dürfe – und plötzlich entsteht ein Pas de deux.*
Frau P. trägt, mit viel Mühen, Getränkekisten in den Keller.	*Ohne Worte zu verlieren packt ein Nachbarjunge mit an.*
Herr F. liegt im Krankenhaus. Er hat ziemliche Schmerzen. Um sie zu verringern, summt er eine Melodie.	*Als die Krankenschwester kommt und sie hört, summt sie leise mit. (Lächelnd wendet Herr F. sich ihr zu.)*

Vorsicht: Mitschwingen kann allerdings vom Empfänger auch als „Nachäffen" oder „verarscht werden" dekodiert werden, je nach Situation und Stimmung. Vieles ist möglich!

Meist jedoch bewirkt *„Mitschwingen" als Form der Empathie* gegenseitige *Sympathie* und diese wiederum ist eine stabile Basis für förderliche zwischenmenschliche Beziehungen und erfolgreiche Kooperation.

> „Ich glaube, das größte Geschenk,
> das ich von jemandem bekommen kann,
> ist, dass er mich sieht, mir zuhört,
> mich versteht und mich berührt.
> Das größte Geschenk,
> das ich einem anderen Menschen geben kann,
> ist, ihn zu sehen, ihm zuzuhören,
> ihn zu verstehen und ihn zu berühren.
> Wenn das gelingt, habe ich das Gefühl,
> dass wir uns wirklich begegnet sind."
>
> Virginia Satir

SELBST-Betrachtung
Mitschwingen: mal glückt es auf der Schaukel mit anderen, mal bleiben wir in eigenen Seilen hängen. Wie sind Ihre Erfahrungen?
Vor allem: In welchen Situationen und mit welchen Menschen fällt es Ihnen leichter, mit welchen schwerer mitzuschwingen?

Hand in Hand: Vertrauen und Führen

Wer andere verstehen kann und wer sich verstanden fühlt, bei dem wachsen möglicherweise auch Vertrauen und der Wunsch, andere zu führen oder selbst geführt zu werden. Dabei kann Vertrauen unter Menschen sehr vielfältig sein:

- *Die kleine Ursula schaukelt heftig auf der Gartenschaukel. Ich frage sie, ob sie denn gar keine Angst habe, dass sie kaputt geht. „Nein", sagt sie entschieden, „die hat mein Papa gemacht." (und meinte montiert).*
- *Mein Vater wiederum hatte Vertrauen zu mir und meinte damit, dass ich in seinem Sinne handeln würde (vor allem, wenn es um moralische Werte ging).*

- *Kinder und Jugendliche vertrauen Pfarrern, weil diese immer vom lieben Gott sprechen und auch zu ihnen lieb ist. (Bis manche erfahren müssen, dass seine „Liebe" auch Abgründe hat.)*
- *Paare vertrauen einander, weil sie sich lieben und sich nicht vorstellen können, dass Liebende Vertrauen missbrauchen.*
- *Andere wiederum vertrauen einander, weil ihr Vertrauen noch nie enttäuscht worden ist.*
- *Manche sind vertrauensselig, solange, bis ihr Vertrauen missbraucht wird. Nun sind sie misstrauisch geworden.*

Vertrauen, das für beide Seiten gleichermaßen gilt, bedeutet sinngemäß: Ich vertraue dir, dass du das machst, was für dich richtig ist, auch in der Beziehung zu mir – aber nicht mir zu liebe. Und dann schaue ich, wie ich damit umgehe und wie es zu mir passt.

Das heißt, dass wirkliches Vertrauen die Autonomie nicht einschränkt, sondern sie be- und verstärkt.

Vertrauen ist ein sehr empfindsames Gut, mit dem sehr behutsam umgegangen werden muss. Die Achtsamkeit besteht darin zu spüren, ob man selbst vertrauenswürdig ist und wann man anderen Vertrauen schenken kann. Dies hat sehr viel mit Erwartungen an sich selbst und an andere zu tun und mit Versprechungen, die man anderen gibt:

Die Eltern eines entführten Jungen bitten den Kommissar dringend, doch ja ihr Kind unversehrt zu befreien. „Das verspreche ich Ihnen." erwidert er (vermutlich aus Mitleid) – und tappt dadurch in die Falle, weil er verspricht, was er womöglich nicht halten kann.
> Die Eltern hätten dann kein Vertrauen mehr zur Polizei.

Die Schülerin fragt den Lehrer, ob sie denn das Klassenziel erreichen werde. „Na klar", meint er, „das schaffst du schon, wenn du fleißig lernst." Was Carla auch tut – und dennoch das Klassenziel nicht schafft.
> Er hat es bestimmt gut gemeint, der Lehrer, tappte aber ebenfalls in die Falle durch seine Vorhersage, an die er Bedingungen knüpft.
> Jetzt hat Carla eine Wut auf den „blöden" Lehrer, weil der doch gesagt hat, dass…. – und kein Vertrauen mehr zu ihm.

Es muss also unterschieden werden zwischen Vertrauen anderen gegenüber, eigenen Hoffnungen, Sehnsüchten, gegenseitigen Erwartungen und deren

Erfüllung. Manches davon kann das Gegenüber auch unter Druck setzen oder in ihm Schuldgefühle hervorrufen, wenn das Vertrauen (= die *Erwartungen*) nicht erfüllt wird:

Peter vertraut sich einem Freund an und sagt zu ihm, er hätte eine Menge Schulden, würde sich aber nicht trauen, es seiner Frau zu sagen und bittet ihn dringend, sein „Geheimnis" für sich zu behalten.
> Der Freund im Zwiespalt zwischen solidarischem Schweigen und Ehrlichkeit.

Anette sagt zu ihrem Partner: „Ich vertraue dir, dass du mir treu bleibst" – und meint „eigentlich": Ich erwarte von dir, dass du nicht fremdgehst. Was er fest verspricht. (Als es dann doch „passierte", bekam er bitterste Vorwürfe zu hören: „Du hast mir doch hoch und heilig versprochen...")

Der Vater sagt zu seinem Sohn: „Ich vertrau dir, dass du nicht zu spät heimkommst." – und meint: Komm nicht zu spät nach Hause. Der Junge ist, weil er seinen Vater liebt, hin und her gerissen zwischen den Erwartungen seines Vaters an ihn und seinen eigenen Wünschen.

Die Mutter sagt zu ihrer Tochter: „Hast du kein Vertrauen mehr zu mir? In letzter Zeit sprichst du kaum mehr mit mir." – und meint vermutlich: Ich möchte mehr von dir wissen. Ich fühle mich ausgegrenzt. Die Tochter spürt den Wunsch der Mutter, den sie derzeit aber nicht erfüllen kann.

Ohne Vertrauen sind in unserer Gesellschaft viele Begegnungen im Alltag auf unsicheren Boden gestellt. Die Möglichkeit besteht immer, dass wir ausgetrickst, über den Tisch gezogen, beschummelt, betrogen werden könnten:

- *Vom KFZ-Meister, der mein Auto untersucht. Ich selbst habe keine Ahnung – und deshalb kann er eine überhöhte Rechnung ausstellen.*
- *Vom Arzt, weil ich nicht abschätzen kann, welche Untersuchungen für mich medizinisch notwendig sind und für ihn finanziell lukrativ.*
- *Von der Verkäuferin im Blumengeschäft, weil ich nicht weiß, ob der Fleurop-Blumenstrauß auch wirklich so viel Wert ist wie ich für ihn bezahlt habe.*
- *Vom Bankangestellten, der mir Aktien auf das Wärmste empfiehlt, weil ich nicht in der Lage bin, auch noch Aktienstudien zu betreiben.*

Ohne Vertrauenswürdigkeit und Seriosität auf der einen Seite und Vertrauen auf der anderen, gerät jede Beziehung, jede Gemeinschaft, jede Gesellschaft in Schieflage, ja sogar Gefahr, auseinander zu fallen. Zudem brauchen wir Menschen gegenseitiges Vertrauen, weil es uns ein Gefühl der Sicherheit gibt für uns selbst und für unser Zusammenleben. Diese Sicherheit erfahren wir auch, wenn wir uns auf das Geführtwerden einlassen. Sie ist das *Bindeglied* zwischen Vertrauen und Führen:

Ich vertraue mich dir an, weil ich dadurch Sicherheit bekomme.

Du gibst mir Sicherheit, wenn du mir vertraust.

Ich führe dich, um dir Sicherheit zu geben.

Du fühlst dich sicher, weil ich dich führe.

Im Duden gibt es 22 Begriffe, die mit Führen/Führung zu tun haben: von führen bis Führungszeugnis, was zum Ausdruck bringt, dass sie in der *deutschen* Sprache und somit in der Wirklichkeit von Menschen ein „Gewicht" und Bedeutung haben, auch wenn sie „schillernd" sind: Führer und Führen assoziieren unausweichlich Erinnerungen an die Nazizeit. Schon beim Aussprechen des Wortes Gruppenführer wird den meisten Menschen mit Geschichtsbewusstsein und/oder mit Erfahrungen im Dritten Reich, gelinde gesagt, unwohl. Aus dieser Misere kommt nur der heraus, wer angenehme Begegnungen mit Führungspersonen gemacht hat.

Führen in zwischenmenschlichen Beziehungen braucht allerdings die Einwilligung der Geführten (sonst ist es Leiten oder Zwang):

Führen ist somit kein „Durchsetzungsvorgang", sondern eine Balance von Selbstwahrnehmung und Verantwortung des Führenden, Achtsamkeit, Solidarität mit dem Geführten, Anpassung an dessen Möglichkeiten und Zulassen von Freiräumen.

Am Beispiel Bergführer wird dies sehr deutlich: Die Wanderer wählen ihn (nicht umgekehrt) und bestimmen ihre Ziele. Der Bergführer entscheidet, ob er die Wahl annimmt oder nicht, schlägt die Route vor, kalkuliert die Zeit, überprüft die Belastbarkeit der Gruppe und ihr Rüstzeug – und behält dann vom Beginn der Wanderung an die Teilnehmenden im Auge... *Verantwortung* hat er nur für sein (umsichtiges) Tun, nicht jedoch für die Gruppe:

Anlässlich der Ernennung zum Schulleiter schrieb mir ein Direktor eines Gymnasiums: „Nun habe ich die Verantwortung für 60 Kolleginnen und Kollegen und für über 700 Schüler übernommen."

> Mein Kommentar: Hoffentlich nicht. – Wäre ich Kollege, so möchte ich nicht, dass er Verantwortung für mich übernimmt.

Selbstverantwortung

Jede Person hat nur Verantwortung für das, was sie tut, nicht aber dafür, was andere tun. Für das eigene Tun verantwortlich sein kann in zwischenmenschlichen Beziehungen bedeuten: wahrnehmungsfähig, entscheidungsfähig und transparent sein; Ziele klar formulieren; berechenbar/einschätzbar sein und sozialverträglich handeln; Vertrauen erweckend mit anderen in Kontakt treten; in Konflikten vermitteln und Stellung beziehen; delegieren; auf Grenzen und Überschreitungen hinweisen.

Am schwersten ist es einzusehen, dass man nur Verantwortung für das eigene Tun hat, wenn man an Kinder denkt, von Geburt an bis zu ihrer Selbstständigkeit, oder wenn man hilflose Menschen oder Kranke vor sich hat.

Beispiel Eltern: ihre Verantwortung besteht darin, alles zu tun, was in ihren Möglichkeiten steht, um ihre Kinder versorgen, fördern, schützen zu können. Sie sind nicht verantwortlich für deren Wachsen, deren Wohlfühlen, aber dafür, für deren Wohlergehen günstige Voraussetzungen und Bedingungen zu schaffen. Es ist beispielsweise verantwortungslos, wenn Eltern ihr Baby unbeobachtet lassen; es stundenlang alleine lassen.

Beispiel Pflegepersonal: seine Verantwortung besteht in gewissenhafter Pflege durch einfühlsames Wahrnehmen, achtsame Zuwendung, fachgerechte Behandlung. Es ist beispielsweise unverantwortlich, wenn das Pflegepersonal (jenseits von zeitlichen oder personellen Engpässen) nicht auf die notwendigsten Bedürfnisse der Pflegebedürftigen eingeht oder wenn ihm Zigarettenpausen wichtiger sind als die Hilferufe der Patienten. Es ist aber genauso unverant-wortlich von staatlichen bzw. karitativen Einrichtungen, Eltern und Pflegepersonal materiell und finanziell nicht genügend zu unterstützen und sie dadurch in ihrer Berufsausübung im Stich zu lassen.

Echte *Beziehungen* leben geradezu vom gegenseitigen *Vertrauen und Führen*. Vertrauen ist die Basis für das Führen und Geführtwerden. Beide gehen „Hand in Hand" und sind achtsam statt dirigistisch, fördernd statt überfordernd, fürsorglich statt egoistisch, Anteil nehmend statt rücksichtslos. Es ist kein Platz mehr für *Erziehung*:

Ein Fußgänger hat in einer ihm unbekannten Gegend die Orientierung verloren und bittet einen Entgegenkommenden, ihm die Richtung zum nächsten Ort zu zeigen. „Klar, mach ich." sagt der, „Ich muss sowieso nach P." – und stapft neben ihm her. Vertrauensvoll schließt sich der Suchende ihm an.
> Der Erziehungssatz hätte lauten können: Hätten Sie eine Landkarte mitgenommen, so wäre Ihnen das nicht passiert.

SIE ist unsicher beim Gehen und hat nicht mehr die genaue Kontrolle über ihre Füße. ER führt sie – und beide gehen Hand in Hand miteinander. Man sieht, wie er sich in seinen Schritten ihr anpasst. In ihrem Gesicht spiegelt sich das Vertrauen zu ihm: es ist ganz entspannt.
> Der Erziehungssatz hätte lauten können: Nimm einen Stock oder einen Rolli, dann muss ich nicht immer auf dich aufpassen.

Ohne Selbstvertrauen kein Führen, denn: Wer kein Vertrauen zu sich selbst hat, ist nicht vertrauens*voll* und kann deshalb auch keine anderen führen. Geführte wiederum brauchen Vertrauen zum Führenden, sonst können sie sich nicht anvertrauen.

SELBST-Betrachtung
Welche Assoziationen haben Sie zum Thema „Vertrauen"?
Was empfinden Sie, wenn Sie führen, wenn Sie geführt werden?
Was löst dieser Satz bei Ihnen aus, dass man für andere keine Verantwortung übernehmen kann?

Konflikte: Vom Zusammenstoß zur Lösung

Dass es trotz gegenseitigem Vertrauen und sich Anvertrauen zu Konflikten zwischen Menschen kommen kann, dafür gibt es verschiedene Ursachen: die genetische Veranlagung, die Sozialisation, die Lebensgeschichte und Erfahrungen, divergierende Interessen, Wünsche und Bedürfnisse, Einstellungen, Wertvorstellungen, Lebensentwürfe, Lebensgestaltung und Lebensgewohnheiten.

Im Zusammenleben treffen diese differenzierten, häufig auch polarisierenden und gegenläufigen Positionen und „Komplexitäten" (mit all ihren individuellen Ausprägungen) meist nicht nur aufeinander, sondern sie berühren sich, reiben sich aneinander oder stoßen zusammen (configere, lat. = zusammenstoßen), was schmerzhafte Kratzer, tiefe Dellen, heftige Verbiegungen und gravierende Verletzungen bei den Beteiligten hervorrufen kann.

Ich habe mehrere hundert Personen um ihre Assoziationen zum Begriff „Konflikt" gebeten.

Sie nannten (in der Reihenfolge der Gewichtung „häufig" – „weniger häufig"):

1   unangenehme Gefühle, Angst, Entsetzen, Spannung, Aggressionen, Wut,
2   Streitereien, Auseinandersetzungen, Konfrontation, Frust, Resignation, Ohnmacht,
3   Unzufriedenheit, Sieger – Verlierer, Durchsetzung,
4   Wunsch nach Klärung, Harmonie und Übereinstimmung, Suche nach Lösungen,
5   Phantasien/Bewertungen über die Gegenseite: Betonköpfe, Konservative, Ignoranten, Harmoniesüchtige, Bürokraten, Chaoten, Andersdenkende, Widerständler, Vermittler

> Interessant, dass zuerst belastende Faktoren genannt werden (1-3) und dann erst Wünsche nach Klärung, Harmonie u. ä. (4-5).

Daraus geht hervor, dass das Wort *Konflikt* auf Grund schlechter Erfahrungen überwiegend negativ besetzt ist. Vielleicht deshalb, weil beispielsweise Konflikte häufig nicht zugelassen, sondern verdrängt wurden und werden. Der Preis, den die Verdränger dafür bezahlen: Aufgabe des Selbst und der Selbstbehauptung (zum Nachteil für sich und zum Vorteil anderer). Oder: Durchsetzung und Macht gewinnen die Oberhand. Kompromisse werden als „faul" betrachtet, Durchsetzung als das „richtige" Mittel, und Rückzug wird als Niederlage erlebt. Der Preis, den die Machtmenschen bezahlen: Isolation und nicht mehr eingebunden sein in die Gemeinschaft.

Frau M. sagte in einem Beratungsgespräch, sie habe in ihrer Ehe jahrelang geschwiegen, wenn es Meinungsunterschiede gab, aus Angst, die Harmonie zu gefährden, vor allem der Kinder wegen. „Ich habe dann getan, was mein Mann wollte."

In einem Informationsschreiben einer Kultusbehörde war zu lesen: „Das wichtigste Merkmal eines Schulleiters ist Durchsetzungsvermögen."

„Ich streite gerne", sagte eine Politikerin. „Und Sie gewinnen wohl auch gerne?", wurde sie gefragt. „Ja", war ihre knappe Antwort. Darauf ihr Gegenüber. „Und wie geht es jeweils den Verlierern?"

Die Stelle in einem Betrieb wurde vakant. Es gab zwei Bewerber aus derselben Abteilung. A bekam die Stelle – B deutete den Vorgang als persönliche Niederlage. Der Konflikt zwischen ihnen ist bis heute latent vorhanden. Denn für A war es nicht (mehr) nötig, mit B ins Gespräch zu kommen, da er die Stelle zugesprochen bekam.

Herr K., Leiter eines Betriebs, war bekannt dafür, dass er keine Gegenreden und Widersprüche zuließ und Vorschläge seiner Mitarbeiter als unzulässige Einmischung betrachtete. Im Klärungsgespräch sagte er, er könne doch die Zügel nicht aus der Hand geben und müsse alles im Griff behalten: vordergründig Abwehr, hintergründig Sorge und Verlustangst.

Menschen jedoch, die konfliktfähig und an Lösungen interessiert sind und die ausgleichend wirken wollen:

Lösen sich von Abhängigkeiten: Zutiefst steckt in uns allen der Wunsch nach Aufrechterhaltung der Symbiose (= der frühkindlichen Mutter-Kind-Beziehung) sowie nach Angenommensein und Harmonie. Erst die notwendige Auflösung der Symbiose bringt Eigenständigkeit und Unabhängigkeit im Fühlen, Denken und Handeln.

Akzeptieren die Andersartigkeit der andern: Sie pochen nicht mehr darauf, ihre Ansichten seien die einzig gültigen; sie sehen sich nicht als den „Nabel der Welt" und haben sich von der Rechthaberei verabschiedet (gemäß dem Motto: Ich habe Recht, du auch, aber ich noch etwas mehr). Andersartigkeit und Vielfalt werden nicht (mehr) als bedrohlich gedeutet und erlebt, sondern als bereichernd.

Können sich selbst behaupten: Die eigene Position wird klar dargestellt ohne die Gegenseite zu desavouieren. Je stärker dies gelingt, desto deutlicher kommen die Gegensätzlichkeiten zum Vorschein, eine wichtige Voraussetzung für Konfliktlösung.

Halten Konfrontationen aus: Die Gegensätzlichkeiten werden wahrgenommen, beschrieben und offen gelegt. Es wird nach Gemeinsamkeiten gesucht und werden nicht im Streit, sondern im Diskurs einer Analyse unterzogen.

Sind fähig zum Sichtwechsel: Ein selbstbewusstes Ich kann es sich leisten, „auf die andere Seite zu blicken", weil es nichts verliert, wenn es Sichten wechselt. Nur das schwache Ich befürchtet Selbstverlust.

Streben nach Vereinbarungen: Dies geschieht aus der Einsicht heraus, dass man nicht der alleinige Besitzer der Wahrheit ist, und dass auch die anderen Wahrheiten besitzen, seien sie auch noch so weit von der eigenen entfernt. Vereinbarung bedeutet, Teile des gedanklichen Eigenbesitzes zu relativieren und sich auf andere einzulassen. So entstehen neue, anders zusammengefügte Entitäten und Qualitäten im Wechsel von Geben und Nehmen. Die Basis dafür ist gegenseitige Wertschätzung.

Haben den Mut zur Trennung: Konfliktlösungen werden nicht um jeden Preis angestrebt. Lösungen bestehen auch darin, dass man sich voneinander „löst", nicht beharrt und verharrt, sondern Alternativen und andere Wege sucht.

SELBST-Betrachtung
Konfliktfähige Menschen weisen diese sieben Fähigkeiten aus. Wenn Sie sieRevue passieren lassen: zu welcher Einschätzung kommen Sie?
Vielleicht zu folgender: Vom autoritären Meinungsherrscher über den starken Konfliktbeherrscher zum dialogischen Konfliktlöser?

War ich früher eher konfliktscheu, weil ich zwischenmenschliche Zusammenstöße als unangenehm empfand, so denke ich heute, wenn der Begriff Konflikt auftaucht, nicht mehr an einen „Zusammenstoß", der mich erschrecken ließe. Ich zucke nicht mehr zusammen, wie früher, sondern werde hellhörig, neugierig und deute das Wort als *Auseinandersetzung* auf Grund unterschiedlicher Meinungen, Sichtweisen, Wahrheiten. Und ich denke dabei sowohl an mögliche Vereinbarungen als auch an Trennungen.

Es ist normal, dass andere anders fühlen, denken, handeln. Eigene Meinungen werden dadurch zwar tangiert, ggf. auch relativiert, aber nicht minimiert oder gar zerstört. Deshalb können die Beteiligten entspannt und konzentriert Lösungen anstreben, ohne das Gefühl zu haben, ihre Autonomie zu verlieren.

Mir hilft es zu wissen, dass Konfliktlösungsprozesse Zeit brauchen und in bestimmten Phasen[45] verlaufen, ohne die es zu keinen befriedigenden Ergebnissen kommt. Dieses Wissen nimmt den Druck von mir, sofort zu Lösungen zu kommen; ich bin geduldiger mit mir selbst und verständnisvoller für andere geworden.

Konfliktanlässe: Situationen, Ereignisse, Konstellationen werden ernst und aufgenommen und nicht bagatellisiert oder abgewertet z. B. durch Reaktionen wie: „Reg' dich doch nicht auf! – Das sind doch Peanuts! – Was du wieder hast!"

Konfliktdramatik: Zuspitzung, Eskalation, Verschleierung, Aufdeckung gehören zum Konfliktprozess; ebenso, dass den Emotionen Raum gegeben wird: sich aufregen, sauer sein, in Rage kommen oder Dampf ablassen (wie es so „schön" heißt!) – mit ggf. anschließender Entschuldigung, falls die innerlichen oder äußerlichen Ausschreitungen zu deftig geworden sind.

Konfliktbearbeitung: In der „Ruhe nach dem Sturm" werden die Meinungen *er*klärt, Perspektiven gewechselt und im kommunikativen Hin und Her *ge*klärt, Wünsche, Ziele und Absichten formuliert, die in der Spannbreite von „ziemlich einheitlich" bis „total kontrovers" sein können; Fragen werden beantwortet: Was ist realisierbar, was nicht, wie sehen die Aktivitäten der Einzelnen aus, wie die Grenzen?

Konfliktergebnisse: Es kann Einigungen, Unversöhnlichkeiten, Kompromisse geben. Die „Leistung" der Beteiligten besteht darin, Abschied von der Durchsetzung, von der Rechthaberei zu nehmen (bei so vielen subjektiven Wirklichkeiten) und zu Vereinbarungen zu kommen zugunsten des Ganzen, der Gemeinschaft, der Sache und der eigenen Bedürfnisse. Ergebnisse bestehen nicht nur aus Einigungen, sondern auch aus Problemvertagung oder einem friedlichen Auseinandergehen.

---

[45] Bönsch, Manfred: Grundlegung sozialer Prozesse heute. Weinheim (Beltz) 1994, S. 91.

Ich empfehle Menschen, die Konflikte mit anderen haben, den sog. „kommunikativen Dreikantschlüssel" anzuwenden, mit dem man in jeder Gesprächssituation drei Reaktionsmöglichkeiten zur Verfügung hat und deren Reihenfolge und Anwendung sie selbst bestimmen, je nach Situation, Konstellation und Schwere des Konflikts:

1. Sie können immer etwas von sich selbst sagen.
2. Sie können ggf. immer verstehend reagieren.
3. Sie können, wenn nötig, immer auch Grenzen setzen.

In einer Konferenz warf ein Teilnehmer dem Leiter vor, er würde in Konfliktsituationen „die Zügel zu sehr schleifen lassen" und er solle energischer durchgreifen, sonst würde der „Sauhaufen" hier im Chaos enden.

Der Leiter antwortete, er könne verstehen, dass er (der TN) aufgebracht sei und den Wunsch nach mehr Ordnung habe (2). Er selbst werde derzeit nicht eingreifen, um den Prozess nicht zu stören (1), und er bitte dringend, Bewertungen wie Sauhaufen und Chaos zu unterlassen (3).

Es wäre allerdings naiv zu glauben, es könnten immer alle Konflikte gelöst werden oder die Beteiligten wären zumindest bereit dazu. Oft ist das Gegenteil der Fall. In Konflikten zwischen Menschen kommt es immer wieder auch zu Verhärtungen und „Widerständen", weil sie der Ansicht sind, „im Widerstand ist derjenige, der nicht will, was ich von ihm will und der nicht tut, was ich von ihm verlange".[46] Die Gegenseite wiederum widersetzt sich, weil sie Anpassung aus freien Stücken mit Gehorsam oder Niederlage verwechselt, und weil sie mit ihren eigenen Ideen und Vorstellungen unbedingt „durchkommen" will. Fast ein „Fass ohne Boden", wenn man die meist fruchtlosen Auseinandersetzungen und oft viel zu langen Gespräche oder Wortduelle zwischen Menschen (jeglichen Alters) ansieht und analysiert:

---

[46] Ich thematisiere „Widerstand" hier im Kontext von Erziehung und Beziehung und nicht im Zusammenhang mit Widerstand im Raum der Politik. Dort hat er eine ganz andere Dimension, Gewichtung und Zielsetzung: z. B. Widerstand und Widerstandsbewegung im 3. Reich; aktiver Widerstand bei Castortransporten oder bei „Stuttgart 21". Hier zeigt sich Widerstand als Haltung und Verhalten, um vermeintlich Schaden und Beschädigungen zu verhindern, zu minimieren oder Schädigende zu hindern oder gar auszulöschen, was bisweilen zu extremen inneren und äußeren Konflikten und zu Schuldgefühlen führen kann, z. B. wenn Gewalt als Mittel zum Gewaltabbau angewendet, Intoleranz gegen Intolerante ausgeübt wird oder Menschen getötet werden, um Menschenleben zu retten.

- *Das Kind, das unbedingt ein Eis möchte und mit dem Schreien und Weinen schier nicht mehr aufhört.*
- *Die Eltern, die unbedingt wollen, dass ihre Tochter das Zimmer aufräumt und diese sich seit Tagen weigert, es zu tun.*
- *Der Vater, der seinem Sohn verbietet, mehr als drei Stunden pro Tag am Computer zu sitzen und dieser seit zwei Wochen mit ihm nicht mehr redet.*
- *Der Schüler, der die Mitarbeit verweigert und absolut keinen Bock hat und der Lehrer, der ihn mit Bestrafungen zwingen will zu lernen.*
- *Der Partner, der jeden Samstag seine Freizeit im Motorsportclub verbringt und dessen Freundin aus Wut und Hilflosigkeit sich an ihm rächt, indem sie jeweils samstags ihren Lover empfängt.*
- *Die alte Frau, die sich partout weigert, aus ihrer Wohnung auszuziehen, und erst durch Rechtsmittel zwangsweise in ein Heim gebracht wird.*

In allen Fällen: keine Einsicht, kein Einlenken, keine Vereinbarungen.

Betrachten wir jedoch die Verhaltensweisen von Menschen näher, die als „Widerständler" bezeichnet/bewertet werden, so entdecken wir sog. „eigentlichen" Botschaften wie z. B.: Sehnsucht, Sorge, Ärger, Wut, Angst, Verletzung, Enttäuschung, Einsamkeit, Verzweiflung, Befreiung aus Umklammerungen, Suche nach Identität. Konflikte können vor allem dann gelöst werden, wenn diese *eigentlichen* Botschaften direkt mitgeteilt oder, falls nicht, erspürt und z. B. durch Erfragung, entschlüsselt werden. Dies ermöglicht Verstehen statt Verurteilung und bietet die Chance, ggf. andere Verhaltensweisen als bisher an den Tag zu legen: statt Engstirnigkeit Frustrationstoleranz; statt Vorwurf Selbstmitteilung; statt Durchsetzung Vereinbarung; statt Beharrung Sichtwechsel; statt Verschlossenheit Empathie. Botschaften, die in Konfliktsituationen *verschlüsselt* gesendet werden, können – unter bestimmten Konstellationen – als unbearbeitete Konflikte zum Vorschein kommen und werden häufig erschwerend als Vorwürfe oder Schuldzuweisungen artikuliert: Vorfälle von damals (z. B. übergangen, bloßgestellt oder verlassen worden zu sein) sind nicht vergessen. Die Verletzungen und Wunden sind nicht verheilt. Der Schmerz ist wieder aufgetaucht. Die Kränkungen sind nicht verarbeitet worden und melden sich erneut – mit dem „Oberflächenverhalten": *beleidigt sein* – oder ähnlichen/anderen Empfindungen oder Gefühlen:

Der kranke Mann, der unbedingt aus dem Krankenhaus entlassen werden will und eines Tages schwer verletzt im Garten gefunden wird, weil er sich aus dem Fenster stürzte.

Das Ehepaar S. ist seit 32 Jahren verheiratet. Während der Beratung, in der es in erster Linie um berufliche Klärungen geht, wirft die Frau dem Mann vor, sie habe damals (vor 25 Jahren) ihren Wunsch nach Kindern nur deshalb unterdrückt (er wollte keine), um ihn nicht zu verlieren – wobei er wiederum überhaupt nicht wusste, dass ihr Kinderwunsch so groß war (und in ihrer Sehnsucht heute immer noch ist).

> Vorwürfe und Tränen bei ihr, Verstummen und Schuldgefühle bei ihm. Die Beratung nimmt einen anderen Verlauf.

Deshalb ist es wichtig, Ereignisse, Erlebnisse, Prozesse möglichst zeitnah zu klären, damit sie von Konfliktfall zu Konfliktfall nicht immer mitgeschleppt, sondern verarbeitet und abgelegt werden können. Es ist hinderlich und für das Leben in der Gegenwart störend, wenn auf dem Rücken der Menschen der Vergangenheitsrucksack (mit all den Belastungen von früher) und auf der Brust der Zukunftsrucksack (mit all den Fantasien und Vorstellungen, was Schlimmes kommen könnte) lastet und sie nicht nur ge-, sondern auch ertragen werden müssen, wer weiß, wie lange.

Frau F. ist 67 Jahre alt. Da ihre Mutter starb, als sie 16 war, und sie die älteste von vier Kindern war, wurde es für sie zur Selbstverständlichkeit, die Hausfrau- und „Mutterrolle“ zu übernehmen, neben ihrer Berufsausbildung. Mit knapp 30 heiratete sie einen Studenten, finanzierte sein Studium. Die Trennung erfolgte nach sieben Jahren – und Frau F. war ab diesem Zeitpunkt Alleinerziehende einer Tochter. Zwei feste Beziehungen folgten, die endeten, weil Frau F. nie aus der „Bemutterungsrolle“ heraus kam: die Männer flüchteten, ebenso die Tochter, zu der sie schon über viele Jahre keinen Kontakt mehr hat.

So weit ihr Vergangenheitsrucksack.

In der Beratung öffnete Frau F. ihren Gegenwartsrucksack:

Er ist voller Ängste, Zweifel, Selbstvorwürfen, Schuldgefühlen. Sie hat keine Kraft mehr, ihre „Rucksäcke“ zu (er)tragen. Ihre Rückenschmerzen sind chronisch, ebenso ihre Depressionen. Was sie noch „hält“, sind einige wenige Bekannte und einige Bücher über „positives Denken“ und Esoterik.

Und manchmal öffnet sie auch ihren Zukunftsrucksack mit Perspektiven, die ins Leere laufen, mit Gedanken, ihr Leben habe keinen Sinn mehr, mit dem Wunsch, ihrem Leben eine Ende zu machen.
> Frau F.: ein „Normalfall", ein Therapiefall? Eine unter vielen.

Die Aufarbeitung von belastenden und konfliktträchtigen Situationen aus der Lebensgeschichte findet in *Normalfällen* in beratenden Settings statt, da es sich nicht um Heilungs-, sondern um Klärungsprozesse handelt. Wir sind zwar nicht total immun gegen Kränkung, aber in Grenzen können wir doch sagen: *Wer mich kränkt, bestimme ich.*

Dazu gehört auch die Fähigkeit, sich immun zu machen gegen Angriffe, gegen Beschimpfungen, gegen ausufernde „Widerstände", gegen Vorwürfe und Schuldzuweisungen. (Näheres siehe V: Von wem ich mich beleidigen lasse, bestimme ich.)

In zwischenmenschlichen Auseinandersetzungen und bei Verhärtungen, vor allem dann, wenn seelische Verletzungen entstehen, werden Empfindungen und Gefühle mit bestimmten Reaktionen ausgelöst, die sich meist folgendermaßen zeigen können: Wut, Hass, Enttäuschung, Schmerz, gelähmt sein oder „Schock", Trauer, Isolation, mit Reaktionen wie z. B. Klärung, weil die Verbindung wieder aufgenommen werden möchte; Rückzug, um sich zu schützen; Aggressionen, um sich zu rächen.

Dass auch Hassgefühle dabei entstehen können, löst bei vielen Menschen tiefstes Erschrecken bis totales Entsetzen aus. Beim Sender (z. B. Eltern): „Was bin ich für ein Mensch, der hasst, sogar die, die ich liebe." Beim Empfänger (z. B. Partner): „Wie kannst du mich hassen, da ich dich doch liebe?"

Aber auch Hassgefühle (gekoppelt mit destruktiven Gedanken) sind die (pervertierten) Bindeglieder in zwischenmenschlichen Beziehungen, im Gegensatz zur Gleichgültigkeit und Interesselosigkeit, durch die die Verbindungen reißen.

Deshalb sind die Wahrnehmung und Akzeptanz auch von belastenden Gefühlen und Gedanken wichtig im Umgang mit den sie auslösenden Handlungen, denn: Gefühle sind u. a. „Motor" unserer Handlungen, die wir nur verstehen und sozialverträglich ausführen können, wenn wir um die Hinter- und (manchmal auch) Abgründe Bescheid wissen.

SELBST-Betrachtung
Wie sind Ihre Erfahrungen in Konfliktsituationen mit Konfliktlösungen?
Sie haben Konflikte lösen können, weil... Sie konnten sie nicht lösen,
weil...

Konflikte können auch entstehen, wenn die Freiheit von Menschen durch
andere beeinträchtigt, beschnitten oder geraubt wird und wenn sie an Grenzen stoßen. Ein Thema, das die Menschen im Kontext von Erziehung und
Beziehung besonders tangiert:

Freiheit innerhalb von Grenzen

*Über den Verhaltensforscher Konrad Lorenz gibt es folgende Anekdote: Er hatte
auf seinem Privatgrundstück viele Tiere zur Beobachtung, die er in einem Areal
einzäunte, damit seine Kinder vor ihnen geschützt waren. Als die Tierschar größer
wurde, drehte er den „Spieß" um, zäunte seine Kinder ein und ließ die Tiere frei
(die nicht davon liefen, weil sie sich an ihren „Herrn" gewöhnt hatten).*

An diese Geschichte denke ich ab und zu, wenn es um die (ziemlich einhellige) Meinung von Eltern, Erzieher/innen und Lehrer/innen geht, dass Kinder
Grenzen brauchen. Sie meinen damit, dass man ihnen Grenzen setzen muss,
damit sie sich nicht selbst schaden und auch andere und anderes nicht (be-)
schädigen. Kinder allerdings sprechen nicht davon, dass sie Grenzen *brauchen*. Wer sie beobachtet, erlebt, dass sie an Grenzen *stoßen*, wie Erwachsene auch.

Es ist unbestritten, dass unser Leben begrenzt ist und dass viele Menschen
von sich aus Grenzen selbst bestimmend setzen, zu ihrer Abgrenzung und zu
ihrem Schutz (und *den* brauchen vor allem Kinder, weil sie noch nicht in der
Lage sind, sich selbst zu schützen).

Meine Frage lautet deshalb: Wie gehen wir mit den vorgefundenen Grenzen um und wie setzen wir sie sinnvoll (für uns) und sozialverträglich (in
Bezug zu anderen) ein?

Unsere Erfahrungen führen zur Erkenntnis, dass es Grenzen gibt. Nur in
der Vorstellung, beispielsweise eines Weiterlebens nach dem Tod, im Glauben an ein ewiges Leben, oder in unseren Wünschen, Hoffnungen, Ängsten
und Sehnsüchten, also in unserer Fantasie oder in unseren Träumen ist das
Leben unbegrenzt.

Meine Sicht: Ich fühle mich immer dann wohl, wenn es mir gelingt, meine eigenen Freiräume und Grenzen in einer Balance zu halten und zugleich die Freiräume anderer zu achten. Für *deren* Grenzziehung bin ich nicht verantwortlich. Wichtig ist mir, meine „Freiheit *innerhalb* von Grenzen" zu leben. Das bedeutet für mich in zwischenmenschlichen Beziehungen zweierlei:

1 Ich lote meinen eigenen Freiheitsraum aus und zeige anderen meine Grenzen, falls sie daran stoßen: Meine Gartenzäune, meine abgeschlossenen Türen zeigen nicht die Grenzen anderer auf, sondern die eigenen, zum Schutz für mich und als Signal für sie.

2 Ich akzeptiere den Freiheitsraum anderer und helfe ihnen (falls von ihnen gewollt) beim Suchen und Finden ihrer Grenzen. (Das können Kinder *und* Erwachsene sein.) Ferner gebe ich Rückmeldung, wenn sie – aus meiner Sicht – in Grenzbereiche kommen, die für sie schädlich sind – oder ich verhindere Schädigungen.

Diese beiden grundsätzlichen Verhaltensweisen verdeutliche ich anhand zweier Rollenspiele:[47]

a. *Ich zeige meine Grenzen: Ich bitte A, auf mich zuzugehen, bis er an mich stößt, wobei ich die Arme verschränkt habe. Seine Erfahrung: Er stößt an meine Grenze (=Arme, Körper).*

b. *Ich weise auf Gefahren hin: Ich sage zu B, dass ich an einem Abgrund (= Bild für eine Gefahrenstelle) stehe und B könne entscheiden, wohin sie/er gehen möchte. Bleibt B vor dem Abgrund stehen, ist es o.k.; will sie/er weitergehen, breite ich die Arme aus und stelle mich in den Weg. Ich weise, als achtsamer Mitmensch, auf Grenzen hin und schütze B.*

In diesem Experiment zeigt sich, dass es um Beziehungen und um Grenzerfahrungen auf beiden Seiten geht, die generell alle Menschen betreffen und nicht nur auf Kinder beschränkt sind: Eigene Grenzziehung als persönliche Abgrenzung und Selbstschutz – und bewahrende und beschützende Grenzziehung für andere (die besonders Kinder oder andere Schutzlose brauchen).

---

[47] Ich führe sie öfters bei Vorträgen oder Seminaren durch zum Thema: Erziehung – Beziehung, wenn es darum geht, wie man mit Grenzen und Begrenzungen umgeht. Dabei spielt es keine wesentliche Rolle, ob es sich um Kinder, Jugendliche oder Erwachsene handelt: nur die Beispiele oder Rollen sind entsprechend verschieden.

Beispiele

Frau T., Freundin eines Bergsteigers, macht ihm keine Vorwürfe wegen der, wie sie meint, für ihn riskanten Touren. Sie zeigt ihm nicht seine Grenzen auf. Aber sie sagt ihm sehr klar: „Ich halte es nicht mehr aus, wenn ich dich – aus meiner Sicht – in Gefahr weiß. Wenn ich daran denke, wie du alleine in einer Bergwand hängst und wenn ich mir vorstelle, dass du in einen Wetterumsturz geraten könntest. Da komme ich an meine Grenzen des Aushaltens."

Ein kleines Kind „tobt" in der gesamten Wohnung umher. Die Grenze der Mutter: Sie befürchtet, es könnte sich verletzen und Teile der Einrichtung könnten beschädigt werden. Deshalb geht sie mit ihm in einen anderen Raum, in den Garten, in eine Sporthalle.

Peter trommelt seit Längerem mit der Colabüchse auf die Schulbank. Der Lehrer bittet ihn zunächst aufzuhören, was nicht geschieht. Der Lehrer stößt an seine Grenze: Er erreicht Peter nicht; er kann den Unterricht nicht mehr weiterführen. Deshalb unterbricht er den Verlauf; wartet ab, setzt sich an das Pult; arbeitet mit den anderen weiter; geht mit ihnen in einen anderen Raum... (= Der Lehrer agiert autonom und ist nicht von Peters Verhalten abhängig.) Peters vermutliche Motive: Unlust im Unterricht; Peters Erfahrung: wenn ich mich nicht einfüge, dann bleibe ich isoliert.

Frau B., 47, lebt mit ihrer Mutter gemeinsam in einer Wohnung. Sie kommt an ihre Grenzen, weil die Mutter ihr ständig sagt, wie sie den Haushalt zu führen habe, nämlich so, wie die Mutter es früher tat. Ihre Grenzziehung der Mutter gegenüber: Von „Ich höre, was sie von mir fordert, tue aber nur das, was ich selbst für richtig halte"... bis: „Dann suche ich mir halt eine eigene Wohnung."

Die Beispiele zeigen:

1 Die Grenzziehenden handeln autonom; sie *be*ziehen sich auf das Gegenüber, *er*ziehen es aber nicht. Das Gegenüber erfährt deren Grenzen – was auch Folgen für die Grenzzieher selbst hat – und agiert entweder einsichtig, verständnisvoll, sucht nach Vereinbarungen oder geht eigene Wege.

2 Grenzerfahrungen zwischen Menschen sind grundsätzlich konflikthaft, sind gleichzeitig rational und emotional besetzt. Grenzen sind lösbar, entweder auf einer oder auf beiden Seiten. Falls sie für

die Betreffenden unlösbar sind, haben diese die Möglichkeit, andere Richtungen einzuschlagen und alternative Wege zu gehen.

3 Wenn das Begrenzen aus der Grundhaltung der Liebe (und nicht der Macht) kommt, dann ist Begrenztwerden aus der Erfahrung heraus, geliebt zu werden, innerlich annehmbar(er), auch wenn die Begrenzungen in der konkreten Erfahrung nicht immer sofort und ohne weiteres akzeptierbar sind: Wer beispielsweise etwas verboten bekommt, wird schwerlich in Jubel ausbrechen und nicht immer unmittelbar Vertrauen zu den Verbietern haben können.

Die Ausbildung der Selbstwahrnehmung und des Selbstbewusstseins wird nicht verhindert durch Einschränkungen und Begrenzungen, sondern durch die Art und Weise der Vermittlung seitens der Begrenzenden.

Menschen erleben Grenzen auf zwei Ebenen:

Auf der personalen Ebene, indem sie erfahren, was sie selbst können und was (noch) nicht; was sie sich zumuten können und was (noch) nicht; wozu ihr Körper und ihre Seele fähig ist und wozu (noch) nicht. Sie erleben Grenzen, physisch und psychisch. Erst wer die eigene Begrenztheit kennen gelernt hat, bekommt auch ein Gespür für die Begrenztheit anderer.

Auf der sozialen Ebene, indem sie in zwischenmenschlichen Beziehungen erfahren, dass es außerhalb von ihnen Grenzen gibt, und dass sie an Grenzen anderer stoßen.

Was Kinder betrifft, so erkunden sie von klein auf die Welt; sie probieren aus, wie weit sie gehen können; sie schauen hinter Grenzen oder über Begrenzungen; sie überschreiten sie; sie entdecken Neuland. Dass ihre Freiheit Grenzen hat, die dort beginnen, wo die Grenzen anderer Menschen beginnen, erfahren sie durch ihr Tun. Eltern sind in diesem Stadium aufmerksame Beobachter, hilfreich Schützende, notwendige Warner und ggf. auch selbstbewusste Verhinderer.

Im Laufe ihres Lebens lernen Kinder, Jugendliche und Erwachsene, mit ihrer Freiheit und mit ihren Grenzen umzugehen und erfahren dabei auch, dass Wachsamkeit, Rücksichtnahme und gegenseitiger Respekt förderliche und sozialverträgliche Verhaltensweisen sind:

Als Frau N., berufstätig und allein erziehend, abends nach Hause kommt, sieht sie, dass ihre beiden Kinder bereits den Tisch gedeckt und für sie drei etwas gekocht haben: „Wir haben uns überlegt, was wir machen können, weil du am Abend immer so kaputt bist", lautet ihr Begrüßungssatz. Die Mutter ist ganz gerührt und nimmt sie in die Arme. „Und deshalb werden wir jetzt zweimal in der Woche für das Abendessen zuständig sein", sagen sie (voller Freude und Stolz).

> Die beiden haben erkannt, dass die Mutter an ihre Grenzen gestoßen ist und nehmen darauf Rücksicht. (Sie könnten auch nur an ihre eigenen Freiheitsräume denken und machen, was sie wollen.)

Schon beim Betreten des Klassenzimmers merken die Kinder, dass es ihrem Lehrer heute nicht gut geht. Heute ist er ganz bleich im Gesicht.

Der Lehrer will unbedingt noch diese Stunde durchhalten und setzt sich hinter sein Pult. Den Kindern gibt er Stillarbeit, um sich etwas auszuruhen.

Nach einigen Minuten geht ein Mädchen zum Lehrer und sagt: „Gell, Ihnen geht's nicht gut!? Wissen Sie was, legen Sie sich doch auf unsere Couch in der Leseecke." Und schon führt sie ihn an der Hand, andere kommen hinzu: der eine holt ein Kopfkissen, die andere eine Decke. Im Nu sind sie wieder auf ihren Plätzen, arbeiten weiter, manchmal zu ihm blickend.

Der Lehrer braucht etwas Zeit, um sich an diese für ihn völlig neue Situation zu gewöhnen.

Vor allem aber merkt er, dass es auch ohne ihn geht, wenigstens vorübergehend. Und die Schüler? Sie sind richtig stolz, dass sie keinen Aufpasser brauchen und ohne ihren Lehrer arbeiten.

> Was die Kinder betrifft: sie könnten nur an sich denken und froh sein, dass der Unterricht ausfällt.)

Der Leiter einer Ausbildungsstätte muss bereits während der Ausbildungszeit einem Azubi mitteilen, dass er für den Beruf X nicht geeignet ist. Er tut dies offen und fair, fragt ihn auch nach anderen Möglichkeiten und baut ihm Brücken für seine weitere Zukunft. Der junge Mann ist sehr geknickt, sagt aber dennoch am Ende des Gesprächs: „Ich hab's mir eigentlich auch schon gedacht, dass ich es nicht schaffen werde, hab mir es aber nicht eingestehen wollen."

> Grenzbereiche für beide. Für den Leiter: Es fällt ihm schwer, dem Azubi diese Mitteilung zu machen (= Er stößt an die Grenze seiner Kommunikationskompetenz.) Für den Azubi: Es fällt ihm wiederum schwer zu akzeptieren, dass er für den Beruf nicht geeignet ist (= Er stößt an die Grenzen seiner beruflichen Fähigkeiten.)

Menschen gehen sehr unterschiedlich mit Freiheit und Grenzen um auf Grund ihrer Herkunft, ihrer Erziehung und Prägung, ihrer gesamten Persönlichkeit. Vom „Typ" her sind sie risikoarm oder risikofreudig, ängstlich oder mutig, scheu oder forsch, durchsetzend oder ausgleichend, bewahrend oder veränderungsbereit. Deshalb haben sie oft sehr differenzierte und unterschiedliche Vorstellungen und Ansichten von Freiheit, Freizügigkeit, Verantwortung, Sicherheit, Grenzen und Grenzenlosigkeit:

- *„Brotlose Kunst" nennen Menschen diejenigen Berufe, die finanziell nichts einbringen. Sie selbst brauchen Sicherheit. Freiberuflich sein wäre für sie nicht auszuhalten.*
- *„Nur kein Beamter sein", sagen andere, weil sie sich in der Gestaltung ihres Arbeitsplatzes eingeengt fühlen.*
- *Freiberufler sind auf der einen Seite froh, selbstständig arbeiten zu können; andererseits leiden sie öfters darunter, kein sichereres Einkommen zu haben.*
- *„Was nützt es mir, als Arbeitsloser frei zu sein und machen zu können, was ich will, wenn mir dazu die nötigen Geldmittel fehlen", sagte Herr S.*

Es geht aber meistens um mehr als „nur" um finanzielle Sicherheit. Es geht um die Gestaltung ihres Lebens in Freiheit innerhalb von Grenzen, um Selbstbestimmung oder bestimmt werden, um verantwortliches Leben in dieser Freiheit und um Toleranz gegenüber der Freiheit anderer.

Menschen entscheiden sich beispielsweise, ob sie ihre Freiräume als Single oder in Partnerschaft gestalten wollen. Ob sie eine führende Position in ihrem Beruf einnehmen wollen mit großen Entscheidungsfreiräumen oder ob sie lieber das tun, was man ihnen vorschreibt. Und sie verhalten sich so, dass ihre Freiheit dort aufhört, wo die der anderen beginnt.

Es ist beeindruckend, was Menschen aus ihren Freiräumen machen und wie sie mit ihren Grenzen umgehen:

- *Eine Freundin, die häufig Bühnenmusik schreibt, sagte mir: „Je weniger Instrumente ich zur Verfügung habe, desto kreativer werde ich, trotzdem gute Musik zu komponieren."*
- *Wenige Striche auf einem Bild sagen oft mehr aus als ausgefüllte Flächen: die Freiheit des Künstlers in der Gestaltung seiner Arbeiten und die des Betrachters gegenüber seinen Werken.*
- *F-A-E nannte Brahms eine seiner Sonaten: Frei, aber einsam, war sein Motto.*

- *„Ich verdiene als Landwirt nicht viel und habe unvorhergesehene Einbußen", sagte mir ein Bekannter, „aber ich bin mein eigener Herr. "*
- *Es ist allgemein bekannt, zu welch kreativen Leistungen beispielsweise Kriegsgefangene in der Lage waren: aus Wenigem wahre Kunstwerke zu schaffen*

Die Welt, seit Jahrtausenden voll von Beispielen

der Grenzüberschreitung: physischer und psychischer Missbrauch, Eroberungs- und Glaubenskriege, Gefangenennahme, Völkermorde, Ausbeutung, Umweltzerstörung

der Freiheitsgestaltung: Kunstwerke in den Bereichen Architektur, Malerei, Literatur, Musik; Entdeckungen, Forschungen, Fortschritte in Wissenschaft und Technik, in Medizin; Ausflüge in das Innere des Menschen (Psychologie) und in das Weltall; und zwischenmenschlich potente Mäzene, großzügige Sponsoren, hilfreiche Bürgerstiftungen.

Der Mensch, ambivalent im Umgang mit Freiheit und Begrenzung: Er stellt Zäune auf, um sich zu schützen, die ihm gleichzeitig den Weg in die Freiheit versperren. Glücklich ist, wer den richtigen Schlüssel (gefunden) hat, um das Tor zur Freiheit zu öffnen und geeignete Wege wieder in das schützende Haus zu finden, und wer sich in einer dynamischen Balance bewegt zwischen den Polen gelebte Individualität in Freiheit und Leben in Verbundenheit mit anderen:

Einer meiner Freunde: „Meine Familie beansprucht mich sehr; ab und zu nehme ich mir eine Auszeit, fahre in die Berge oder zum Segeln. Ich genieße das Alleinsein, die Freiheit, aber nicht lange; dann spüre ich wieder Sehnsucht nach meiner Familie und freue mich, wenn ich wieder daheim bin. "

Eine Witwe schrieb mir: „Mein Mann hatte noch so viel vor. Wir machten Pläne, was wir alles unternehmen würden, was er wegen seiner vielen Arbeit nicht unternehmen konnte. Doch dazu kam es nicht mehr. Er verunglückte tödlich. "

Menschen begegnen sich, seien sie Kinder, Eltern, Schüler, Lehrer, Vorgesetzte, Untergebene, Freiberufler oder Angestellte, finanziell begütert oder nicht, abhängig und/oder unabhängig. reiselustig und/oder heimattreu, gefangen in ihren eigenen Zwängen oder befreit von ihnen. Ihre Lebenserfahrungen, Lebenswirklichkeiten, ihre Sonnen- und Schattenseiten, erfreuliche Ereignisse und schwere Schicksalsschläge hinterlassen Spuren, besonders emotionale Prägungen. Diese so unterschiedlichen Vergangenheiten können sich in der Gegenwart in ihren Beziehungen äußerst harmonisch bis zutiefst problematisch auswirken. Es ergeben sich sanfte Berührungen genauso wie auch heftige Zusammenstöße.

Auf Grund der Art und Weise ihrer Lebensgeschichten setzen Menschen Grenzen, gewähren sich und anderen Freiräume, bestimmen Schicksale oder ermöglichen Entfaltungen, indem sie beispielsweise

- sich großzügig geben, gerade weil sie selbst streng und eng erzogen worden sind
- loslassen, weil sie physisch und psychisch Einengungen erfahren haben
- festhalten, weil sie Angst haben, andere zu verlieren und weil sie selbst Alleingelassene waren
- offen sind, weil sie die Verschlossenheit von Menschen als bedrückend empfunden haben
- kontrollieren, aus Hilflosigkeit und Angst, es würde ihnen alles entgleiten
- verstehen, weil sie selbst von Eltern, Lehrern, Freunden verstanden worden sind
- rigoros handeln, weil man mit ihnen auch rigoros umgegangen ist.

Es gibt keine Linearität, keine Kausalität, kein „Wenn…, dann…" in menschlichen Biografien allgemein und in der Erziehung im Besonderen:

Linearität: Obwohl Eltern bis zum Überdruss darauf bestehen, dass ihre Kinder die Wege einschlagen, die sie selbst gegangen sind (und vorgelebt haben), gehen diese ganz andere.

Kausalität: Obwohl (oder gerade weil?) Kinder und Jugendliche in einem sozialintegrativen und politisch wertkonservativen Milieu groß geworden sind, suchen sie andere Milieus auf, beispielsweise rechtsradikale Gruppen, Linksparteien oder kriminelle Vereinigungen.

„Wenn..., dann": Obwohl Kinder und Jugendliche in armen Verhältnissen groß geworden und/oder sozial verkümmert aufgewachsen sind, haben sie sich aus diesen Milieus befreit, haben es zu Wohlstand gebracht und sind selbstbewusste und einfühlsame Zeitgenossen geworden. Oder, ganz anders: Sie haben sich zu egoistischen, rücksichtslosen und ausbeuterischen Menschen entwickelt, gerade weil sie unter ihrer schlimmen Kindheit und Jugend gelitten und jetzt alles nachholen wollen.

Menschen, die Freiheiten suchen, auf Grenzen stoßen und sie überschreiten, brauchen auf ihren oft unübersichtlichen, wirren und gefährlichen Lebenswegen starke Begleiter, die sie schützen, die ihnen Orientierung geben, die Grenzpfähle markieren, auf Folgen der Überschreitung hinweisen und die ihnen bei schädigendem Verhalten (Um-)Lern- und Veränderungshilfen geben.

Freiheit innerhalb von Grenzen: Für verantwortungs- und rücksichtsvolle Menschen ist sie Chance und Herausforderung, kreative Unternehmungen, Reisen ins Ungewisse mit schmerzlichen und erfreulichen Erfahrungen, mit Frustrationen ebenso wie mit Glücksmomenten zu machen. Und, was die zwischenmenschlichen Beziehungen betrifft, das Gefühl zu haben, ihr Leben ist sinnvoll, wenn sie mit sich und anderen, trotz möglicher Konflikte, friedlich leben.

SELBST-Betrachtung

Erfahrungen seit Ihrer Kindheit: Haben Sie eher Freiräume angeboten bekommen und gestalten können oder sind Sie eher mit Einschränkungen, Appellen, „Gebotstafeln" Verboten konfrontiert worden?

Ihr Verhalten als Erwachsene anderen gegenüber: Sind Sie eher ein Zulasser, Ermöglicher, Frei-Räumer oder ein Grenzzieher, Freiheitsverhinderer?

Erziehende zeigen anderen deren Grenzen auf.
Beziehende zeigen anderen ihre eigenen Grenzen auf.

V. Miteinander reden können

Ich kann nie sicher wissen,
wie das, was ich gesagt habe,
beim Gegenüber ankommt.

Reinhold Miller

Wie sieht sie aus, die erziehungsfreie Beziehung, habe ich im IV. Kapitel gefragt und darauf Antworten gegeben. Zu wissen, wie sie aussieht, genügt aber nicht. Deshalb kommt es besonders auf den Zusammenhang an zwischen förderlicher Kommunikation und gelungenen Beziehungen, das eine als günstige Bedingung für das andere.

Es ist wie mit einem neuen Auto: was nützt es, wenn man es hat, aber nicht damit fahren kann. Deshalb bin ich in diesem Kapitel Ihr Fahrlehrer oder auch Ihr Coach, Ihr Kutscher, der die Aufgabe hat, die Kutsche mit Ihnen sicher ans Ziel zu führen, und zwar, indem ich

- Ihnen zeige, wie Sie klar und sozialverträglich miteinander reden können
- Ihnen Übungsvorschläge mache, wie Sie vom Wissen zum Können kommen.

Dabei übernehme ich u. a. die Rolle eines Trainers und setze voraus, dass Sie mitmachen, um den „kommunikativen Führerschein" zu erhalten. Von wem? Von Ihnen selbst natürlich!

Ping-Pong-Spiele ohne Verlierer

Das Sprichwort „Reden, wie einem der Schnabel gewachsen ist" interpretiere ich so, dass Menschen reden, wie ihnen gerade zumute ist, unverblümt, ungekünstelt, natürlich. Oder auch: Verbal oder nonverbal kann sich jeder (gesunde) Mensch mitteilen, wo auch immer und zu wem auch immer.

Miteinander reden, sprachlich oder nicht sprachlich, jedoch hat eine andere Qualität, weil aus dem Rede-Solo, aus dem Monolog ein Dialog wird, ein

151

„Zwiegespräch", eine Wechselrede. Für mich ist das wie ein Ping-Pong-Spiel, ein emotionales wie rationales Hin und Her, jedoch nicht mit dem Ziel zu gewinnen, sondern mit Motiven wie Freude an Gesprächen, Interesse an den Partnern, Austausch von Sichtweisen und Meinungen, Durchführung kommunikativer Arbeitsprozesse, Zunahme an Erkenntnissen, Beseitigung von Unklarheiten, Konflikten und Störungen.

Damit das Ping-Pong-Spiel gelingen kann, braucht es menschliche Fähigkeiten wie Ich-Stärke, Wahrnehmungsfähigkeit, Respekt und Wertschätzung, Empathie, Fairness im Denken und Handeln, Sozialverträglichkeit, schließlich auch Grenzziehung.

Diese Fähigkeiten müssen gelernt werden, in der Familie durch Nachahmen von Vorbildern, in der Schule im Bereich des Sozialen Lernens, im Beruf durch Erfahrung und Fortbildung, und: sie brauchen zeitlebens „Wartung" und Pflege, wie viele andere menschlichen Phänomene auch.

Dieses „Ping-Pong-Spiel" hat grundsätzlich zwei Varianten:

die spontane, die sich aus dem Augenblick heraus im Alltag ergibt: ein Plausch, ein Tratsch; zwischen Tür und Angel; konventionell („Schönes Wetter heute") oder unkonventionell, meist unreflektiert; Kontakt aufnehmend, Beziehungen vertiefend, auch wenn Reden und Zuhören nicht immer in der Balance sind.

die geplante, bei der es um vielschichtige Mitteilungen, einfache oder komplizierte Sachverhalte, um Gefühlsäußerungen, Probleme, Konflikte, Belastungen, Erkundungen, Klärungen, um Reflexion und Lösungsorientierung geht, häufig in der Form von Diskussion und Diskurs, Debatte und Dialog.

Für das geplante Gespräch allerdings braucht es in den meisten Fällen eine Vorbereitung, damit es Erfolg hat. Ich nenne vier Aspekte:

1 Die Organisation: Zeit, Ort, Raum, Rahmenbedingungen; Sachstand und ggf. Problemstellungen; Absichten, Ziele, Wünsche und eventuell Lösungsvor-schläge: Gute Planung gibt Sicherheit, reduziert Störungen, bringt Klarheit und ist förderlich für ein gutes Gesprächsklima.
2 Die Klärung der eigenen Befindlichkeit: körperliches und seelisches Befinden; Belastungen und Entlastungen (z. B. durch kurze mentale

Übungen): Bei Magendruck oder unter Ängsten lassen sich schwerlich gute Gespräche führen.

3 Die Klärung der Beziehung: Einstellung zum Gegenüber (Wertschätzung, Ablehnung, Distanz, Nähe) und Empfindungen/Gefühle. Mit Misstrauen, Aggressionen, Geringschätzung in Gespräche zu gehen ist – was den humanen Umgang betrifft – genauso sinnlos wie unter Zwang zu stehen. Eine erfolgreiche Art des „Spielens" braucht die innere Zustimmung und äußere Zuwendung zum Gegenüber (die man u. U. erreichen kann, wenn man sich innerlich so „justiert", dass man blockadefrei ins „Spiel" geht):

Statt Blockaden	*besser Brücken*
- O Gott, schon wieder der, die...	- Ich stelle mich auf ihn ein.
- Nicht zum Aushalten...	- Ich nehme wahr, hör zu.
- Ich kann ihn/sie nicht ausstehen.	- Ich verschiebe das Gespräche, delegiere.
- Ich komme mit ihr/ihm nicht klar.	- Ich thematisiere die Schwierigkeiten.
- Ich schaue ständig auf die Uhr .	- Ich konzentriere mich auf das Gegenüber.

4 Die Grobstruktur mit mindestens vier Phasen, in denen deutlich wird

– was jeder beabsichtigt, welche Ziele er hat (und sie transparent macht)
– um welche Themen und Inhalte es geht
– welche Lösungen angestrebt werden
– welche Vereinbarungen getroffen werden.

Vielleicht fragen Sie sich an dieser Stelle, ob diese „Mehrfachvorbereitung" wirklich nötig ist – oder Sie denken: Hab ich noch nie gemacht; klappt doch auch ohne; ist eine Spinnerei von Fachleuten… Kann ich denn überhaupt nicht mehr „normal reden"?

Welche Meinung Sie auch immer haben mögen: Unbestritten ist, dass Rhetorik- und Kommunikationsseminare boomen (seriöse wie unseriöse). Die Gründe dafür, die ich in fast 40 Jahren professioneller Arbeit eruieren konnte, sind folgende (aufgeführt in der Reihe der Gewichtung, von „häufig" bis „selten"):

- Konflikte mit anderen, persönliche Belastungen, Zeichen von Burnout
- Probleme in der Familie oder am Arbeitsplatz
- Beendigungen von Unfrieden, Auseinandersetzungen, Streit
- Suche nach Alternativen zu Durchsetzungsstrategien und Schlagfertigkeit
- Kompetenzerweiterung, Entlastung im Beruf
- Persönlichkeitsbildung, Persönlichkeitsentwicklung

Alle haben erkannt, dass die „normale Gesprächsfähigkeit" nicht genügt, dass die kommunikative Kompetenz kein Selbstläufer ist und dass es eines kontinuierlichen Trainings bedarf, um „am Ball zu bleiben" und um einvernehmlich und erfolgreich zu kommunizieren.

Übung I
Überprüfen Sie, wie häufig Sie „einfach so" Gespräche führen, wie es gerade kommt, ohne Ziele und ohne innere Gliederung.
  Überlegen Sie dazu im Nachhinein: Wie waren der Verlauf, die Ergebnisse, der Erfolg? Wie haben Sie sich gefühlt? (sicher, unsicher, „schwimmend", klar?)

Übung II
Führen Sie ein Gespräch, das Sie vorher geplant/strukturiert haben. Vergegenwärtigen Sie sich während des Gesprächs immer wieder die vorab geplante Struktur.
  Überlegen Sie im Nachhinein: Wie waren der Verlauf, die Ergebnisse, der Erfolg? Wie haben Sie sich gefühlt? (gegängelt, unfrei, sicher, klar?)

Da es nicht ums Gewinnen geht, sondern darum, die „Bälle" so über das Netz zu bringen, dass das Gegenüber sie auch erreicht, heißt das: kein Tricksen, keine Finten, keine Raffinesse, keine verdeckten Aufschläge, kein „über den Tisch ziehen", keine Diplomatie, sondern

Klarheit und Transparenz

Ich zeige drei Verhaltensweisen, um sie zu erreichen:

1 *ICHzen statt DUzen*
Wenn einer oder beide Gesprächspartner aufgebracht und gestresst wirken, dann lautet die Regel: Emotionalität vor Sache! (= Grobstruktur ade, sie aber im „Hinterkopf" behalten).

Und nun kann's losgehen – wobei im Start bereits eine Falle steckt, die sog. „Vorwurfsfalle": Bitte nicht hineintappen und mit Vorwürfen beginnen, sondern mit dem, was Ihnen selbst auf dem Herzen liegt. Ich nenne diesen Startvorgang „ICHzen". (Andere Fachleute nennen ihn „ICH-Botschaften" = Ich sage etwas von mir.). Denn hinter Ihren Vorwürfen stecken immer Ihre eigenen Meinungen. Diese können Sie direkt mitteilen:

Statt DUzen:	ICHzen:
- Vater zu Tochter: „Schon wieder bist DU so spät nach Hause gekommen."	„ICH hatte Angst um dich, dass dir etwas passiert sein könnte."
- Mutter zum Lehrer: „SIE gehen viel zu schnell mit dem Stoff vor."	„ICH habe die Sorge, dass unser Sohn nicht mitkommt."
- Kollege: „DU hast da völlig unrealistische Erwartungen an mich."	„ICH kann das, was du von mir erwartest, so nicht erfüllen."
- Vorgesetzter zu Mitarbeiter: „SIE kümmern sich zu wenig um den Betrieb."	„ICH brauche Ihre Mitarbeit und Ihr Engagement."
- Partner: „Dauernd kommst DU zu spät."	„ICH möchte nicht immer auf dich warten."

Was Du über mich sagst, sagt mehr über dich aus als über mich.

(Du-/Sie-Aussagen sind selbstverständlich in Ordnung, wenn es sich um Beschreibungen handelt, z. B.: Du hast deinen Schlüssel liegen lassen. Danke, dass Du mir geholfen hast. Du bist gestern im Kino gewesen. Mir ist aufgefallen, dass Sie eine neue Frisur haben.

Auch die „Wirologie" ist ein Hindernis im „Ping-Pong-Spiel":

„Wir werden morgen operiert", sagt der Chefarzt zum Patienten. Da fragt dieser: „Was, Sie auch?"

„Wie geht's uns *denn heute?", fragt die Krankenschwester. „Wie's Ihnen geht", antwortet der Patient, „weiß ich nicht. Aber mir geht's heute miserabel."*

Es gibt keinen „Wir-Dialog", sondern nur einen „Ich-Du-Dialog", in dem zwei (oder mehrere) ICHs miteinander reden. Das „Wir" eines Gesprächspartners vereinnahmt den anderen und nimmt dessen Entscheidungen voraus; deshalb:

Statt: „Wir..."	*„Ich..."*
- „Wir sollten uns auf jeden Fall darüber unterhalten."	„Ich möchte mit dir unbedingt darüber reden."
- „Wir schreiben jetzt alle einen Aufsatz."	„Ich gebe euch jetzt das Aufsatzthema bekannt und bitte euch, es zu bearbeiten."
- „Wir *sollten* jetzt *alle* wieder zur Sache kommen."	*„Ich möchte* jetzt gerne wieder zur Sache kommen und *bitte Sie...*"
- *„Wir sollten* jetzt *vielleicht* einmal das Thema wechseln."	*„Ich möchte* jetzt ein neues Thema anschneiden und schlage vor..."

(Das „Wir" ist stimmig, wenn es um Sachklärungen geht und um Beschreibung von Ereignissen: Wir sind gestern spazieren gegangen. Wir waren im Konzert...)

Übrigens: Es gibt auch das MANzen: *„Man* sollte…" (was genauso ICH-verschleiernd ist wie das DUzen). Es verhindert die

2 Direkte Rede

Menschen bevorzugen bisweilen unangemessen den Konjunktiv oder benutzen das „Man". Dadurch kann sich das Gegenüber nur schwerlich auf das Gegenüber einstellen:

Indirekte Sprechweise	*Direkte Sprechweise*
- *„Man* sollte nicht immer gleich jedes Problem durch die Brille des Psychologen sehen."	*„Ich* sehe nicht jedes Problem sofort durch die Brille des Psychologen. Für *mich* ist diese Sicht zu einseitig."
- „Ich *würde* sagen, dass *man* dies auch noch anders sehen *könnte.*"	*„ Ich* habe hier eine andere Meinung und sehe dies deshalb anders."
- „Ich würde meinen wollen(!), dass…"	„Ich meine es folgendermaßen:"
- „Ich *darf* die Gelegenheit benützen…"	*„Ich* benütze die Gelegenheit…"

- „Sie *sollten* nicht dauernd das Wort ergreifen."

„*Ich möchte* jetzt ebenfalls meine Meinung sagen *und bitte Sie*, mir zuzuhören."

- „*Vielleicht könnten* Sie mir jetzt *mal ein bisschen* zuhören."

„*Ich möchte* weiter sprechen und *bitte* um Ihre Aufmerksamkeit."

- „*Eigentlich* gehört es sich nicht, so zu reden."

„*Mir* missfällt dieses Gespräch. *Ich* fühle mich verletzt."

Vielleicht ist Ihnen noch der Satz (aus der Kindheit?) in Erinnerung: Sei doch nicht so direkt! Sei diplomatisch – oder: Sei höflich!

Bei dem Wort höflich assoziiere ich höfisch = so, wie „man" bei Hofe gesprochen hat in Anwesenheit des Königs, nämlich untertänig.

Ich bevorzuge Klarheit und Direktheit in meinem *Senden*, weil ich mich nicht verstecken will (= Ich entscheide, was ich sage oder worüber ich schweige.) und weil dadurch mein Gegenüber Bescheid weiß, aufgeklärt" wird und dementsprechend reagieren kann.

Ich bin (nur) für mein Senden verantwortlich, nicht aber für das Ankommen. Deshalb habe ich mein Gegenüber im Auge, damit ich erspüren kann, wie viel es an Direktheit verträgt. Ich dosiere meine Mitteilungen entsprechend, gehe achtsam und rücksichtsvoll mit ihm um.

Wenn ich in meinen Aussagen klar und direkt bin, so bekomme ich meist zweierlei Arten von Rückmeldungen:

Die eine: „Mensch, bist du aber direkt." Im Sinne von: Jetzt bin ich überrascht, erstaunt; das ist für mich neu, ungewohnt... bis hin zu: Ich bin erleichtert. (Nur selten fühlen sich Menschen vor den Kopf gestoßen, obwohl ich nicht gestoßen habe.)

Die andere: „Toll, jetzt weiß ich, wie ich mit dir dran bin." Im Sinne von: Ich bin einschätz- und berechenbar, was eine günstige Voraussetzung für den anderen ist, sich zu öffnen.

Zu beachten ist, dass es sich bei manchen Rede-„Wendungen" um übliche Sprachtraditionen oder -konventionen handeln kann. Das Übliche und Gewohnte ist dann durchaus authentisch und leichter zu dekodieren, weil es bekannt ist. Achtsamkeit gilt vor allem auch dann, wenn Personen verschiedener Kulturen aufeinander treffen.

3   Reduzierung von Fragen[48]

Durch Fragen kann beim Empfänger das Gefühl entstehen, ausgefragt oder kontrolliert zu werden, oder sie verstärken seine Fantasien. Er weiß nicht, was mit diesen Fragen gemeint ist. Aussagen hingegen fördern die Klarheit in zwischenmenschlichen Beziehungen.

Im Aussage-Dialog findet ein symmetrischer Austausch von Mitteilungen statt, während er im Frage-Antwort-Spiel asymmetrisch verläuft: Der Fragende bestimmt Richtung und Inhalt des Gesprächs und ist gleichzeitig abhängig von dem Fragenden. Zudem sind Fragen auf der *Beziehungsebene* meist keine wirklichen Fragen, sondern verschleierte Aussagen:

Fragen	*Dahinter liegende Aussagen*
- „Herr Meier, wie lange dauert Ihr Vortrag denn noch?"	Ich kann nicht mehr zuhören. Ich kenne das meiste schon.
- „Frau X., wird die Klassenarbeit schwer?"	Ich habe Angst, sie nicht zu schaffen.
- „Kommst du heute an der Apotheke vorbei?"	Ich brauche das Medikament Y.
- „Liebst du mich noch?"	Ich bin mir nicht mehr so sicher, ob…

Ursache der Verschleierung: Menschen verwechseln Klarheit mit Unhöflichkeit. Und manche von ihnen haben Angst, direkt zu sein, weil man sie mehrmals „abblitzen" ließ, wie beispielsweise diesen kleinen Jungen:

Er sagt häufig, meist nach dem Essen, dass er Hunger habe. Der Mutter ist das lästig und er bekommt häufig zur Antwort: „Warte bis zum Abendessen!" u. ä. Weil ihm die Abfuhr unangenehm, ist, hört er nach einiger Zeit auf, seine Bedürfnisse mitzuteilen und fragt: „Mama, wann gibt es denn Abendessen?"

Menschen, die Bedürfnisse, Wünsche haben, teilen sie als Aussagen mit. Wenn sie merken, dass diese bei ihren Mitmenschen unpassend sein könnten, schalten sie auf Fragen um (weil sie für sie in Beziehungen „ungefährlicher" sind):

---

[48] Bodenheimer, Aron R.: Warum? Von der Obszönität des Fragens. Stuttgart (Reclam) 5. Aufl. 1999. Der Autor versteht hier das Wort Obszönität nicht im sexuellen Kontext, sondern er vertritt die These, dass Fragen den Befragten bloß stellt, also obszön handelt.

Frau X fragt ihren Chef, ob er mit ihr zufrieden ist. – Und meint eigentlich: Ich möchte von ihm gelobt werden – und könnte sagen: Ich brauche mehr Anerkennung meiner Arbeit.

Herr Y sagt zu seiner Frau: „Du, ich bin heute Abend weg; weiß nicht, wann ich heimkomme." Sie fragt: „Wo gehst du hin? Mit wem triffst du dich? Wann kommst du zurück?" Und will eigentlich sagen: Ich möchte gerne mit dir den Abend verbringen. – Ich mache mir Sorgen, wenn du so spät heimkommst. – Ich habe die Vermutung, du könntest ein Verhältnis haben...
> Lieber echt aussagen als unecht fragen

In bestimmten Kontexten sind Fragen ggf. funktional notwendig (z. B. als Impuls), konventionell, „alltagstauglich", vereinfachend oder wichtig, vor allem dann, wenn es um Klarstellung und Klärungen geht, oder darum, Wissen zu überprüfen, z. B.: Lehrer gegenüber Schülern, Trainer gegenüber Trainierenden, Ärzte gegenüber Patienten – unter der Voraussetzung, dass Fragende ihre Absichten und Ziele transparent machen, wie nachfolgendes Beispiel zeigt:

Ich habe es einige Male erlebt, dass Ärzte mich darauf aufmerksam machten, dass sie im Verlauf der Untersuchung einige Fragen an mich stellen müssten, um Genaueres über meine Krankheitsgeschichte zu erfahren.
> Hilfreich ihre Transparenz; meine Fantasien reduzierten sich oder verschwanden.

Bloßstellen können jedoch Fragen wie „Warum kommst du so spät?" – „Warum hast du nicht aufgepasst?" – „Schämst du dich denn nicht?" – „Sind Sie noch zu retten?" – „Wissen Sie denn das nicht?" – „Warum haben Sie denn das nicht bemerkt?" – „Kannst du dich denn nicht anständig benehmen?" (Wobei vor allem der „Ton die Musik macht")

Übung I
Wo auch immer Sie Gelegenheit haben, Gespräche wahrzunehmen, auf der Straße, im Restaurant, im Kino: Konzentrieren Sie sich auf Fragen, die Sie hören. Z. B.: Warum traust du mir denn das nicht zu? – Wieso haben Sie mich denn nicht informiert? – Warum weinst du denn? – Warum hast du mich denn nicht gefragt? – Bleibst du heute Abend lange weg? – und vermuten Sie die dahinter liegenden „eigentlichen" Aussagen.

Übung II

Bitten Sie jemanden, Sie während einiger Gespräche zu beobachten und Ihre Fragen zu notieren. Im Anschluss folgt dann eine gemeinsame Reflexion und Bewertung: sinnvolle Fragen, Scheinfragen, klare Aussagen ...

SELBST-Betrachtung

Meine Fragen als *Coach* an Sie in diesem Buch unter „SELBST-Betrachtung" sind funktional, als Impuls und als Reflexionshilfen gemeint. Es kann jedoch auch sein, dass manche von Ihnen sie als ausfragend oder appellierend auffassen.

Welche Art von „kommunikativem Ping-Pong-Spiel" bevorzugen Sie?

Sind Sie mehr ICHzer oder DUzer?

„Wer fragt, stellt bloß.", lautet die These von A. Bodenheimer. Ihre Erfahrungen als Befragte, als Fragende?

Vielleicht denken Sie jetzt, dass es bei solcher Art von Ping-Pong-Spielen, in denen es keine Sieger und Verlierer gibt, ziemlich langweilig zugehen muss.

Meiner Erfahrung nach kann es genauso gut das Gegenteil bewirken, wenn die „kommunikativen Bälle" anders landen, als man will, und dadurch auch die Reaktionen des Partners ganz anderes ausfallen können. Deshalb:

Auf alles gefasst sein

Wir können nicht sicher wissen, wie unsere Nachrichten beim Gegenüber ankommen und was sie bei ihm auslösen/bewirken. Der Sender hat keine Gewissheit darüber, wie seine Botschaft beim Empfänger ankommt.

Jede empfangene Botschaft ist das Konstrukt des *Empfängers*. Denn unser Hören und unser Verstehen sind geprägt durch Variablen wie genetische Disposition, Persönlichkeitsstruktur, soziales Umfeld, Fantasien, die eigene Lebensgeschichte, der jeweiligen Kontext, zwischenmenschlichen Erfahrungen, die Art der Beziehung, die persönliche Befindlichkeit, die Sprache/der Dialekt, die momentane Situation, die Hörgewohnheiten:

Als gebürtiger Bayer frage ich eine Gruppe von Hamburgern, mit der ich arbeite, ob sie mich denn verstehen würde und ob ich mit meinem Dialekt so weiter sprechen könne wie bisher – und bekomme von einer Teilnehmerin lächelnd zur Antwort: „Reden Sie nur so weiter! Ihr Dialekt erinnert mich immer an Urlaub."

Weil das Gesagte häufig so „ganz anders" beim Gegenüber ankommt und weil wir keine Macht darüber haben, ob und wie Menschen unsere Nachrichten hören, brauchen wir den Dialog und die Rückmeldung, nach dem Motto: „Sag mir, was du gehört hast, damit ich dir sagen kann, ob ich es auch so gemeint habe!"

Die Mutter fragt besorgt ihre Tochter, ob sie denn auch genügend warm angezogen sei. „Geht dich doch nichts an!" bekommt sie zur Antwort. „Bin ich ein kleines Kind?"
> Sorge gemeint, Kontrolle empfunden

Im Religionsunterricht fragt der Lehrer die Schüler, ob sie denn vor dem Essen zu Hause beten würden, worauf einer antwortet: „Nee, unsere Mutter kocht gesund." Darauf der Lehrer: „Sag, willst du mich verarschen?"
> Der Schüler meinte es ernst. Der Lehrer fühlt sich nicht ernst genommen.

Herr P. gibt seiner Sekretärin einen von ihr geschriebenen Brief mit seinen Korrekturen zurück. Sie ist froh darüber und bedankt sich. – Herr F. handelt ebenso. Allerdings reagiert seine Sekretärin unwirsch und fühlt sich gekränkt.

Es ist die jeweilige Lebensgeschichte mit all den Erinnerungen, Erfahrungen, Gefühlen, die das Hören und Aufnehmen bestimmen, die gleichsam „dazwischenfunken" und dreinreden, wenn Menschen miteinander sprechen: Angenehmes, Unangenehmes, Erfreuliches, Unerfreuliches, Bloßstellungen, Verletzungen, Kränkungen aus der Vergangenheit werden wach, werden aktiviert.

Was Menschen aktivieren, haben wir nicht in der Hand und darüber keine Verfügung. Deshalb gehört zum Senden von Nachrichten auch das Bewusstsein, „auf alles gefasst zu sein". Dadurch gibt es höchstens Überraschungen für den Sender („Das hätte ich jetzt nicht gedacht, dass du so reagierst."), aber weitaus weniger Verletzungen oder Kränkungen.

Auf alles gefasst sein:

In einem Speisesaal einer Akademie frage ich eine Dame, die alleine an einem Tisch sitzt, ob dies hier der Vegetarier-Tisch sei, worauf ich in schnippischem Ton zur Antwort bekomme: „Warum, sehe ich so aus?" – Nach einer kurzen Unterhaltung mit ihr erfahre ich, dass Sie meine Botschaft nicht als Informationsfrage, sondern als „Frotzelei" und „Anmache" deutete.

Ein junges Paar: SIE kocht; ER kommt in die Küche, guckt ihr über die Schulter und fragt: „Was kochst du denn da?" Sie dreht sich um und sagt unwirsch: „Das geht dich doch nichts an!"

> ER ist über ihre Reaktion erschrocken, IHR tut sie leid – und es stellt sich heraus, dass sie nicht ihren Partner „wahrgenommen" hat, sondern ihren, sehr kontrollierenden, Vater. (von damals).

„Haben Sie Abitur?" fragt eine Frau respektvoll Herrn K., weil dieser so „gescheit" reden kann. Darauf er zu ihr: „Ich bin Ihnen doch keine Rechenschaft schuldig über meine Schulbildung."

Um das, was beim anderen ausgelöst wird, nicht zu übergehen, sondern es eventuell aufzugreifen und verständnisvoll zu reagieren, ist es wichtig, „kleinschrittig" zu kommunizieren. Für mich ist dies auch ein Akt des Respekts vor der Lebensvielfalt des anderen, vor seinen Gedanken, Gefühlen, Ansichten, die ich ernst nehme. Zudem braucht das Gegenüber Zeit zum Aufnehmen, „Verdauen" und Antworten. Auf das „Ping-Pong-Spiel" übertragen heißt das: Dem Gegenüber nicht die Bälle hintereinander Schlag um Schlag um die Ohren hauen, sondern ihm Gelegenheit geben mitzuspielen, und das heißt: auf beiden Seiten „Ball um Ball", oder, generell: Satz für Satz, Schritt für Schritt.

Als seine Tochter beruflich nach London ging, hatte der Vater eine Menge von Fantasien über die „Großstadtgefahren". Als sie bei ihm zu Besuch war, begann er während eines Spaziergangs ein Gespräch mit dem Satz: „Du, ich mach mir Sorgen um dich." (Pause) Sie blieb stehen, schaute ihn an, hakte sich unter und antwortete: „Echt, ist das wahr? (Pause) Er: „Ja, weil ich so gar nicht weiß, wie du dort zurechtkommst und jede Menge Fantasien hab; was man halt so liest." (Pause) Da begann sie zu erzählen – und er hörte ihr einfach zu...

> Kein Vorwurf von ihm, kein Abblocken von ihr; beiderseits ICHzen, beide authentisch.

Gespräche kann man allerdings nicht erzwingen – und zum „Miteinander spielen" gehören immer zwei.

Was macht ein gutes Gespräch aus?
Die Partner wollen miteinander reden; sie wissen, was sie vorhaben, bereiten sich vor bzw. stellen sich auf das Gegenüber ein. Sie ICHzen (= sprechen

direkt von sich); unterlassen Vorwürfe und Vereinnahmungen in Form von Wir-Formulierungen. Sie stellen nicht bloß durch Scheinfragen oder Abwertungen; sie respektieren sich und ihre Ansichten; sie suchen nach Lösungen. Das ist aber alles nicht so einfach als nur so zu reden „wie einem der Schnabel gewachsen ist". Gespräche sind differenzierte und komplexe Gebilde zugleich. Deshalb: den „Schnabel" gesprächsfähig machen.

Ein Freund, der, wie ich, auch zu den Wanderern von der Erziehung zur Beziehung gehört, schickte mir aus dem Sommerurlaub eine Karte mit folgendem Text:

Früher:	Jetzt:
- Zur Tochter: „Susi, komm, trau dich: wir tauchen noch mal!"	„Susi, ich möchte gerne mit dir noch mal tauchen."
- Zum Sohn: „Jan, die Sandburg hast du aber toll gemacht."	„Jan, in deiner Sandburg würd' ich auch am liebsten wohnen."
- Zur Frau: „Helga, du hast schon wieder die Sonnencreme vergessen."	„Helga, ich brauche dringend die Sonnencreme."

> Statt Appell ICHzen; statt Lob persönliches Befinden; statt Vorwurf Selbstmitteilung

Sachlich bleiben geht nicht

Ich höre öfters von Menschen den Satz (vor allem, wenn's heiß hergeht): „Bleiben Sie doch sachlich!" Oder: „Gefühle sind hier nicht gefragt." Bietet sich die Gelegenheit, dann spreche ich das Thema an (Sache vs. Gefühl) oder ich denke mir: Wie wohl das Gefühl dessen lautet, der diesen Appell an andere richtet? (Sorge, Unbehagen, Angst?)

Nach einer Sitzung sagte mir in der Nachbesprechung der Leiter, er habe deshalb mehr Sachlichkeit eingefordert, weil er Angst hatte, das Ganze würde ihm entgleiten. „Ich muss doch alles im Griff haben."
> Wie bei einem Eisberg: sichtbar die Sache, darunter die Gefühle.

Verständlich der Wunsch nach Trennung von Sache und Gefühl, ja sogar nach seinem Ausschluss, wenn man mit Sachen besser umgehen gelernt hat als mit Gefühlen. Leider ist dieser Wunsch nicht erfüllbar, weil Sachen und

Gefühle eines Menschen nicht zu trennen sind. Das wäre so, als wenn Sie den Wunsch hätten, heute Ihr Herz und Lunge aktiv sein zu lassen, aber der Leber und der Niere eine Pause gebe. Ihre einzelnen Organe sind im Gesamtorganismus nicht auszuschalten (ausgenommen bei entsprechenden Krankheiten).

Was tun?
Zur Sache kommen, wo es um Sachlichkeit geht und die dabei ausgelösten Gefühle wahrnehmen. Ob man sie dann auch als Emotionen äußert, hängt von dem subjektiven Bedürfnis, der Situation, den beteiligten Personen und dem gesamten Kontext ab:

Die Leiterin einer Arbeitsgruppe einer großen Firma wird verbal von einigen Anwesenden angegriffen. Sie unterbricht das Thema, wendet sich an sie mit den Worten: „Ich bitte Sie dringend, Ihre Angriffe zu unterlassen und Ihre Ansichten sachlich darzulegen, und auch das, was Sie möglicherweise persönlich ärgert, falls Sie es wollen."
> Einforderung der Sachlichkeit, offen für Gefühlsmitteilungen. Die eigenen bringt sie nicht zur Sprache, weil es für sie in dieser Situation nicht notwendig war.

Unbehagen taucht dann auf, wenn statt der Gefühle Affekte (= unkontrollierte Emotionen) ins Spiel kommen, meist in Kombination mit Vorwürfen und Abwertungen: diese sind belastend, die Sache gefährdend und destruktiv (siehe V: Von wem ich mich beleidigen lasse, bestimme ich.):

Der Meister in einem Betrieb staucht einen Lehrling zusammen, weil er „so einen Scheiß produziert hat", worauf dieser selbstbewusst antwortet: „Bitte reden Sie nicht so mit mir, sondern erklären Sie mir, wie ich es besser machen kann." Der Meister sagt nichts, entfernt sich und sagt später zu dem Jungen: „Ich hab mich halt furchtbar geärgert und ich hatte Angst, du könntest die Maschine demolieren."
> Vordergründig die Beschimpfung, hintergründig die Sache (Maschinenbeschädigung) und seine Gefühle (Ärger, Angst).

Verstand und Gefühl gehören zusammen, wobei die Gefühle, was die Intensität betrifft, sogar Vorrang haben. Dass sie nicht immer zur Sprache kommen und als zweitrangig gelten oder gar verdrängt werden, hat sehr viel mit dem Kulturkreis zu tun, in dem wir leben und mit der entsprechenden Erziehung, die wir erfahren haben: Sei tapfer! – Lass dich nicht so gehen! – Reiß dich zusammen! – Heulsuse! – Sei nicht so empfindlich!

Gespräche finden auf der Sach- *und* der Gefühlsebene statt. (Oder, wie häufig auch formuliert wird: auf der Sach- und Beziehungsebene.) Wichtig ist es, ein Gespür dafür zu entwickeln, die Ebene des Senders zu hören, die er *aktiviert* (= die vorrangig ist), um dann entsprechend verständnisvoll antworten zu können.

Das kann entweder die Sachebene (S) sein und/oder die Gefühlsebene (G)/die Beziehungsebene (B) sein, die durch Emotionen[49] ausgedrückt werden:

In einem Kommunikationskurs berichtete ein Teilnehmer, dass es ihm sehr schwer fällt, hinsichtlich bestimmter Personalentscheidungen, die er treffen muss, die Reaktionen der anderen auszuhalten: „Immer ist jemand gekränkt, denn ich habe nicht für alle Bewerber Stellen zu vergeben." Im Klärungsprozess war es ihm sehr hilfreich, den Unterschied zu erkennen, ob er selbst durch sein Tun (z. B. bloße Sachlichkeit) jemanden kränkt – oder ob die jeweilige Person sich durch die gerechtfertigte Sachentscheidung gekränkt fühlt.

> Die Lösung: Sachlichkeit und Gefühle in der Balance halten. Beide haben hier Platz.

Die Tochter sagt in weinerlichem Ton zu ihrem Vater, während sie Hausaufgaben macht: „Ich kapier' das ja doch nie." (S(G) Er antwortet einfühlsam: „Kann ich dir helfen?" (B).

Eine Freundin sagt zu Ihnen: „Ich bin so aufgeregt, weil ich morgen ein Bewerbungsgespräch habe." (G) Und Sie: „Ui, das würde mir genauso gehen wir dir." (B)

---

[49] Unterscheidung: Emotionen sind der *Ausdruck* von Gefühlen:

Gefühle:	*Emotionen:*
Angst	sich zurückziehen; davonlaufen
Trauer	weinen; stumm sein
Freude	umher hüpfen; jemanden umarmen
Wut	auf den Tisch hauen, brüllen

In einem Schauspiel sehe ich folgende Szene: Ein Mann liegt blutüberströmt am Boden. Eine Frau und ein Mann sehen ihn. Die Frau: „Wie geht es dir?" (B) Der Mann: „Wer war das?" (S)

> Die Frau mit Gefühl auf der Beziehungsebene, der Mann mit Verstand auf der Sachebene.

Ob das bei Männern und Frauen immer so unterschiedlich ist?

Der Mann kommt abends nach Hause. Seine Frau fragt: „Schatz, wie geht's dir denn?" (B)

Später dann: *„Was hast du denn heute alles gemacht?" (S)*

Die Frau kommt abends nach Hause. Ihr Mann fragt: „Schatz, was hast du denn heute alles gemacht?" (S) Später dann: „Wie geht's dir denn?" (B)

> Wir sind auf beiden Ebenen unterschiedlich zu Hause. Gut, dies zu wissen, wenn wir miteinander reden.

Und ergänzend:

Gefühle kann man auf dreierlei Weise mitteilen. Denken Sie z. B. an Wut:

1 Sie *sagen* (einigermaßen im Normalton), dass Sie „eine Wut haben". Diese Art nenne ich „Handbremsevariante", weil man das Gefühle nicht (aus-)lebt, sondern „nur" benennt.

2 Sie vermitteln Ihr Gefühl mittels entsprechender Worte: „Verdammt, so ein Scheiß; mir stinkt's; ich hab eine Sauwut… „Oder: Sie kriegen einen roten Kopf; schlagen mit der Faust auf den Tisch. Diese Art nenne ich die „Emotionalvariante", weil man die Gefühle *emotional* durch Worte oder Tätigkeiten ausdrückt.

3 Sie sagen nicht nur, dass Sie sie wütend sind, sondern Sie *zeigen* diese Gefühle auch, allerdings „sozialunverträglich": jemanden anbrüllen, Sachen beschädigen (wie Klinsmanns Fußtritt an die Papptonne! Erinnern Sie sich?) Diese Art nenne ich „Affektvariante", weil sie unkontrolliert ist.

> Für welche Variante Sie sich jeweils entscheiden, hängt von Ihrer Veranlagung (Ihrem „Typ") ab, von der Stärke Ihres Gefühls, von Ihrer momentanen Stimmung und vom Kontext, in dem Sie sich befinden.

Übung

Bitte reagieren Sie auf folgende Verhaltensweisen verständnisvoll und gehen Sie auf die *Emotionen* des Gegenübers ein:

–   Ihre Tochter wirft voller Wut ihr Mathebuch auf den Boden.
> Bitte nicht selbst wütend sein: „Heb sofort das Buch auf!" Mein Vorschlag: „Ganz schön sauer, was?"

–   Ihr Sohn weint, weil er bei einem Wettbewerb keinen Preis bekommen hat.
> Bitte nicht bagatellisieren: „Kann jedem passieren." Mein Vorschlag: „Schade! Und du hast dich sooo darauf vorbereitet."

–   Ihre Frau, Ihr Mann sagt: „So ein Mist, jetzt müssen wir wegen des Wetters schon wieder den Ausflug verschieben."
> Bitte nicht appellieren: „Jetzt reg dich doch nicht auf!" Mein Vorschlag: „Und du hast dich sooo gefreut. Ich auch."

–   Ihr Mann, Ihre Frau: „O je, morgen muss ich zum Zahnarzt."
> Bitte kein Appell: „Sei nicht so wehleidig!" Mein Vorschlag: „Au Backe!" Und dazu Griff an die eigene oder, behutsam, an die Backe Ihrer Frau/Ihres Mannes

–   Eine Kollegin/ein Kollege in Ihrer Arbeitsstelle: „Jetzt bin ich schon wieder nicht befördert worden, Scheiße…"
> Bitte nicht: „Dann bewirb dich halt nochmals!" Sondern?

SELBST-Betrachtung
Wo sind Sie mehr zu Hause: auf der Sachebene, auf der Beziehungsebene oder ausgewogen auf beiden?
Wir Menschen teilen uns auf der Sachebene und auf der emotionalen Ebene mit. Verstand und Gefühl haben aber auch noch eine andere Sprache, nämlich die des Körpers:

Die Sprache des Körpers

Empirische Untersuchungen haben ergeben, dass der Anteil der nonverbalen Kommunikation (NVK) innerhalb der gesamten menschlichen Kommunikation etwa 70% bis 80% beträgt. Die Gründe dafür liegen in unserer Evolutionsgeschichte:

Die vorsprachliche Kommunikation war für das Leben, Zusammenleben und Überleben von größter Bedeutung. Die Verständigungszeichen haben sich (über die Muskeltätigkeit) äußerst verfeinert und stark ausgeprägt, ebenso unsere Wahrnehmungsfähigkeit, um beispielsweise Nähe oder Ferne, Distanz oder Distanzlosigkeit, Zuwendung oder Abwendung, Freundlichkeit oder Bedrohung, Angriff oder Flucht zu signalisieren.

Der Körper	*... und seine Signale*
Augenstellung/Blickkontakt	offen bis geschlossen
	(positive oder negative Bekräftigung)
Gesichtsausdruck/Mimik	angespannt bis entspannt
	(inneres Erleben)
Stimme/Sprechweise	laut bis leise, hoch bis tief, hell bis dunkel,
	langsam bis schnell
	(Stimmung)
Körperhaltung	aufrecht bis zusammengesunken
	(innere Haltung)
Gestik, Position der Arme	ruhig bis heftig
	(Bekräftigung des Inhalts, der Stimmung)
Gang, Position der Beine	langsam bis rasch, von geschlossen bis offen
	(Standfestigkeit, Beweglichkeit)

> Eine Geste sagt oft mehr aus als tausend Worte.

Auch wenn es bestimmte Erfahrungen und Konventionen bezüglich der NVK gibt (z. B. signalisieren verschränkte Arme – angeblich – Verschlossenheit), so ist es doch äußerst problematisch, die wahrgenommenen Signale des Senders zu „schubladisieren" im Sinne von: Weil deine Körperhaltung so und so *ist*, deshalb *bist* du so und so... Es hat sich immer wieder erwiesen, dass die Botschaften zu individuell und komplex sind, als dass sie mit Sicherheit entschlüsselt werden könnten. In zwischenmenschlichen Beziehungen können mitunter erhebliche psychische Verletzungen entstehen, wenn Menschen, anstelle von Wahrnehmung und Beschreibung ihre Bewertungen und Urteile über die Wirklichkeit von anderen abgeben und pseudoobjektive Zuschreibungen vornehmen.

> Es gibt keine Objektivität in der Wahrnehmung und Kommunikation von Menschen. Dafür aber den Austausch von Subjektivitäten.

Montag, 1. Stunde in der Schule: Janine(14) hat während des Unterrichts ihre Augen geschlossen und wirkt, als ob sie schlafe. Der Lehrer geht auf sie zu, schüttelt sie und sagt barsch: „Na, hast wohl eine tolle Nacht hinter dir!?" Janine beginnt zu weinen und ist nicht mehr ansprechbar.

Dem Lehrer tut es sehr leid, so gehandelt zu haben: er entschuldigt sich in der Pause bei ihr und erfährt, dass ihre Mutter im Krankenhaus ist und sie den Haushalt für ihren Vater und zwei kleinere Brüder versorgen muss... und das am ganzen Wochenende.

> Verständlich die Müdigkeit der 14jährigen Janine; verletzend der Satz des Lehrers.

Ich habe (auf Grund einer chronischen Nervenentzündung) öfters Schmerzen, wenn ich beim Stehen die Arme längere Zeit hängen lasse. Deshalb verschränke ich sie bisweilen, was mir Erleichterung und Entspannung bringt.

> Wer dies nicht weiß, kann rasch auf den Gedanken kommen, ich sei verschlossen.

Um Vor-Urteile zu vermeiden und um den Menschen in ihrer Subjektivität gerecht zu werden, sind – grundsätzlich – folgende Schritte fair und angemessen:

1 die nonverbalen Signale wahrnehmen und *beschreiben*
2 mitteilen, welche *Wirkung* diese auf Sie haben
3 die *subjektiven* Deutungen/Interpretationen/Vermutungen mitteilen
4 rückfragen/sich vergewissern (Klärung im Dialog): Stimmen meine Wahrnehmungen mit deiner Befindlichkeit/Wirklichkeit überein?

Ich mache in Gruppen, die diese Schritte noch nicht kennen, folgendes Experiment:
Ich setze mich in einer bestimmten Haltung vor sie (meistens die des „Denkers" von Rodin) und bitte die Teilnehmenden zu notieren, was sie an mir sehen... Nach etwa einer Minute rufe ich die Notizen ab. Die Ergebnisse sind immer wieder die gleichen: Die meisten haben Wirkungen notiert (müde, gelangweilt, gedankenverloren, traurig...) Einige nennen Interpretationen (ist abwesend; hat keine Lust...) Nur wenige beschreiben: nach vorne gebeugte Haltung, Kinn in Hand gestützt...

Übung
Beobachten Sie eine Person, beschreiben Sie, was diese nonverbal tut und interpretieren Sie die Verhaltensweisen:

Ihre Beobachtung		*Ihre Interpretation*
a) Blicke:	_____	_____
b) Mimik:	_____	_____
c) Gestik:	_____	_____
d) Körperhaltung:	_____	_____

Anschließend werden Ihre Interpretationen und die Intentionen des Beobachteten miteinander verglichen: Übereinstimmungen, Unterschiede...

Es gibt keine *falsche* oder *richtige* Interpretation. Sie kann allerdings mit der Wirklichkeit des Gesprächspartners übereinstimmen, nahe an ihr oder sehr weit davon entfernt sein.

Die Medienbranche und die Werbung haben sich schon längst die Erkenntnisse der NVK zunutze gemacht. Privat stecken wir noch in den Kinderschuhen: Die nonverbalen Mitteilungen werden zu wenig bewusst wahrgenommen. Dabei weiß man inzwischen, dass bei der Vermittlung von Botschaften seitens des Empfängers die Aufmerksamkeit zuerst auf das Äußere und dann erst auf den Inhalt gerichtet wird:

Beispiel: Sie sehen (als Mann) Nachrichten, die eine für Sie sehr attraktive Frau vorträgt. Da Sie – nachweislich – zuerst auf ihr Äußeres sehen, nehmen Sie den Informationsgehalt erst nach einigen Sekunden wahr: Beziehung vor Sache!

Jedes Mal, wenn ich meiner Nachbarin, Frau H., begegne, taxiert sie mich zuerst von Kopf bis Fuß und beginnt dann erst ein Gespräch mit mir. Von meiner Seite also gleich „mit der Tür ins Haus zu fallen", hätte keinen Sinn. Bevor Frau H. mit mir redet, nimmt sie mich mit ihren Augen wahr.

Wie oft ist mir in meiner Zeit als Lehrer folgendes passiert: Kaum, dass ich begonnen habe zu unterrichten, fragt mich Regina: „Herr Miller, waren Sie beim Friseur?" – sagt Nico: „Sie haben eine neue Hose an." – bemerkt Berke: „Ihre Schuhe sind nicht geputzt." U. ä. m.

Den Augen zum Sehen, den Ohren zum Hören Zeit lassen und den Gefühlen Raum geben.

SELBST-Betrachtung

Lassen Sie sich von einigen Menschen betrachten. Wie viel Unterschiedliches an Beobachtungen wohl von diesen zusammenkommt?

Für Ihre Fantasie: Sie werden von verschiedenen Berufsgruppen wahrgenommen (beobachtet, „taxiert"): von Orthopäden, Friseurinnen, Schneidern, Zahnärzten… Was Sie wohl von denen über sich erfahren?

Elektronisch kommunizieren

Was haben die Körpersprache und die elektronische Kommunikation gemeinsam? Die Vielfalt der Mitteilungsmöglichkeiten. Was macht den Unterschied aus? Es ist die Unmittelbarkeit, die fehlt: berühren, riechen, schmecken; jemanden in den Arm nehmen oder selbst in den Arm genommen werden; seine Tränen trocknen; den Atem hören, den Schweiß abwischen; jemanden pflegen, am Krankenbett sitzen.

Bei der elektronischen Kommunikation befinden sich die Menschen nicht in der unmittelbaren Welt der Begegnung von Person zu Person. Damit bleiben einige Sinne auf der Strecke. Es kann eine Atrophie der Sinnlichkeit bis hin zur Sinnleere entstehen. Wenn ich beispielsweise Briefe schreibe, erlebe ich das Gegenteil, nämlich sinnenhaftes Tun und Sinnhaftigkeit:

Ich denke an den Adressaten. Gefühle an ihn werden in mir wach. Ich nehme einen Briefumschlag in die Hand. Ich klebe eine Briefmarke darauf. Ich halte einen Füller in der Hand und schreibe damit. Ich sehe meine Schriftzüge und lese den Text noch einmal. Ich zeichne einen Blumenstrauß dazu. Ich lege einen Zeitungsausschnitt, ein Foto, eine Trockenblume bei. Wäre ich eine Frau, würde ich vielleicht einen Lippenstiftabdruck auf dem Papier hinterlassen. Ich gehe zum Briefkasten, werfe den Brief ein und hänge meinen Gedanken nach. Ich stelle mir vor, wie der Adressat wohl meinen Brief aufnehmen wird.

Mit etwa 17 Jahren begann meine Leidenschaft fürs Briefeschreiben; seitdem mache ich immer wieder die Erfahrung, dass sich die Adressaten meist sehr freuen, wenn sie einen Brief bekommen.

Ich werde von einer Schülergruppe zu einem Workshop eingeladen. Die Lehrerin ist dabei.

Weil ich die Arbeit mit ihnen sehr intensiv empfunden habe, schreibe ich der Gruppe einen Brief. Keine Antwort, für mich o.k. Einige Zeit später treffe ich die Lehrerin, die mir spontan mitteilt: „Du, dein Brief ging von Hand zu Hand (!). Die haben sich sooo über deinen Brief gefreut. Die Mädchen fanden das wirklich ‚ganz süß' und die Jungen meinten: ‚Echt geil!'"

> Große Freude, einen Brief bekommen zu haben. Einen Brief handschriftlich zu schreiben ist für sie in den meisten Fällen jenseits ihrer Gewohnheit und ihrer Erfahrungen. „Brief"-Freundschaften gibt es auch für sie, allerdings meist in Form von facebook.[50]

Ich schreibe einem Jungen, der als Schülersprecher in der Zeitung ein Interview gab, eine E-Mail (Ich hatte nur diese Adresse.) mit dem Wunsch, ich würde gerne zu ihm Kontakt aufnehmen, worauf ich eine freundliche Antwort bekomme mit der Frage, welches Format ich denn gerne hätte.

> Ich musste mich erst kundig machen, was heutzutage wohl diesbezüglich unter „Format" gemeint ist. In seinem Fall: Telefon, E-Mail, chatten, facebook. Er dachte, wie ich später erfuhr, zunächst überhaupt nicht an eine persönliche Begegnung.

Unlängst sah ich einen mir bekannten Jungen in der Multimedia-Abteilung eines Kaufhauses, in der er mit Freunden am Computer mit Spielen beschäftigt war. Sie zentrierten sich auf den Bildschirm; Beziehungen zwischen ihnen, außer mehrmaligen Blickkontakten, konnte ich nicht feststellen.

> Auf meine Frage zu diesem Verhalten erhielt ich von dem Jungen eine für mich zwar überraschende, aber auch interessante Antwort: „Alleine dort hin zu gehen und alleine zu spielen, macht keinen Spaß", sagte er. Kontakte zueinander über das Medium PC, aber kaum direkte Beziehungen zueinander.

Das persönliche Miteinanderreden gerät dann ins Hintertreffen, wenn die (hierfür erforderlichen) zwischenmenschlichen Begegnungen fehlen: Ohne persönliches Begegnen kein Reden.

Viele Menschen gleichen sie allerdings in anderen Bereichen, durch andere Formen des Sozialkontakts aus: Events, Reisen, Vereinsarbeit, Sport, gesellschaftliche Ereignisse. Es wäre bedauernswert, wenn die elektronischen Kommunikationsmittel die zwischenmenschlich realen Beziehungen überlagerten und diese nur noch als Ergänzungen betrachtet würden.

---

[50] August 2012: Den Zeitungen entnehme ich, dass ein Portugiese, Paulo Magalhaes, 31, das Postcrossing „erfunden" hat. Darunter versteht er das Schreiben und Erhalten von Postkarten „Postcrossing hilft", so seine Ansicht, „die Welt zu verbinden".

Was bleibt – unter der Vorgabe „miteinander reden können"?

Es bleibt die reine *Information* (= auch Einwegkommunikation genannt), die *Kommunikation* als Hin und Her, als Ping-Pong-Spiel via technischer Mittel, und die *Kollaboration* mittels vielfältiger Medien, vorwiegend auf Internetwegen. Diese drei „Großen" bilden die Hauptsäulen innerhalb der „Social media" mit den verschiedenen Formaten wie Weblogs, soziale Netzwerke, Eventportale, Foren, Foto-Sharing, Video-Sharing, Livecasting, Podcasts, Email, Twittern, Chatten, facebook, Schüler-VZ.

Die breite Palette der elektronischen Kommunikation ist auf der einen Seite faszinierend, bietet schier ungeahnte Möglichkeiten, sich zu informieren, sich gedanklich auszutauschen, den Fantasien freien Lauf zu lassen, Kontakte zu pflegen und sich medial zu begegnen.

Auf der anderen Seite beinhaltet sie aber auch eine Reihe von Verhaltens- und Handlungsweisen von Menschen, die schädlich für sie selbst oder für andere sein können: Dauerkontakt mit dem Bildschirm (über viele Stunden am Tag) reduziert direkte persönliche Begegnungen und führt u. U. zur Isolation. Aus Zeitgründen werden schnell Emails abgesendet, andere aber durch deren Fülle schier „erschlagen". Anonymität (beispielsweise in Form von sich verstecken, sich unkontrolliert auskotzen, andere ungestraft verbal oder visuell diskriminieren) ermöglicht zwar totales Outen, verhindert aber direkten Kontakt der Betroffenen mit den Sendern sowie unmittelbare Auseinandersetzungen untereinander und öffnet Tür und Tor für verbalen und visuellen Missbrauch mit hohem Aufforderungs- und Nachahmungscharakter.

Und schließlich kann Kontaktarmut zu gravierenden Folgen führen: Es entwickelt sich kein Gespür mehr für unmittelbare Erlebnisse, Empfindungen und Gefühle. Sexualität wird als Zuschauen und nicht als Beteiligung erlebt; dadurch schrumpft sie zur bloßen Funktionalität von Pornografie und zum bloßen „Anschauungsmittel" zusammen. Selbst-Erfahrungen sinnlicher Lust und vitaler Zwischenmenschlichkeit finden nicht statt.

Was Sinn macht: Die technischen Innovationen mit ihren elektronischen Mittel verantwortlich und sozialverträglich nutzen und benutzen sowie Übernutzungen vermeiden; nach online wieder offline sein; sich der möglichen Gefahren und Missbräuche bewusst werden; prophylaktisch handeln und dort gegensteuern, wo Schädigungen und Beschädigungen (an „Leib und Seele") aufgetreten sind oder auftreten.

SELBST-Betrachtung
Ihre persönliche und elektronische Art und Weise der Kommunikation:
Haben Sie den Eindruck, Sie sind in einer „dynamischen Balance" oder geraten Sie bisweilen in „Schieflage"?

Mensch, ärgere dich nicht!

Ärger hat in zwischenmenschlichen Beziehungen und in Gesprächen eine hohe „Einschaltquote":

1 Die Mutter ärgert sich, weil ihre Tochter nicht im Haushalt hilft.
2 Der Lehrer ärgert sich, weil Schüler keine Hausaufgaben gemacht haben.
3 Der Arzt ärgert sich, weil der Patient die Medikamente nicht eingenommen hat.
4 Die Verkäuferin ärgert sich, weil der Kunde schon zum x-ten Mal fragt, wo denn „in diesem blöden Laden" Gemüsefond zu finden sei.
5 Der Banker ärgert sich, weil der Kunde immer noch nicht „gecheckt" hat, wie er das Formular ausfüllen soll.
6 Die Frau ärgert sich, weil der Mann schon wieder den Einkaufszettel zuhause liegen gelassen und deshalb verkehrte Dinge eingekauft hat.
7 Der Mann ärgert sich, weil er in einen Stau geraten war.

Es gibt immer etwas, worüber wir uns ärgern könnten – und „eigentlich" bräuchten wir uns gar nicht zu ärgern, wenn wir uns bewusst machen, was zu unseren eigenen Aufgaben und was in die Verantwortung anderer gehört.

Erste Variante der Ärgerverarbeitung: Feststellen, wofür *ich* verantwortlich bin und was ich loslasse:

– zu (1): Die Mutter erklärt ihrer Tochter, was es für die Familie für Folgen hat, wenn sie nicht mithilft.
– zu (2): Der Lehrer kommt zur Ansicht, dass die Erledigung der Hausaufgaben in der Verantwortung der Schüler liegt.
– zu (3): Der Arzt ist für das Einnehmen der Medikamente nicht verantwortlich.
– zu:(4): Es gehört zu den Aufgaben der Verkäuferin, es ihm zu zeigen.
– zu (5): Es gehört zu seinem „Job", ihm es zu erklären.
– zu (6): Sie sagt ihm sagt, dass sie dadurch Mehrarbeit hat.
– zu (7): Er atmet durch und stellt sich auf ihn ein.

In vielen Fällen sind es unsere *Erwartungen*, die Ärger in uns auslösen:

Sie ärgern sich, wenn Ihre Erwartungen/Wünsche an andere von diesen nicht erfüllt werden. Die anderen jedoch tragen nicht die Verantwortung für Ihre Erwartungen und (Gefühls-)Reaktionen. Erwartungen sind fälschlicherweise – so haben wir es von früh an gelernt – an Erfüllung geknüpft. Aber: Erwartungen sind „nur" Erwartungen. Wären sie an Erfüllungen geknüpft, dann wären es Anweisungen, Befehle.

Zweite Variante der Ärgerverarbeitung: Erwartung als bloße Erwartung sehen oder weniger Erwartungen haben.

Dritte Variante der Ärgerverarbeitung: Vom DU-Ärger zum ICH-Ärger gelangen. Ich zeige diese Variante oftmals durch ein gespieltes Interview beispielsweise mit einem Paar:

Du-Ärger-Antworten	*Du-Ärger wird in den Ich-Ärger übersetzt*
Worüber sich die Frau ärgert:	
- dass du so unordentlich bist	dass ich alles aufräumen muss
- dass du dich zu wenig um den Haushalt kümmerst	dass ich mich um alles kümmern muss
- dass du so ein Morgenmuffel bist	dass ich morgens nicht mit dir reden kann
Worüber sich der Mann ärgert:	
- dass du bei Verabredungen immer zu spät kommst	dass ich so lange auf dich warten muss
- dass du oft sagst, was ich anziehen soll	dass ich mich wie ein kleiner Junge vorkomme
- dass du mich vor anderen korrigierst	dass ich mich bloßgestellt fühle

Der Ärger gegenüber anderen wendet sich und zeigt auf die eigene Person. Aus dem: „Ich ärgere mich über DICH" wird dann ein: „ICH ärgere MICH, weil ICH..." (z. B.) alles machen muss; mich bloßgestellt fühle; mir wie ein Verlierer vorkomme…

Was macht den Unterschied aus?

Beim DU-Ärger bin ich abhängig vom Gegenüber, das heißt: ich ärgere mich so lange (und immer wieder), bis der/die andere das Verhalten geändert hat.

Den ICH-Ärger kann ich ändern, weil ich autonom, indem ich mich oder etwas an mir ändere.

Immer wieder wird auch gefragt, ob oder inwiefern Ärger gesundheitlich schadet oder ob „Dampf ablassen" nicht doch „gesund" sei. Bekannt ist, dass „Ärgerverhalten" zwar den Blutdruck und die Herzfrequenz erhöht und dass Dauer-Ärgerer infarktgefährdeter sind als andere. Ärger ständig hinunter zu schlucken, kann jedoch auch zu physischen und psychischen Verdauungsbeschwerden führen. Ab-und-zu-Ärger jedoch ist gesundheitsverträglich.

Aus mitmenschlicher Sicht sind „Ärgermenschen" sozial unverträglicher, für andere dadurch eher eine Belastung, sind weniger in die Gemeinschaft integriert – und könnten sich in einer „ruhigen Minute" öfters selbst in den Hintern treten.

Es gibt jedoch eine ganze Reihe von Möglichkeiten, wie man Ärger minimieren kann bzw. erst gar keinen bekommt:

Stress meiden: Er ist einer der größten Ärgerauslöser. Es braucht nur eine Kleinigkeit und schon fährt man aus der Haut.

Im Jetzt leben: Wer die Altlasten der Vergangenheit und die Phantasielasten der Zukunft mit sich herumschleppt, hat kaum noch die Kraft für die Reallasten der Gegenwart und ärgert sich womöglich über jede (Belastungs-) Kleinigkeit.

Für Neues offen sein: Wer nicht bereit ist, sich für Neues zu öffnen, ärgert sich über jede Veränderung und bleibt hoffnungslos auf dem „Lernweg" alleine zurück. Veränderungen, auch wenn sie des Öfteren verunsichern oder schmerzen, sind Ausdruck von Lebensfluss und Lebendigkeit.

Realitäten annehmen: Mit klarem Blick sehen, was „Beziehung und Sache" ist, und dass Störungen und Konflikte, Unebenheiten und Reibungen, Gewünschtes und Ersehntes im Zusammenleben mit so vielen und unterschiedlichen Menschen normal sind und zu unserem Alltag gehören

Einstellungen ändern: Realistische Erwartungen haben – und wenn sie sich nicht erfüllen, zu lernen, mit Wünschen zu leben

Anforderungen reduzieren: Anforderungen, die wir an uns selbst haben, übertragen wir bisweilen auf andere – und sind dann verärgert, wenn sie von den anderen nicht erfüllt werden. Ärger minimieren heißt in diesem Zusammenhang, die Anforderungen überdenken und ggf. reduzieren.

SELBST-Betrachtung
Falls Sie ein „Ärger-Typ" sind (= sich und/oder andere ärgern): was hilft Ihnen besonders, Ihren Ärger zu verarbeiten oder gar nicht erst ärgerlich zu werden?

Von wem ich mich beleidigen lasse, bestimme ich

Sie und Ihr Gegenüber an der „kommunikativen Tischtennisplatte": Plötzlich fängt er/sie an, Sie zu *kritisieren*, Ihnen *Vorwürfe* zu machen, Sie zu *beleidigen*: wie blöd Sie spielen würden; welch Falschspieler Sie wären. Er/sie drischt mit „Bällen" auf Sie ein... Die Fairness ist dahin.

Welche Maßnahmen haben Sie zur Verfügung, selbst fair zu bleiben, nicht zurück zu schießen *und* zugleich sich zu schützen?

(1) Umgang mit Kritik
Sie ist kein „Vernichtungsakt" (Er bekam eine *vernichtende* Kritik.), sondern ist faire Rückmeldung über Verhaltensweisen und Handlungen von Menschen auf dem Hintergrund von Interesse an der Sache und Wertschätzung gegenüber der Person. Kritik ist nicht Veränderung *des* anderen, sondern Mitteilung eigener Ansichten *an den* anderen. Förderliche Kritik ist (Lern-)Hilfe und Angebot, Förderung und Unterstützung, Konfrontation und Zeichensetzung, Warnsignal und Grenzziehung. Das ist es, was Sie tun können, um das „Spiel" wieder in Gang zu bringen, vorausgesetzt, der/die andere nimmt Ihr Angebot auf.

Konsequenzen aus Sicht des Kritisierenden

a. Fehler oder Fehlverhalten beschreiben statt bewerten. Hier ist das DU/SIE erlaubt: SIE haben einige Schreibfehler gemacht. DU hast die Scheibe eingeworfen.

b. Fehler oder Fehlverhalten aus der ICH-Perspektive mitteilen: *Ich är-gere mich, weil ... Ich finde es schade, dass ... Ich muss jetzt leider nochmals ...*

c. Wünsche und Lösungen äußern: Bitte sag' mir, wie das passieren konnte, damit ich dich verstehen kann ... Ich bitte Sie dringend ... Ich schlage vor ... Ich hätte gerne ...

Konsequenzen aus Sicht des Kritisierten

a. Vorwürfe durch Transformation (s. u.) entschärfen, indem die eigent-lichen, hintergründigen Botschaften gehört oder vermutet werden und nicht das vordergründig Gesagte

b. Nicht mit Vorwürfen „zurückschießen"; den eigenen Sozial-Schuh anbehalten, anstatt sich den Vorwurfs-Schuh des anderen anziehen.

c. Sich immer wieder bewusst werden: Von wem ich mich kritisieren lasse, bestimme ich. Sich gegen Kritik und Vorwürfe immunisieren und offen sein für die eigentlichen Anliegen des Gesprächspartners: Wer sich nicht getroffen fühlt, kann frei handeln.

(2) Umgang mit Vorwürfen

Aus der Kritik *am* anderen entwickelt sich der Vorwurf *dem* anderen gegen-über. Der Sender sagt nichts über sich aus, sondern artikuliert seine eigenen Gedanken und Gefühle auf Kosten des Gegenübers, zum Beispiel: DU hast ja keine Ahnung. SIE hätten mich anrufen sollen... Warum sind SIE denn immer so vergesslich? Auf SIE ist ja doch kein Verlass...

Hinter diesen Vorwürfen steckt zweierlei: Hinweise auf sachliche Fehler oder persönliches Fehlverhalten des Gegenübers *und* tiefer liegende eigene Enttäuschungen, unangenehme Gefühle, persönliche Verletzungen und Krän-kungen.

Ich habe kaum erlebt, dass Menschen, die kritisiert oder mit Vorwürfen überschüttet wurden, zur Verständigung und Kooperation bereit waren. Es ist, als ob sie einen Zaun um sich ziehen, um sich zu schützen, um ihre Wunden zu versorgen und um sich wieder zu stabilisieren. Negative Kritik und bloßer Vorwurf haben einen zu hohen Preis in zwischenmenschlichen Beziehungen: Abbruch, Rückzug, Verletzungen, Kränkungen, Verhinderung der Wiederaufnahme des Kontakts. Die Chancen sind dahin, um voneinander zu lernen und miteinander zu leben. Wenn es aber gelingt, sich von Zäunen und Mauern zu befreien, ganz zu sich zu finden, sich zu öffnen und *sich* mitzuteilen, dann gibt es echte Beziehungen:

Frau und Herr E. sind in Beratung, um ihre Beziehung zu klären. Sie sprechen über ihre Probleme, ihre Konflikte. Über Jahre angestaute Vorwürfe kommen an die Oberfläche. Nach kurzer Zeit jedoch beginnt die Frau – vorwurfsfrei – „nur" von sich zu erzählen: von ihren Sorgen, von ihre Ängsten vor ihm und von ihren Enttäuschungen, – auch von ihren schönen Zeiten mit ihm. Schließlich bricht ihr ganzer Schmerz durch und sie weint, lange... Der Mann hört zu, völlig überrascht und fassungslos. Es ist ganz still im Raum geworden... Da nimmt der Mann die Hand seiner Frau, hält sie; etwas später gibt er ihr sein Taschentuch. Es ist, als begegneten sie sich ganz neu...
> Keine Kritik, kein Vorwurf, kein Angriff, nichts dergleichen, „nur" das, was die Frau bewegt – und den Mann berührt.

Meine Erfahrung: Wer ganz bei sich bleibt, ermöglicht dem anderen, zu sich zu kommen. Wenn beide ganz bei sich sind, dann erst können sie – so paradox dies klingen mag – aufeinander zugehen, sich gegenseitig wahrnehmen, spüren.

Dann gibt es keinen Streit, keine Vorbehalte und Ängste zwischen ihnen. Das beiderseitige ICHzen ist längst keine bloße Technik mehr, keine Strategie, kein Absichtshandeln, sondern Begegnung von „Person zu Person".

Davon unterscheidet sich gravierend das Verhalten von Menschen, die – besonders unter Stress – dazu neigen, nicht etwas von sich zu sagen, sondern durch harsche Kritik, heftige Vorwürfe oder deftige Beschimpfungen sich auf das Gegenüber zu „stürzen". Dies geschieht meistens im Affekt, also durch unkontrollierte Gefühle, Emotionen und Handlungen:

„Dich bring ich um.", brüllt Peter seinen Freund an und würgt ihn am Hals. Im Gespräch stellt sich heraus, dass der „Freund" ihm seine Freundin ausgespannt hat. „Wie steh ich denn nun vor den anderen da?", sagt er, den Tränen nahe.
> Vordergründig Angriff, hintergründig Not

Ein Vater, Rechtsanwalt, beschwert sich heftig bei der Lehrerin und beschimpft sie, weil sie Schuld sei, dass sein Sohn nach der Grundschulzeit in die Hauptschule müsse statt in das Gymnasium, wie er sich das vorgestellt hatte. Und er schließt mit den Worten: „Wer übernimmt denn dann in 15 Jahren meine Kanzlei?"
> Vordergründig Beschimpfung, hintergründig Hoffnungen, Träume

Frau F. verursacht einen Auffahrunfall. Die Geschädigte, Frau M., steigt aus dem Auto, sieht die eingedellte Seitenwand, geht auf Frau F. los, packt sie am Mantel und schüttelt sie. Dann lässt sie los, geht zu ihrem Auto und sagt unter Tränen: „Mein armer Polo. "
> Vordergründig Affekthandlung, hintergründig Trauer um ihr Auto

Herr T. muss aus Altersgründen in ein Seniorenheim. Sein Sohn kümmert sich um alles, bekommt jedoch von ihm die bittersten Vorwürfe. Eines Tages schreit er ihn an: „Ich enterbe dich, ich enterbe dich, ich enterbe dich. " – Nach einer Weile sinkt er erschöpft in seinen Sessel und fängt an zu weinen.
> Vordergründig Vorwürfe, hintergründig Tränen der Verzweiflung

Wir sind alle mit diesem Muster vertraut: äußerlich geben wir uns bisweilen ganz anders als wir innerlich empfinden:

– Das Kind, das „beleidigt" in der Ecke steht – und sich umguckt, ob nicht doch jemand es beachtet
– Der Mann, der während einer Beerdigung (aus Verkrampfung) zu lachen beginnt, obwohl ihm zum Heulen ist
– Die Frau, die ihren Mann anschreit: „Ich hasse dich." – obwohl sie ihn liebt und verzweifelt ist wegen seiner Beziehung zu einer anderen Frau

(3) Umgang mit Beschimpfungen
Um sich vor Vorwürfen und Beschimpfungsattacken anderer zu schützen, ist ein Schutzschild notwendig. Ich nenne es das *Transformationssystem*, weil die affektiven Handlungen transformiert, „übersetzt" werden in die dahinter liegenden „eigentlichen" Botschaften: Kritik- und Vorwurfbotschaften werden auf Selbstaussagen zurückgeführt. Dies geschieht entweder durch offen gelegte Vermutungen oder durch transparente Fragen.
So entsteht ein dreistufiger Transformationsprozess:

Vom Affekt über die Gefühle zum Problem

1. Affektebene	„Du bist…, Sie sind …"
	Vorwürfe, Beschimpfungen
2. Gefühlsebene	Ärger, Wut, Zorn, Enttäuschung, Verletzung,
	Kränkung
3. Problemebene	Not, Hilflosigkeit

Diese Transformation hat eine „Mehrfachfunktion":

1. Sich selbst vor Angriffen schützen; ggf. Grenzen setzen: Stopp! Nicht in dem Ton! So nicht! Oder: aus dem Feld gehen
2. Das Gegenüber verstehen; dessen Gefühle (be-)achten; „mitschwingen" und Anteil nehmen
3. Mit ihm über seine Probleme, seine Not sprechen (falls er will und es möglich ist, jedoch erst nach dem Akutfall)
4. Durch die drei Ebenen ggf. eigene Affekte kontrollieren, Gefühle wahrnehmen und zu Lösungen kommen

> Von wem ich mich beschimpfen, beleidigen lasse, bestimme ich!
(Ich selbst höre die Beschimpfungen auf der Affektebene inzwischen nur noch akustisch, weil ich weiß, dass der Beschimpfende damit etwas von sich mitteilt. Was genau, erfrage ich nach Möglichkeit.)

Herr N. schreibt mir: „Neulich hat mich jemand ein Riesenarschloch genannt. Da hab ich geantwortet: ‚Halts Maul, du dumme Sau!' Ich weiß, ich hätte anders reagieren können."

Ich schrieb ihm zurück: „Lieber Herr N., da Sie kein Riesenarschloch sind, sondern ein Mensch wie ich auch, muss Herr ‚Jemand' nicht Sie, sondern etwas anderes gemeint haben.

Ich erbitte Anruf zur weiteren Klärung, falls Sie wollen."
> Er rief an – und ich konnte mit ihm über die Anwendung des „Transformationssystems" sprechen.

Übung:

a) Hören Sie sich Vorwürfe und Beschimpfungen anderer an und transformieren Sie sie zu Selbstmitteilungen des Gegenübers.
b) Transformieren Sie Ihre eigenen Vorwürfe bzw. Beschimpfungen an andere in Selbstmitteilungen.

SELBST-Betrachtung

a) Welche Gefühle haben Sie, wenn Sie kritisiert werden?
b) Wie sind Ihre darauf folgenden Handlungsabsichten? (Am liebsten würde ich…)
c) Wie sind Ihre realen Reaktionen?

Was ist, wenn Gefühle in Aggressionen umschlagen und dadurch ein Miteinanderreden erschwert, wenn nicht sogar verhindert wird?

Bist du aber aggressiv!

Was meinen Experten zum Thema Aggression?

Für Singer[51] ist die Leben fördernde Seite der Aggression entwicklungsnotwendig. Sie besteht aus angreifen, sich treffen, herangehen, erobern.

Ammon (zitiert nach Büttner[52]) hat folgende Sichtweise: „Ich fasse die Aggression im Sinne des adgredi, des Herangehens an Menschen und Dinge, als eine Ich-Funktion der Persönlichkeit auf, als ein Vehikel allen menschlichen liebenden und schöpferischen Tuns im Dienste des Lebens- und Erhaltungstriebes ..." (Reinhold Miller: Wobei die Unterscheidung notwendig ist zwischen Herangehen, Herantreten und Hinein- oder Zertreten.)

Für Ferrucci[53] stellt die Aggressivität „eine natürliche Energie dar; und alle natürlichen Kräfte sind neutral. Erst in der Anwendung können sie Katastrophen auslösen oder von großem Nutzen sein". (Ein starker Wind kann ein Haus beschädigen oder ein Schiff in Fahrt bringen.)

Das heißt: Die Aggression des Menschen ist notwendig für seine Entwicklung, aber sie ist nicht-menschlich (= unmenschlich), wenn sie auf Kosten anderer geht. Sie ist eine Ich-Funktion des Menschen und eine natürliche Energie (die nur akzeptiert werden kann/darf, wenn sie förderlich genutzt wird). Durchgängig ist auch die Ansicht, dass Aggression eine Ausdrucksmöglichkeit der Vitalität des Menschen ist, die sich nicht unbeschadet unterdrücken lässt. Schaden Eltern also beispielsweise ihren Kindern, wenn diese voller Wut stampfen und dann zu hören bekommen: „Hör auf, das gehört sich nicht!"? Oder wenn ein bestraftes Kind die Zunge herausstreckt und dann gesagt bekommt: „Das tut man nicht."? Und was ist mit denen, die durch aggressives Verhalten andere schädigen?

Nein, kein Gewähren lassen, wenn aggressives Verhalten in Gewalttätigkeiten und damit in Grenzüberschreitungen mündet (aus dem „Herangehen" wird ein „Hinein- oder Zertreten"); wenn aus Ärger und Wut Verbalinjurien

---

[51] Singer, Kurt: Lehrer-Schüler-Konflikte gewaltfrei regeln. Weinheim (Beltz), 5.Aufl. 1996, S. 103.

[52] Büttner, Christian: Gruppenarbeit. Eine psychoanalytisch-pädagogische Einführung. Mainz (Grünewald), 1995, S. 169.

[53] Ferrucci, Piero: Werde, was du bist. Reinbek (Rowohlt) 1987/2007, S. 108.

entstehen; wenn ein Abreagieren zu Sachbeschädigung und Gewalttätigkeit gegen Menschen führt.

Bei der Reflexion dieser Erkenntnisse und den daraus sich ergebenden Fragen, kamen mir zwei Episoden in den Sinn: Die eine mit meiner Tochter, als sie ungefähr 12 Jahre alt war:

Bei irgendeiner Gelegenheit fasste ich sie am Unterarm, aus meiner Sicht völlig aggressionsfrei, doch sie riss sich los und sagte: „Du tust mir körperlich weh!"
> Ich habe diesen Satz nicht vergessen, weil ich damals so erstaunt war, wie fein meine Tochter das Wort „körperlich" in den Satz einbaute. Ich selbst brachte meinen festen Griff nicht in Verbindung mit „weh tun", schon gar nicht mit aggressivem Verhalten.

Die andere, als ich junger Lehrer in einer Grundschule war:

Eines Tages kam eine Mutter zu mir und sagte, ihre Tochter habe Angst vor mir, weil ich so schreie. Im Gespräch stellte sich heraus, dass sie mit drei Frauen in einem Haushalt lebte (Mutter, Oma, Tante), in dem es anscheinend sehr „ruhig" zuging.
> Meine kräftige Stimme war für sie von „zu laut" bis „schreiend". Ich selbst erlebte mich ihr gegenüber nicht schreiend, aggressiv. (Am nächsten Tag habe ich mit dem Mädchen dann alles zum Guten wenden können.)

Um zu Handlungslösungen zu kommen, konzentriere ich mich deshalb von Fall zu Fall auf das Wahrnehmen meines Verhaltens *und* auf die Wirkungen und Folgen von Verhaltensweisen der betreffenden Personen, also auf das, was ich auslöse.

Die folgenden Fälle zeigen die Unterschiedlichkeit der Motive der Sender und des Erlebens der Adressaten. Ob sie in die Kategorie „Aggressionen" gehören, ist *von außen* nicht feststellbar. Ich schildere Beobachtungen und notiere – hier zur Anschauung, weil ich die Beteiligten nicht befragen kann – meine Vermutungen:

1 *Ein Kind sieht ein anderes mit einem Auto spielen, geht zu ihm hin und nimmt es ihm weg.*
   > Vermutung: Das eine Kind geht „an die Welt heran" und erobert sie, das andere ist frustriert.

2 *Ein Junge schlägt einem anderen mit seiner „Pranke" auf die Schulter und sagt: „Hey, wie geht's dir?"*
> Vermutung: Der Junge drückt sein Gefühl der Nähe durch einen „kräftigen Schlag" aus.Der andere empfindet ihn kameradschaftlich oder als Schlag, der weh tut.

3 *Zwei Mädchen geraten in Streit miteinander, zerren sich an den Haaren und treten sich mit Füßen.*
> Vermutung: Sie verletzen sich körperlich, weil sie selbst psychisch verletzt wurden.

4 *Ein Lehrer kommt in die Klasse, wirft seine Tasche aufs Pult und brüllt: „Ihr faulen Säcke, euch werd ich's noch zeigen."*
> Vermutung: Er ist enttäuscht über die Leistungen der Schüler – und diese fühlen sich gedemütigt.

5 *In einer Gruppe „faucht" eine Teilnehmerin einen Kollegen an: „Mensch, hör doch auf mit deinem Gelabere."*
> Vermutung: Die Teilnehmerin bewertet die Mitteilungen eines anderen abfällig (= Gelabere), weil ihr seine Mitteilungen zu oberflächlich und langatmig sind – und dieser fühlt sich abgewertet.

6 *Ein Vater sagt zu seinem Sohn: „Wenn du nicht lernst und deshalb sitzen bleibst, dann wird's für dich aber hier zu Hause ungemütlich."*
> Vermutung: Der Vater hat Sorge, sein Sohn würde das Klassenziel nicht erreichen – und dieser fühlt sich unter Druck gesetzt.

7 *Ein Betriebsleiter schreit einen Mitarbeiter an: „Ich lasse mir doch von Ihnen nicht vorschreiben, wie ich den Betrieb hier zu führen habe."*
> Vermutung: Der Betriebsleiter fühlt sich bevormundet, der Mitarbeiter herabgesetzt.

Erkenntnisse:

a. Wir können nur beschreiben, was wir wahrnehmen. Bloße Vermutungen laufen ins Leere. Gibt es deutliche Signale der Schädigung, dann ist Einschreiten nötig (statt Wegschauen). Fehlen sie, dann müssen wir die Beteiligten nach ihren Motiven und Handlungsabsichten fragen.

b. Hinter den schädigenden Verhaltensweisen stecken Gefühle: Ärger, Wut, Zorn (die möglicherweise auf Verletzungen, Kränkungen hinweisen). Statt sie zu bremsen, ist es wichtig, sie (als Emotionen, nicht aber als Affekte) zu erlauben: schreien, toben, stampfen, schimpfen (nicht Beschimpfen – im Sinne des Herantretens!), fluchen, auch Verwünschungen ausdrücken:

Die kleine Monika kommt aus dem Kindergarten und sagte zum Papa: „Arschloch, Arschloch, Arschloch"…und freut sich, wieder ein neues Wort gelernt zu haben.

Als Jungen haben wir öfters miteinander „gerauft", worunter wir einvernehmlich ein körperliches Kräftemessen verstanden. Hätten Außenstehende uns gesehen, hätten sie sofort an aggressives Verhalten gedacht, uns getrennt und womöglich bestraft.

Ich fahre mit dem Zug. Im selben Abteil sitzen auch zwei Jungen, die miteinander Karten spielen. Als sie aussteigen und sich voneinander verabschieden, sagt der eine „Tschau, du Wichser" und der andere antwortet: „Selber". Sie klopfen sich freundschaftlich auf die Schulter, grinsen und gehen ihrer Wege.

Aggression kann man auch schadlos mitteilen:

Jemand ärgert sich furchtbar über einen anderen. Statt auf ihn einzuhämmern sagt er: „Ich wünsche dir ein Heer von Läusen auf dem Kopf und zu kurze Arme, um zu kratzen."

c. Für die Beobachter ist es wichtig, sich so zu verhalten bzw. zu intervenieren, dass die verbal und körperlich ausgedrückten Emotionen nicht in Gewalttätigkeiten ausarten, sondern in Grenzen bleiben; damit nicht aus dem Schreien verbale Beleidigung, aus dem Toben körperliche Verletzungen, aus dem Stampfen Zerstören von Sachen, aus der Androhung die Durchführung, aus dem Herangehen das Hineintreten wird.

d. Bei verbaler Grenzüberschreitung („Du blöde Sau", „Du Wichser…") und bei Handgreiflichkeiten gibt es nach der Eskalation Möglichkeiten der Entschuldigung (die nicht zu erzwingen sind), der Wiedergutmachung und des Lernens sozialverträglicher Abreaktionen: Ins eigene Zimmer gehen und dort schreien; im Schulhof umher rennen; im Klassenzimmer auf bereit gestellte Telefonbücher, Matten schlagen; die Bürozimmertüre schließen und durchatmen.

e. Hilfreich sind prophylaktische Maßnahmen wie Entspannungs- und Distanzübungen, Verhaltenstraining. Und immer wieder klären, was der eine meint und was die andere empfindet, was ausgesendet und was ausgelöst wird.

Wir wissen nicht, was wir mit unserem Verhalten bewirken. Wir wissen nicht, um ein Bild von Watzlawick zu gebrauchen, ob unsere „Aggression" bei einer „Maus" (= schwache Persönlichkeit) oder bei einem „Elefanten" (= starke Persönlichkeit) landet: Für die eine kann sie vernichtend sein, für den anderen ein Impuls: Die laute Stimme des Vaters löst bei dem einen Kind Furcht, bei dem anderen Aufforderung zur Verhaltensänderung aus.

Es gibt aber auch Äußerungen von Menschen, denen gegenüber sich jeder Kommentar verbietet, weil deren Erfahrungen von Gewalt so grausam sind, dass jegliche Versöhnungsgeste „im Halse stecken bleiben muss":

„Der Mensch ist das bösartigste und gewaltsamste Wesen, das auf dieser Erde zu finden ist. Er ist vor allem das einzige Wesen, das an der Anwendung der Gewalt größte Freude empfindet, so großes Vergnügen in der Tat, daß er lange und mühevolle Gedankenarbeit nur dazu verwendet, wie Gewalt besser, länger, vergnüglicher und vor allem wirksamer angewendet werden kann. Die Gewalttätigkeit und Bösartigkeit der Spezies Mensch ist so offensichtlich und so alt, daß die Erzählungen von friedlichen Zeiten dem Bereich der Legenden und Märchen angehören und unter diesen nur eine ganz kleine Minderheit darstellen."[54]

Sich gut verabschieden

Zwischenmenschliche Beziehungen sind wie ein Theaterstück: Es beginnt, und man weiß nicht, was alles passieren wird. Es sollte spannend, berührend, sinnvoll sein – und man weiß nicht, wie lange es dauert und wie es endet. Und manche erhoffen sich einen „guten Abgang" der Schauspieler und einen „guten Ausgang" des Stücks, ein happy-end.

Wie gelingt ein gutes Ende des „*Miteinander* reden Könnens", dem Leitthema dieses Kapitels? Und – erweiternd – wie enden Beziehungen, wenn die Beteiligten nicht mehr miteinander reden können? Braucht es für sie eine „Psychohygiene des Abschiednehmens", spezielle Beratungen oder therapeutische Interventionen?

---

[54] Federns, Ernst, war sieben Jahre KZ-Häftling; zitiert in: Büttner, Ch.: Gruppenarbeit. Eine psychoanalytisch-pädagogische Einführung. Mainz (Grünewald) 1995, S. 173.

Es gibt viele Gründe, zwischenmenschliche Beziehungen zu beenden: kein Bedarf mehr, keine Freude, kein Interesse, Zeitmangel, nachlassende Energien, Abwechslung, Sättigung, unüberbrückbare Hindernisse, belastende Krankheiten, Ortswechsel, unterschiedliche Ansichten über „Gott und die Welt".

Die Varianten der Art und Weise des Abschieds reichen von gutem Beenden über schmerzhafte Lösungen bis zu abruptem Abbruch. Ob nun temporär begrenzt oder endgültig, ob funktional abgeschlossen, im Frieden beendet oder im Streit geendet: dieses Abschiednehmen ist gefühlsmäßig meist stark „besetzt" von Zufriedenheit, Freude, Schmerz, Trauer, Wut, Hass, Vergeltungswunsch, Schuldgefühlen, Erleichterung, Dankbarkeit, Wehmut:

Sie waren „ein Herz und eine Seele", die Mutter und ihre Tochter, 23 Jahre lang. (Der Vater verließ die Familie, als das Mädchen zwei Jahre alt war.) Während des Studiums lernte die junge Frau einen Kommilitonen kennen, verliebte sich in ihn, heiratete. Parallel dazu beendete sie die Beziehung zu ihrer Mutter: urplötzlich, abrupt, ohne Angaben von Gründen. Ein nie überwundenes Ende für die Mutter, das nun schon über 19 lange Jahre dauert – mit noch immer aufbrechenden Wunden.

Frau F., Kriegerwitwe, früher Alleinerziehende eines Sohnes, jetzt über 80 Jahre alt, war geschockt, als ihr Sohn unlängst zu Bekannten sagte (was sie über Dritte erfuhr): „Na ja, lang wird sie's nicht mehr machen. Dann erb' ich alles." Jetzt ist nur noch Bitterkeit in ihr – und das Schlimmste ist, wie sie selbst sagt, das Gefühl, seit dieser Zeit ihren Sohn zu hassen.
> Veränderung der Beziehung: von der Mutterliebe zum Mutterhass

Ich sehe es mehrmals in der Woche, das alte Paar, nun schon 57 Jahre verheiratet: Auf Spaziergängen immer Hand in Hand. Auch wenn sie schweigen, schweigen sie miteinander; sie reden, hören sich zu.
> Viele Ehejahre dauert nun schon ihre Beziehung. Besteht sie auch über den Tod hinaus?

Auf einer Bank sitzen ein Mädchen und ein Junge; ich schätze 14, 15 Jahre alt. Sie halten sich an den Händen, sitzen aneinander geschmiegt. Als ich an ihnen vorbeijogge, grüßen sie mich freundlich. Ich stoppe. „Wie schön" sage ich zu ihnen, „euch so einträchtig zu sehen." Da strahlen sie und der Junge sagt, sich zu ihr wendend: „Nach der Schule wollen wir heiraten und Kinder kriegen."

> Während ich weiterlaufe, spüre ich Freude über diese Kurzbegegnung, denke aber auch: Wie lange wird sie dauern, diese Beziehung der beiden?

Der Prozess des Verabschiedens beinhaltet generell drei Teile. Einen aktiven: sich verabschieden. Einen passiven: verabschiedet werden. Einen prospektiven: Offenheit für neue Beziehungen.

(1) Sich verabschieden

Ich leite als Coach eine Gruppe, jeweils zehn Stunden am Wochenende, einmal im Monat. Die Beziehungen untereinander und zu mir sind vertrauensvoll und intensiv. Sowohl am Freitag- als auch am Samstagabend verabschiede ich mich von den Teilnehmenden persönlich und während der Heimfahrt gedanklich und gefühlsmäßig.
> Ich verabschiede mich von ihnen, um frei für andere Beziehungen zu sein: für meine Familie, meine Freunde, für mich selbst, für Menschen im beruflichen Kontext.

Die Abschiedsleistung trifft und betrifft Personen in Berufen, in denen sich Beziehungen entwickeln können und die funktional notwendig sind: in Kitas, Schulen, in Behörden und Betrieben, in Pflege- und Altenheimen oder in freiberuflichen Tätigkeiten.

Sie betrifft aber ebenso Personen in ihren Beziehungen im privaten Bereich: Kinder, Eltern, Paare, Freunde – und sie kann geografisch bedingt, freiwillig, erwünscht, notgedrungen oder zwangsläufig sein.

Dieser Prozess kann manchmal lange dauern und manchmal braucht es Hilfe durch andere, um ihn gut zu „bearbeiten" und zu beenden. Der Unterschied zwischen bearbeiteten und unbearbeiteten Abschieden besteht darin, dass bei den unbearbeiteten die Gefühle unkontrolliert wieder kommen, während sie bei den bearbeiteten gut „abgelegt" oder bewusst wieder „hervorgeholt" werden können: das eine ist das unfreiwillige Hochkommen, das andere ist das gewollte Erinnern.

„Ich habe", sagt Herr N., „seit meiner Trennung von meiner Jugendliebe nie wieder etwas von ihr gehört. Aber die Erinnerung an sie ist geblieben. Manchmal blättere ich in alten Alben, sehe die vergilbten Fotos und lächle."

Joschka Fischer, als er einmal gefragt wurde, welche Beziehung er zu Jutta Dit-
furth habe, mit der er lange in derselben Partei war, sagte: „Keine."

„Wir sind seit unserer Kindergartenzeit befreundet, haben uns seitdem nie aus den
Augen verloren. Auch wenn wir uns Jahre nicht sehen: die Beziehung ist geblieben,
nun schon fast 60 Jahre" sagte Frau L. Er sieht sie an, nickt zustimmend und
drückt ihre Hand.

Die Abschied Nehmenden können bisweilen nur vermuten, erahnen oder
fantasieren, was ihre Abschiede beim Gegenüber auslösen. Weil es dadurch
keine Gewissheit oder Sicherheit in diesem Prozess gibt, ist deshalb die Art
und Weise der aktiven Verabschiedung, der Trennung, von großer Bedeutung, eine persönliche und soziale Leistung auf der Basis innerer Klarheit
und äußerer Transparenz. Gelingt sie, können viele Vorwürfe und verletzende Mitteilungen vermieden werden.

Da ich nur für mein Senden verantwortlich bin, bin ich auch „nur" verantwortlich für *mein* Abschiednehmen, nicht jedoch für die Reaktion(en) des
Verabschiedeten, die von wohlwollender Akzeptanz bis radikaler Ablehnung
reichen können – mit den entsprechenden Folgen.

(2) Verabschiedet werden
Es gibt viele Anlässe, „verabschiedet" zu werden, und im Empfinden angenehm oder unangenehm, erwartet oder unerwartet, schmerzhaft oder freud-
voll – und je nach Konstellation und Art der Beziehungen ist das Wort „Abschied" unterschiedlich „besetzt": Für den Chef, den die einen mochten und
den die anderen „zum Teufel wünschten"; für die Schülerinnen und Schüler,
die von der Schule verabschiedet und ins Leben entlassen werden; für die
Frau, die „ein ganzes Leben lang" Kranke gepflegt hat; für den Mann, den
seine Frau verließ und zu einem anderen zog; für den Leiter einer Firma, der
diese zu hohem Ansehen und wirtschaftlicher Blüte brachte; für die vielen
Frauen und Männer, die nach jahrzehntelanger Fließbandarbeit durch das
Missmanagement der Konzernspitze im wahrsten Sinn des Wortes mit leeren
Händen dastehen.

Was wird bei Menschen ausgelöst, die als Verabschiedete gleichsam aus
einer Beziehung „entlassen" werden? Und die sie von sich aufrechterhalten
würden?

Wird diese Trennung als Zumutung, als Zurückweisung, als Kränkung
empfunden, als angemessenes Ritual erlebt? Löst sie Katastrophenstimmung

und Panik aus? Oder Suizidversuche, Stalkerverhalten, Morddrohungen? Erleichterung, Zustimmung, Bitterkeit, Genugtuung, Dankbarkeit? Bewerten sie den Abschied als Gegebenheit, als Schicksal, als Verdienst, als Strafe?

Das „geliebte Kind" (als Erwachsener) wird sein Verabschiedet werden annehmen können, ggf. auch mit Trauer und Schmerzen. Das „ungeliebte Kind" (als Erwachsener) wird sich alleine gelassen, verlassen, ausgestoßen vorkommen und entweder alles daransetzen, die Beziehung aufrecht zu erhalten oder versu-chen, den „Verlasser" psychisch/physisch zu zerstören. Oder auch sich selbst:

„Dann hau doch ab, du Arschloch!" schreit eine Frau ihren langjährigen Freund an, als er ihr mitteilte, dass er sie verlassen würde.

Als sie alleine ist, bricht sie in Tränen aus... Einige Zeit später wird sie blut-überströmt gefunden und wegen ihres Suizidversuches in die Klinik eingeliefert.

Ihr ehemaliger Freund wiederum kommt lange Zeit nicht darüber hinweg und nimmt eine Psychotherapie in Anspruch.

> Haben *beide* versäumt, über die Schwierigkeiten und Belastungen in ihrer Beziehungmiteinander zu reden?

> Oft bleibt es nicht bei solchen Szenen, sondern es kommt sogar zur Tötung derjenigen, die man früher einmal geliebt hat.

Die Liebe ist Frau und Herr O. abhanden gekommen. Die Trennung, nach schmerzlichen Erfahrungen und langen Gesprächen, ist unvermeidlich. Aber der gegenseitige Respekt ist geblieben. Am Tag nach der gerichtlichen Scheidung gehen beide zusammen noch einkaufen; sogar für den Hund, den die Frau behält, suchen sie Futter.

> Es ist ihnen daran gelegen, dass es der/dem anderen gut geht.

Ich unterscheide: Auf der einen Seite die zwischenmenschlichen Beziehungen mit all ihren „guten und schlechten" Seiten, auf der anderen Seite die Art und Weise, wie die Beziehung mitgeteilt und beendet wird.

Gutes „Abschiedssenden" verhindert die Produktion eigener Schuldgefühle und ermöglicht – weil frei von ihnen – umso mehr Anteilnahme und Mitgefühl beim anderen, der verabschiedet wird, vorausgesetzt, er kann sie annehmen.

Im Prozess der Beziehungsbeendigung braucht man meist keine Therapie, sondern Gesprächspartner im Freundeskreis oder professionelle Beratung. Wichtig für die Klärung sind Fragestellungen wie: Was waren meine Anteile an der Beendigung? Was habe ich versäumt, übersehen, vernachlässigt? Was war „stimmig"? Wie waren die Bedingungen, die Konstellationen? Inwiefern sind unsere Entwicklungen anders verlaufen?

Wie tröstlich ist es, wenn die Partner – bei Trennungen, in denen sie sich sehr verletzt haben und gekränkt wurden – in der Lage sind, einander zu verzeihen und sich zu versöhnen.

(3) Offenheit für neue Beziehungen

„Was habe ich daraus gelernt?" ist keine Frage aus einem Lehrbuch für Kommunikation oder Paarbeziehungen, sondern eine, die aus dem Inneren des Menschen kommt und deren Beantwortung manchmal schmerzhaft ist, aber auch hilfreich für den Beginn und die Qualität nachfolgender Beziehungen.

Wer die Belastungen von Beziehungstrennungen nicht bewältigt hat, wer die Altlasten weiterhin mit sich herumträgt, wer Schuldgefühle nicht auflösen kann, ist schwerlich in der Lage für die konstruktive Aufnahme neuer Beziehungen.

Aber auch: wer den Unfrieden derer erfährt, von denen man sich getrennt hat, weil diese sich verlassen, ausgestoßen, abgelehnt fühlen, und wer den Frieden mit ihnen nicht schaffen kann, der wird ihn nicht durch Zwang erreichen, sondern nur in sich selbst finden.

Frau S. hat sich von ihrer langjährigen Freundin, Frau K., getrennt. Ihr war es nicht mehr möglich, mit ihr befreundet zu sein, weil im Laufe der Jahre aus der Liebesbeziehung eine Besitzbeziehung wurde. Es fanden viele Gespräche statt, an deren Ende das Ende der Beziehung stand. Frau K. reagierte daraufhin aggressiv, ergriff Stalkermethoden, verleumdete Frau S.
> Es brauchte Monate, bis Frau S. zu sich fand; bis sie akzeptieren konnte, dass ihre ehemalige Freundin zu keinerlei „Friedensgesprächen" bereit war; dass sie ihre Hasstiraden beibehielt. Erst als sie für sich selbst den Frieden fand, war es ihr möglich, eine neue Freundschaftsbeziehung zu beginnen.

Erst wenn man befreit ist von alten Beziehungen, ist der Weg frei für die Entstehung und Entwicklungen von neuen Beziehungen.

VI. Liebes-Beziehungen

„...dass zwei Wesen sich
als autonom anerkennen
und sehen, das nenne ich
‚Liebe'"
Gerhard Portele[55]

Zu Beginn dieses Buches habe ich geschrieben, dass es mir darum geht zu zeigen, dass und wie an die Stelle der bisherigen *Erziehung* – mit den Motiven der Veränderungsabsicht anderer und der Macht über andere – zwischenmenschliche *Beziehungen* treten, mit der Grundhaltung Liebe.

In diesem letzten Kapitel gehe ich auf diejenigen Phänomene der Liebe ein, die in meiner jahrzehntelangen Arbeit als Beziehungsdidaktiker und Berater am häufigsten Thema waren, nämlich das „unbeständige Verliebtsein" (auch „romantische Liebe" genannt) und die beständige Liebe (die ich Liebe als „Haltung" bezeichne.) Bei der Betrachtung dieser beider Formen von Liebesbeziehungen tauchten immer wieder folgende Fragen auf: Warum enden Liebesbeziehungen? Was bedeutet dies für Kinder *und* Erwachsenen? Gibt es dauerhafte Beziehungen? Und: Welche „Nahrung", welche Bedingungen brauchen Liebesbeziehungen für ihr Wachstum, ihre Beständigkeit, ihre „Qualität"?

Das unbeständige Verliebtsein

„Ich hab mich verknallt." – „Bei uns hat's gefunkt." – „Ich habe mich verliebt." – „Ich werde dich immer lieben." – „Du bist meine große Liebe." Himmelhoch jauchzend, wenn es so ist, hart aufgeschlagen auf dem Boden und zu Tode betrübt, wenn das verliebt Sein zu Ende ist.

Neurobiologen sagen uns, was sich im *Kopf* alles tut, wenn wir verliebt sind: Es handelt sich um endogene Vorgänge, um chemische Reaktionen, um neuronale Verbindungen. Botenstoffe werden ausgeschüttet (u. a. Dopamin,

---

[55] Portele, Gerhard: Autonomie, Macht, Liebe. Frankfurt a. M. (Suhrkamp) 1989, S. 193.

Adrenalin, Cortisol) mit der Wirkung von Glücksgefühlen und Wohlbefinden. Der Testosteronspiegel erhöht sich und die Libidofähigkeit nimmt zu. Das biologische Ziel ist die Erhaltung der Art.

Lang anhaltend oder gar „ewig" sind diese Wirkungen allerdings nicht. Da wären wir menschlich überfordert. Irgendwann hört es auf, „romantisch" zu sein (wobei durchaus schöne sowie schmerzhafte Erlebnisse in *Erinnerung* bleiben).

Spielt uns die Biologie einen Streich, ist die Natur stärker, trickst sie uns aus, benützt sie uns? Sind wir von ihr abhängig? Sind wir ihr ausgeliefert?

Nein, denn wir sind auch bis zu einem gewissen Grad „Konstrukteure unserer Gefühle". Wir können sie steuern, beeinflussen, auf meditative Weise mit ihnen in Kontakt kommen, den Verstand hinzuschalten. Und ihn nicht verlieren (!), sondern uns Wissen aneignen und dadurch besser „durchblicken". Dann entdecken wir auch Erklärungen dafür, was sich zwischenmenschlich tut – und treiben nicht führerlos im Fahrwasser des Unbewussten. Nur: Die romantische Liebe wird des Öfteren als solche nicht erkannt und entsprechend auch nicht benannt. Deshalb ist ihre Wirkung so übermächtig, was durchaus gefährlich sein kann, weil es „Untergrundbewegungen", instabile Variablen oder „Irrationalien" bei den Verliebten und romantisch Liebenden geben kann, z. B.:

(1) Verklärungen

Verliebte sind der Ansicht, dass ihr „Liebesobjekt" (die Traumfrau/ der Traummann) das Beste ist, was ihnen je begegnet ist: der wunderschönste, attraktivste, interessierteste, verstehendste, tollste Mensch, einmalig. (Wer will schon zugeben, sich in jemanden zu verlieben, der hässlich, doof, unattraktiv und verschroben ist; das würde ja auf einen selbst zurückfallen.)
Innerer Monolog nach Verschwinden der Verklärung:

„Jetzt, da wir uns getrennt haben, fällt es mir wie Schuppen von den Augen. Ich habe nicht gesehen, was ich hätte sehen sollen: seine Unzuverlässigkeit, die ich kaschiert habe, seinen Befehlston, dem ich mich gefügt habe, seine Überheblichkeit, der ich mich entzog, anstatt sie anzusprechen. Jetzt gehöre ich auch zu den Frauen, die hinterher denken: Warum war ich nur so blöd und bin auf ihn hereingefallen?"

> Drei Gründe gab sie an, warum sie so lange geschwiegen und „ausgeharrt" hat:

- Ich wollte es anfangs nicht wahrhaben; ich habe mich geschämt.
- Ich wollte unsere Familie nicht aufs Spiel setzen.
- Wir galten im Freundeskreis als Traumpaar, das unzertrennlich schien.

(2) Übertragungen

Verliebte unterliegen im (unbewussten) Übertragungsprozess drei „Irrtümern": sie irren sich innerhalb ihrer Beziehungen in der *Person*, im *Ort* und in der *Zeit*:

Als Student verliebte ich mich in eine Studentin; sie sich in mich auch. Während einer Wanderung setzten wir auf einer Bank. Sie lehnte ihren Kopf an meine Schulter, seufzte wohlig und sagte nach kurzer Zeit: „Sooo schön; wie daheim bei meinem Vater."

> Damals wusste ich noch nichts von Übertragungen und war auch deshalb „not amused".

Übertragung: nicht ich war gemeint, sondern ihr Vater (Person); nicht in T. waren ihre Gedanken, sondern daheim in F (Ort); nicht im Jetzt war es, sondern früher (Zeit).

„Übertragungs-Verliebte" lieben meist nicht das, was sie wahrnehmen, sehen, berühren, greifen, sondern häufig das, was sie an andere Personen in ihrer Vergangenheit und an einen anderen Ort erinnert, und sie übertragen diese Erinnerungen auf ihre Partner/Partnerinnen in die Gegenwart: die wunderbaren Haare einer früheren Freundin; die dunklen Augen eines früheren Freundes; die zärtliche Stimme der Mutter; die beeindruckenden Leistungen des Vaters; die sexy Figur eines Idols. Bezogen jedoch auf die Realität sind Übertragungen immer Fälschungen und die Originale oft schwer herauszufinden.

(3) Visionen

Verliebte entrücken ihr Gegenüber in (Be-)Reiche, die sie selbst nie erreichen, die sie sich aber wünschen: Mein Liebster, meine Liebste wird dann einen tollen Beruf haben; wir werden viel Geld verdienen; uns ein „Schloss" leisten können (das sich dann als Luftschloss erweist); wir werden viele Kinder haben (oder keine, sondern dafür Zeit für Reisen). Es ist dann bitter für Verliebte, wenn ihre Visionen bröckeln und sie erleben müssen, dass die Realität eine ganz andere ist.

(4) Utopien

Verliebte glauben fest daran, dass es möglich sein wird, zusammen ohne Blessuren und Schmerzen, ohne Verlusterlebnisse, ohne schwere Schicksale zu leben. Und wenn doch, dann klingt ihnen in den Ohren, was sie oftmals gehört haben: „Alles wird gut!" Und sie rechnen mit der Fähigkeit, immer das Beste aus Allem zu machen und glücklich zu sein („Machen Sie's gut!")

(5) Selbstbezogenheit

Romantisch Liebende sind in der Lage, sich vorzustellen, dass ihr Liebesobjekt nur deshalb so wunderbar und einzigartig ist, weil sie selbst so einzigartig sind. Ihr Motto: Wenn mich jemand liebt, dann muss ich wirklich attraktiv, wunderbar, einzigartig sein, blendend aussehen; dann habe nicht nur ich eine Traumfrau/einen Traummann, sondern ich bin es auch selbst.

(6) Täuschungen

Weil man nicht wahrnimmt, was real ist, sondern nur sieht, hört, was man sehen/hören will, fällt man aus allen „Wolken", wenn man aus den Träumen erwacht. Der Standardsatz lautet dann: „Ich bin aber enttäuscht von dir!" – Ja, es stimmt: *Ich* bin ent-täuscht. Nicht: *Du* hast mich enttäuscht. Das Gegenüber kann nichts dafür, dass es nicht so wahrgenommen wird, wie es ist, sondern wie es zu sein hat.

Das mag jetzt so klingen, als wären Verliebte nicht ganz bei Trost. (Hat schon was auf sich, das Sprichwort: verliebt sein macht blind.) Als wären Irrlichter nicht im Alltag und Traumtänzerpaare nicht auf dem Parkett, sondern Himmelstürmer auf Wolken. Oder verliebt sein wäre ein (unreifes) Vorstadium der „wirklichen Liebe", quasi Pubertätsverhalten von Menschen von Jung bis Alt. Nein, keine Bewertungs- oder Qualitätsdiskussion, sondern ein Wahrnehmen zweier verschiedener Arten von Liebesbeziehungen.

Romantisch Liebende bauen ihre Wirklichkeiten vor allem auf ihre Empfindungen und Gefühle. Sind diese angenehm, lustvoll, bleiben die Verbindungen bestehen. Sind diese unangenehm, belastend, frustrierend, so gehen sie häufig zu Ende. Die scheinbar „großen Gefühle" sind schlechte Ratgeber, wenn es um wichtige Entscheidungen und bedeutsame Lebensplanungen geht. Dafür sind sie viel zu wechselhaft: Die Natur kümmert sich nicht um Beständigkeit der Menschen, sondern um die Erhaltung der Art.

Je stärker das Attraktivfinden, das Angezogenwerden, das verliebt Sein, die Sexualität und Erotik in den zwischenmenschlichen Beziehungen wahrgenommen und reflektiert werden, desto geringer ist die Möglichkeit der inneren Abhängigkeit, des Getriebenwerdens, des Ausgeliefertseins: Ich komme nicht mehr los von dir, ich bin gefesselt von dir (= ich habe mich fesseln lassen), und bin deshalb unfrei. Die gegenseitige Abhängigkeit zeigt sich dann in destruktiven Beziehungsmustern wie Ausübung von Macht und Herrschaft, Unterdrückung und Unterwerfung, Ironie und Zynismus, Gewalt und Brutalität.

Die beständige Liebe

„Ich werde dich ewig lieben", sagt der Verliebte und meint damit: Ich möchte dich nie verlieren. Ich liebe dich, weil ich geliebt werde. Sein Motiv ist die Sehnsucht und seine Abhängigkeit heißt, nicht allein sein können.

„Ich liebe dich", sagt der Liebende und meint damit: Ich anerkenne dich als selbstständiges Wesen, so wie du bist. Ich werde von dir geliebt, weil ich liebe. Sein Motiv ist die Treue und seine Unabhängigkeit heißt, autonom sein können.

In diesem Zusammenhang spricht Niklas Luhmann von intersubjektiver Anerkennung und Gerhard Portele davon, dass Menschen sich gegenseitig als autonom anerkennen. Beide definieren Liebe nicht als Gefühlsbeziehung, (was nicht heißt, dass sie ohne Gefühle ist), sondern, unabhängig von ihr, als Haltung, als Einstellung Menschen gegenüber.

Diese Haltung ist nicht von Geburt an gegeben, sondern sie entwickelt sich im Laufe des Lebens von Menschen. Sie kann nicht in Erziehungs-, sondern nur in guten Beziehungsmilieus wachsen:[56]

Kinder erleben die Liebe durch ihre Eltern, weil diese für sie da sind, sie umsorgen, sie behüten. Diese erfahrene Liebe ist einer der wichtigsten Voraussetzungen, dass Kinder psychisch reifen und selbst zu Liebenden werden:

"Jedes Kind kommt auf die Welt, um zu wachsen, sich zu entfalten, zu lieben und seine Bedürfnisse und Gefühle zu seinem Schutz zu artikulieren… Um sich entfalten zu können, braucht das Kind die Achtung und den Schutz der Erwachsenen, die es ernst nehmen, lieben und ihm ehrlich helfen, sich zu orientieren…"[57]

---

[56] Übrigens: Im Duden gibt es nicht das Wort LiebesERziehung, wohl aber den Begriff LiebesBEziehung!
[57] Miller, Alice: Am Anfang war Erziehung. Frankfurt a. M. (Suhrkamp), 24. Aufl. 2012, S. 13.

Während der Pubertät entstehen bei den Jugendlichen in ihren Beziehungen untereinander Empfindungen und Gefühle, die sie als Verliebtsein deklarieren, die bei ihnen Fantasien, Vorstellungen, Wünsche und Sehnsüchte auslösen und die sie u. a. durch eine sexuell gefärbte Sprache, durch Austausch von Zärtlichkeiten, sexuelle Kontakte und erotische Verbindungen zum Ausdruck bringen:

„Was soll ich mit Mädchen anderes machen, als sie ficken.", sagte ein Junge.
„Porno ist geil, da kann ich mir einen runterholen, wann ich will."
> Auch wenn diese Art, sich als sexuelles Wesen kennen zu lernen, für manche Umwege sein mögen: sie sind u. U. notwendig, um zu reifen und zu personenzentrierten Beziehungen gelangen zu können.

Allmählich gesellen sich, idealtypisch gesehen, zur Ichbezogenheit auch noch Zuverlässigkeit, Verantwortung, Aufmerksamkeit und Empathie für andere, und es entwickelt sich soziale Kompetenz, ein weiteres Element der psychischen Reife. Es entsteht eine innere „dynamische Balance" von Selbstsorge und Fürsorge. Die Gefühle der Liebe werden beständiger, man erlebt sich als Partner und den eigenen Kindern gegenüber als Mutter oder Vater.

Diese Erfahrungen mit Menschen, denen man vertraut, zu denen man Zuneigung und Zugehörigkeit in der Gemeinschaft empfindet und Liebe in Form von Eigenständigkeit *und* Bezogenheit, Begleitung *und* Unterstützung, sind die besten Voraussetzungen dafür, Liebe als Haltung zu erreichen: gegenseitige Unabhängigkeit (nicht zu verwechseln mit Beliebigkeit), gegenseitige Anerkennung, Selbstsein und Miteinandersein. Erich Fromm beschreibt dies so: „Im Gegensatz zur symbiotischen Vereinigung ist die reife Liebe eine Vereinigung, bei der die eigene Integrität und Individualität bewahrt bleibt. Liebe ist eine aktive Kraft im Menschen. [...] Die Liebe lässt ihn das Gefühl der Isolation und Abgetrenntheit überwinden und erlaubt ihm trotzdem, er selbst zu sein und seine Integrität zu behalten."[58]

Sie ist am stärksten erlernbar durch Vorbilder im Alltag und durch zwischenmenschliche förderliche Begegnungen, wie es z. B. ein 35-Jähriger schildert:

---

[58] Erich Fromm, Die Kunst des Liebens, in Erich Fromm Gesamtausgabe Band IX, München (Deutsche Verlags-Anstalt) 1999, S. 452.

Nach dem Scheitern meiner ersten Ehe war ich unglücklich u. a. darüber, dass es mir nicht gelang, eine dauerhafte Beziehung zu leben. Die Liebe war uns abhanden gekommen. Ich suchte nach Gründen und stellte die Fragen: Haben wir sie zu wenig beachtet, gepflegt? Waren wir noch nicht genügend reif für sie? Wie kann aus intensiv erlebten Liebesgefühlen nach einigen Jahren eine starke „Gefühlsreduktion" entstehen, verbunden schließlich mit Distanz, Rückzug und Abwendung von der Partnerin? Ich war meinen Gefühlen ausgeliefert, je nach eigener Stimmung, nach Erfolg oder Misserfolg im Alltag, nach unterschiedlichen Begegnungen mit anderen Menschen und je nach Verhalten meiner Partnerin.

Ich machte mich auf den Weg „umzulernen", was mir in meiner neu gegründeten Familie, in Gruppen, durch eine Therapie und durch ausführliche Literatur zunehmend gelang.

> Er hatte – endlich – die Balance zwischen Autonomie, Freiheit und liebevoller Beziehung gefunden.

Die Liebe als Haltung, als gelebte Hin- und Zuwendung zu anderen, ist zwar von eigenen Gefühlen begleitet, aber frei von eigenen emotionalen Abhängigkeiten und relativ unabhängig vom Verhalten der anderen; relativ deshalb, weil es auch Grenzen der Liebenden gibt. Die „unbedingte" Liebe halte ich zwar für einen durchaus nachvollziehbaren Wunsch, für eine Sehnsucht der Menschen, tendenziell jedoch eher für eine – gelernte – Ideologie, deren Umsetzung in die Praxis und Erfüllung sie aber überfordert.

Dass Liebe begrenzt ist, ist physisch und psychisch sogar gesund und normal, auch die Liebe als Haltung und Einstellung anderen Menschen gegenüber. Mitgefühl ist zwar der Grundton, der aber beispielsweise bei Übergriffen, Angriffen und Destruktionen aufhört zu schwingen. Die Helfenden und Liebenden sind eben nicht *selbstlos* (= ohne Selbst). Nur wenn ihr eigenes Herz schlägt, kann es auch für andere schlagen. Dann macht es sich nicht nur als hilfreiches Sozialverhalten, sondern als konkrete „Liebeshaltung", beständig und unabhängig, bemerkbar: beispielsweise durch die ehrenamtlich Tätigen in Einrichtungen wie Tafel, Bahnhofsmission, Rotes Kreuz, Streetworking, Hospizarbeit, Bürgerstiftung, Bergwacht, u. a.m. Sie lehnen Menschen nicht ab, die ihnen unsympathisch sind, sondern sie helfen und betreuen sie wegen ihrer Bedürftigkeit. In Sozialberufen ist der Maßstab für die Zuwendung und das Helfen weder das Aussehen noch das Alter, weder das Verhalten noch die Schichtzugehörigkeit, sondern man geht ohne Ansehen der Person auf die schwierigen Lebensverhältnisse, die Belastungen, die Krankheiten, die körperlichen wie seelischen Nöte ein.

Die Menschen brauchen Liebe – und die Liebe der Liebenden selbst wiederum „Pflege", gerade weil sie zugleich stabil und zerbrechlich, stark und verletzlich, robust und empfindsam ist. Achten wir also auf gute Bedingungen für sie und darauf, dass sie nicht pervertiert:

Bedingungen und Perversionen der Liebe

Bedingungen der Liebe
Sie gelingt nicht zum Nulltarif, die Liebe. Dafür ist sie nicht pflegeleicht genug. Nein, sie ist ein kostbares Gut. Damit Menschen sie verwirklichen können, brauchen sie

(1) *Selbstbewusstsein und Ichstärke*:
Die Voraussetzung, andere zu lieben, ist die Selbstliebe, d.h. die Anerkennung der eigenen Person mit all den Facetten, die sie hat. Erst dann ist Anerkennung anderer möglich.

Ich bin in einem katholischen Milieu groß geworden. Einer der wichtigsten Sätze in meiner Kindheit lautete: „Liebe deinen Nächsten!" Der zweite Teil: „...wie dich selbst" wurde kaum erwähnt, war sogar verpönt. An dessen Stelle hieß es: „Der Esel nennt sich zuerst." – „Beginne keinen Brief mit Ich!". „Sei bescheiden, dräng dich nicht vor!"
> Dahinter stand vermutlich die Sorge der Eltern, die Kinder könnten Egoisten werden. Egoismus wurde verwechselt mit Selbstbewusstsein.

Eine Frau, Jahre lang Schülerin in einem Klosterinternat: „Uns wurde eingetrichtert, in den Gängen nie in der Mitte, sondern immer nur am Rande zu gehen, den Kopf gesenkt. Demut, Bescheidenheit und Gehorsam wurden als vorrangige Tugenden gepredigt."
> Bis heute hat sie Schwierigkeiten, selbstbewusst aufzutreten.

Wer Bewusstsein für sich selbst hat, nimmt auch wahr, dass er andere liebt, wie er seine Liebe realisiert, wo für ihn die Grenzen sind und was er braucht, um sich nicht selbst zu überfordern:

(2) Zeit, Raum und Ruhe:

Menschen, die andere anerkennen, haben Interesse an ihnen, nehmen sie wahr, „berühren" sie, zeigen ihnen Wertschätzung, tauschen sich aus. Dies geht nicht zwischen „Tür und Angel" oder auf den Gängen unseres Lebens, sondern in Räumen, in denen man atmen, sich entfalten und zur Ruhe kommen kann, innerlich und äußerlich. Stress schränkt die Wahrnehmung ein, bevorzugt Affektverhalten und erschwert es, entspannt, anerkennend und verständnisvoll auf Menschen zuzugehen und auf sie einzugehen: Die Mutter, die bereits beim Frühstück genervt ist, weil ihre Kinder immer noch nicht angezogen sind; der Vater, der ständig auf die Uhr sieht und in Hetze seinen Kaffee schlürft; der Chef, der ins Büro stürmt, die Tasche voller Akten und die Sekretärin, die blass wird angesichts der Fülle der angekommenen E-Mails; der Lehrer, der Schüler anbrüllt, weil er mit seinem Auto im Stau stand...

Sich Zeit, Raum und Ruhe zu *nehmen* (weil sie einem nicht selbstverständlich in den Schoß fallen), ist eine bedeutsame Leistung der Menschen. Sie lohnt sich, weil anstelle von Fehlverhalten (das man hinterher oft bereut), ein Gefühl entsteht, mit sich im Reinen zu sein, die beste Voraussetzung dafür, dass zwischenmenschlich erfreuliche Kontakte, wertschätzende Beziehungen und befriedigendes Einvernehmen treten können.

(3) Gemeinschaft:

Gegenseitige Anerkennung ist ein Gütezeichen für die Qualität einer Gemeinschaft, in der Geborgenheit, Nähe, Unterstützung, Schutz erfahren wird. Insofern ist sie entlastend, förderlich, hilfreich. Wenn sie jedoch zu „Dauergemeinschaften" mutieren, dann sind sie belastend, weil sie zu viel „Beziehungsenergien" beanspruchen. Deshalb ist Rückzug aus dem Miteinander eine wichtige Bedingung, liebesfähig zu sein, zu bleiben.

(4) Rückzug:

Der menschliche Organismus ist physisch wie psychisch überfordert, wenn er ständig wachsam, aufmerksam, zuhörend, verstehend, liebevoll sein soll. Auszeiten sind geboten, und zwar rechtzeitig: Gereiztheit, Müdigkeit, Vorwürfe, Dauerstreit, Affekthandlungen, Ausflippen u. ä. können nicht nur Warnsignale für persönliche Überforderungen sein, sondern auch für soziale. Wer sich nur um andere kümmert (Helfersyndrom), übersieht die Liebe zu sich selbst:

Frau W. ist eine rührend-rührige Person. Alle mögen sie – sagen hin und wieder aber auch: Sie geht ganz schön auf die Nerven. Ständig fragt sie, ob sie uns oder ob sie was helfen kann.

> Ihre „gute" Seite in ihr kippt mitunter in Nervosität, Fahrigkeit, Hektik.

> Würde man ihr Innerstes fragen: Liebe Seele, wie geht es dir? – dann bekämen wir vielleicht zur Antwort: Nicht so gut. Bitte kümmere dich auch um mich; beachte mich, gib mir Ruhe, sei mal mit mir alleine. Spüre unser Herzklopfen, unseren Blutdruck, unsere Unrast....

Die genannten Bedingungen der Liebe sind kulturgebunden. In asiatischen oder südamerikanischen Gesellschaften beispielsweise gibt es andere kulturelle Gepflogenheiten, Konventionen, Verhaltensweisen und Haltungen.

In welcher Kultur auch immer: Die Liebe, sie kann auch verloren gehen, kann „kippen", sich ins Negative verkehren. Wir sprechen dann von

Perversionen der Liebe

(1) Abwertung und Aberkennung:

„Wir haben uns doch mal geliebt", sagen Menschen zu einander, fassungslos, wenn sie erleben (müssen), wie sie plötzlich Verhaltensweisen an den Tag legen, die ihnen bisher völlig fremd waren: aus Anerkennung wird Bloßstellung, aus Beachtung Negierung, aus ehemaliger hoher Wertschätzung tiefe Verachtung, aus Liebe Hass. Es tun sich Schwindel erregende Abgründe auf. Und haben sie früher durch andere physische wie psychische Schmerzen erlitten, so fügen sie häufig nun diese anderen zu: Beschimpfungen, Sarkasmus, Zynismus, Schläge, Vergewaltigungen körperlicher und seelischer Art. Flucht in rettende Arme anderer und endgültige Trennungen sind die Folge.

Die Perversion hat meistens ihre Wurzeln in zu hohen Erwartungen, ausufernden Sehnsüchten, unerfüllten Wünschen, in daraus resultierenden Enttäuschungen, in tief erlittenen Kränkungen. Und wer meint, es gäbe einen Himmel, in den man blicken kann, der ist restlos „bedient", wenn er dort grauen Alltag und Gleichgültigkeit entdeckt:

Als sie sich kennen lernten: Traummann er, weil höflich, zuvorkommend, galant, aus einer – wie man damals sagte – „gut situierten Familie" stammend. Traumfrau sie, weil „bildhübsch", schmiegsam und angepasst, zärtlich. Ihm war wohl, als Beschützer aufzutreten, sie fühlte sich geborgen.

Jahre später: Von all den positiv erfahrenen Erscheinungen und Verhaltenswei-sen keine Spur mehr. „Wir sind uns nicht nur fremd geworden", sagt die Frau, „sondern wir verachten uns sogar. Warum? Wahrscheinlich deshalb, weil wir aus unseren Träumen aufgewacht sind und nun ansehen müssen, dass sie zerplatzt sind, wie ein Luftballon, in dem unsere Sehnsüchte drin waren. Und das Schlimmste ist, dass wir uns gegenseitig dafür verantwortlich machen."

>Ständig Traummann und Traumfrau sein müssen, ist zu anstrengend. Normal-mann und Normalfrau sein können (sein dürfen), genügt den gewohnten Ansprü-chen nicht mehr.

Mir zu denken, auch noch nach annähernd 40 Jahren „Klärungshelfer": wie stark doch die Psychodynamik ist, wie sehr sie Menschen beeinflusst, prägt, verändert. Unter bestimmten Bedingungen zeigen sie Verhaltensweisen, die sie sich vor Zeiten selbst nie vorgestellt hätten. Die eigenen Verwundungen und Schmerzen werden nicht mitgeteilt, sondern als Vorwürfe und Schuld-zuweisungen pervertiert mit der Hauptbotschaft: weil du nicht so (geblieben) bist, weil du dich nicht so verhältst, wie ich dich mir gewünscht habe, räche ich mich an dir, auf vielfältige Weise.

(2) Instrumentalisierung:

In diesem Zusammenhang bedeutet sie, dass Menschen benützt werden und als Mittel zum Zweck dienen, und zwar unter der Vorgabe von Liebe. Der Alltag ist voll davon, sei es in der Kindheit oder im Erwachsenenalter:

Wenn du mich wirklich liebst, dann

- gehorche und tu, was ich dir sage
- streng dich an und mach' dein Abitur
- übernimm den Betrieb
- lass mich nicht allein
- gib dein Studium auf
- komm wieder zu mir zurück
- heirate nicht den Mann/die Frau X
- bleib bei mir und verlass mich nicht
- mach' mir ein Kind
- trenn dich von deiner Frau/deinem Mann
- glaub' einfach an Gott.

Nicht immer sind Menschen so stark, dass sie dieser pervertierten Liebe als Instrumentalisierung (bzw. Erpressung) widerstehen können: sie gehorchen, fügen sich; sie geben ihre Selbstständigkeit, ihre Freiheit, ihren eigenen Willen auf: sie bleiben unmündig oder werden wieder zu Unmündigen. Sie lassen die Instrumentalisierungen zu, weil sie ohne diese (pervertierte) Liebe nicht leben können. Liebe, die instrumentalisiert, ist keine.

Und wenn sie aus der Enttäuschung aufgewacht sind, fallen sie möglicherweise in Depressionen oder sie rächen sich an den Erpressern, wobei Vorwürfe die mildeste, physische oder psychische Erniedrigungen oder gar Auslöschung die furchtbarste Rache ist.

(3) Missbrauch:
Aus vertrauensvoller familiärer oder pädagogischer Nähe wird pädophile Grenzüberschreitung, aus gebotener Distanz Distanzlosigkeit und aus aufklärerischen Motiven sexueller und seelischer Missbrauch. Eltern, Erzieher, Lehrer, Freunde, Bekannte haben sich an Unmündigen vergangen, haben den Missbrauch kaschiert oder gar pädagogisch gerechtfertigt mit dem Hinweis, sich um die Kinder und Jugendlichen zu kümmern, ihnen helfen und sie beschützen zu wollen.

Missbrauch an Anbefohlenen und Abhängigen ist der schlimmste Missbrauch, den es gibt, weil Vertrauen und Schutzlosigkeit ausgenützt werden, um eigene Bedürfnisse zu befriedigen. Durch ihr Verhalten haben sie junge Menschen zutiefst in ihrer Persönlichkeit verletzt, sie in Abhängigkeiten gebracht und gehalten – aufgrund eigener Abhängigkeit und der Unfähigkeit, sich aus ihr zu lösen – und dadurch Entwicklung zur Mündigkeit verhindert.

Wenn die Liebe das höchste Gut der Menschen ist, dann ist deren Pervertierung das größte Verbrechen.

Die Liebe als Wert und wertschätzende Grundhaltung Kindern, Jugendlichen, Erwachsenen gegenüber, als Anerkennung ihrer Person, als gelebte Haltung, die Erziehung unnötig macht und die an deren Stelle humane Beziehungen ermöglicht, ist die stärkste Kraft, die Abwertung, Instrumentalisierung und Missbrauch verhindern kann.

SELBST-Betrachtung
Lassen Sie Ihre Erfahrungen Revue passieren: das unbeständige Verliebtsein und/oder die beständige Liebe: Ihre Entdeckungen, Erfahrungen, Ihre Erkenntnisse, Ihre Bilanz?

Liebesbeziehungen im Zeitalter der Globalisierung

Liebe als Haltung kann auf der ganzen Welt in jeder Beziehung (!) zum Ausdruck kommen, falls die Voraussetzungen stimmen (s. o.) Wenn uns allerdings Zeit, Raum und Ruhe abhanden kommen, wenn wir sie nicht mehr haben oder uns nehmen lassen (anstatt sie zu nehmen), dann gerät sie nicht nur in Schieflage, sondern dünnt aus, verlischt. An die Stelle treten kurze Kontakte und flüchtige Begegnungen: jeder, auch noch so wunderschön erlebte Einzelfall, wird vom nächsten Einzelfall überdeckt.

Früher hieß der Modus der Beziehung Kontinuität, jetzt heißt er Aufeinander-folge; beide Modi haben Vor- und Nachteile:

„Werd' ich zum Augenblicke sagen: Verweile doch! du bist so schön." Er ist früher schon nicht geblieben und bleibt auch heute nicht. Aber in jedem einzelnen Augenblick haben wir die Möglichkeit zur Intensität der Begegnung:

Im Schlafwagen von München nach Hamburg: Ich bin eingeschlafen, ohne die anderen Mitreisenden gesehen zu haben. Als ich am anderen Morgen müde meinen Kopf hebe und mich umschaue, tut dies auf gleicher Höhe auch eine Frau. Wir blinzeln uns an, bringen beide ein halbwegs freundliches „Guten Morgen" über die Lippen, schauen aus dem Fenster, sehen die Sonnenstrahlen. Kurze Zeit später stehen wir beide nebeneinander auf dem Gang. Wir haben noch eine halbe Stunde Zeit, uns zu unterhalten. Kein small talk, sondern ein von gegenseitigem Interesse geleitetes kommunikatives Ping-Pong-Spiel. Beim Aussteigen eine freundliche Umarmung, ein Dank, ein Lächeln, nochmals ein Umschauen. Das war's...
> Diese Begegnung ist nun schon über 30 Jahr her, mir in Erinnerung geblieben, weil sie von Unmittelbarkeit, Echtheit, Emotionalität und gegenseitiger Anerkennung geprägt war.

Für viele war früher das Dorf, der Stadtteil Heimat, Ort der Geborgenheit.

Manche lockte die Ferne, auf viele wirkte sie bedrohlich, Angst einflößend.

Heute ist es oftmals umgekehrt: Die Weite lockt, die Heimat engt ein, wobei die persönlichen, sozialen und finanziellen Möglichkeiten, die viele Menschen inzwischen haben, geradezu einladen, das Weite zu suchen: Auslandsstudium, Auslandsreisen, Ortswechsel aus beruflichen Gründen.

Diese Mobilität im Kontext der Globalisierung (im Gegensatz zur früheren Stabilität und Ortsgebundenheit) bewirkt, dass zwischenmenschliche Beziehungen wesentlich offener, lockerer, instabiler und vielfältiger sind. Partnerschaften dauern kürzer als früher, Familien lösen sich häufiger auf, Patchworkkonstellationen sind zur Normalität geworden.

Wie auch immer, es hat ein Wandel stattgefunden: zwischenmenschliche Beziehungen definieren sich nicht mehr so sehr durch Kontinuität und Langfristigkeit, sondern durch Spontaneität und Intensität, was keinesfalls Oberflächlichkeit oder Libertinage bedeuten muss.

Als Gutenberg den *Buchdruck* erfand, etwa um 1440, gab es eine Vielzahl von Menschen, die ein neues Zeitalter der Kommunikation heraufkommen sahen, aber auch nicht wenige, die das Schwinden oder gar Ende handschriftlicher Mitteilungen prophezeiten. Als Mitte des 18. Jahrhunderts die *Schreibmaschine* erfunden wurde, befürchtete man Ähnliches. Jetzt, im Zeitalter der *Globalisierung*, der medialen Vernetzung, der digitalen Medien und der Informationsflut, die auf uns einstürmt, haben manche Sorge, die direkte, persönliche Kommunikation könne (ver-)schwinden.

Wenn es um die Liebe als Haltung geht – die darin besteht, dass sich Menschen gegenseitig als autonom anerkennen – dann kann das auf elektronischen Wegen nur peripher und indirekt geschehen.

Direkte Begegnungen jedoch gibt es aber nur unmittelbar von Person zu Person: sich ansehen und erkennen, sich gegenseitig erleben und anerkennen, sich berühren und spüren, handgreiflich (!) werden und sich versöhnen, zusammen sein und sich verabschieden, Erlebnisse teilen, Erfahrungen machen und sie als Erinnerungen behalten.

Ausklang

Wer frei von Erziehung ist,
ist offen für Beziehungen.
Diese Offenheit ermöglicht
zwischenmenschlichen Reichtum,
keine Selbstverständlichkeit,
sondern Geschenk.

Literaturverzeichnis

Altmann, Andreas: Das Scheißleben meines Vaters, das Scheißleben meiner Mutter und meine eigene Scheißjugend. München (Piper), 3. Aufl. 2011

Bernhard, Thomas: Auslöschung. Frankfurt (Suhrkamp)1986

Bodenheimer, Aron R.: Warum? Von der Obszönität des Fragens. Stuttgart (Reclam), 5. Aufl. 1999

Bönsch, Manfred: Grundlegung sozialer Prozesse heute. Weinheim (Beltz) 1994

Büttner, Christian: Gruppenarbeit. Eine psychoanalytisch-pädagogische Einführung. Mainz (Grünewald), 1995

Federns, Ernst zitiert in: Büttner, Christian: Gruppenarbeit. Eine psychoanalytisch-pädagogische Einführung. Mainz (Grünewald) 1995

Ferrucci, Piero: Werde, was du bist. Reinbek (Rowohlt) 1987/2007

Flitner, Andreas: Konrad, sprach die Frau Mama. München (Piper) 1985

Fromm, Erich Die Kunst des Liebens, in Erich Fromm Gesamtausgabe Band IX, München (Deutsche Verlags-Anstalt) 1999

Fuchs, Thomas: Das Gehirn – ein Beziehungsorgan. Stuttgart (Kohlhammer), 3. Aufl. 2010

Gauck, Joachim: Freiheit. Ein Plädoyer. München (Kösel), 5. Aufl. 1012

Gotteslob. Donauwörth (Auer) 1996

Gruen, Arno: Der Verrat am Selbst. München (DTV), 18. Aufl. 2006

Hoffmann, Heinrich: Struwwelpeter. Neckarsteinach (Edition Tintenfaß) 2010

Hoffsümmer, Willi: Glaube trägt. Kleiner Katechismus für junge und erwachsene Christen. Ostfildern (Grünewald), 13. Aufl. 2007

Hüther, Gerald: Was wir sind und was wir sein könnten. Frankfurt a. M. (S. Fischer), 8. Aufl. 2011

Juul, Jesper: Aus Erziehung wird Beziehung: Authentische Eltern – kompetente Kinder. Freiburg (Herder), 8. Aufl. 2010

Miller, Alice: Am Anfang war Erziehung. Frankfurt a.M. (Suhrkamp), 24. Aufl. 2010.

Miller, Reinhold: Als Lehrer souverän sein. Weinheim (Beltz) 2011

Miller, Reinhold: Das ist ja wieder typisch. Weinheim (Beltz), 4. Aufl. 2004

Miller, Reinhold: Gott, ein Geschöpf des Menschen. Hildesheim (Olms), 2. Aufl. 2012

Portele, Gerhard: Autonomie, Macht, Liebe. Frankfurt a. M. (Suhrkamp) 1989

Rogers, Carl R.: Die Entwicklung der Persönlichkeit. Stuttgart (Klett), 11. Aufl. 1997

Roth, Gerhard: Bildung braucht Persönlichkeit. Wie Lernen gelingt. Stuttgart (Klett-Cotta) 2011

Rüdell, Edith: Das BASIS-Buch des Lernens. Seelze (Friedrich) 2012

Singer, Kurt: Lehrer-Schüler-Konflikte gewaltfrei regeln. Weinheim (Beltz), 5.Aufl. 1996

Tenorth, Heinz-Elmar: Geschichte der Erziehung. Weinheim und München (Juventa), 5. Aufl. 2010

Winterhoff, Michael: Lasst Kinder wieder Kinder sein. Gütersloh (Gütersloher Verlagsanstalt), 7. Aufl. 2008

Gustav Keller

Die Lehrerschelte

Leidensgeschichte einer Profession

Reihe Pädagogik, Band 48
2013, 110 S., br.,
ISBN 978-3-86226-234-2, **€ 18,80**

Die Lehrerschelte
Leidensgeschichte einer Profession

CENTAURUS

Wie kaum eine andere Profession sind Lehrer Zielscheibe öffentlicher Kränkungen. Dass sie für die schwierige Arbeit nicht die verdiente Wertschätzung erfahren, rührt an ihr Selbstwertgefühl. Dem Phänomen der Lehrerschelte wird zunächst historisch auf den Grund gegangen. Die Recherchen beginnen in der Frühphase der 5000jährigen Schulgeschichte, setzen sich in den Folgeepochen der Schulgeschichte fort und enden in der Gegenwart. Aufbauend darauf werden die Ursachen der öffentlichen Geringschätzung und die psychischen Folgen analysiert. Schließlich wird aufgezeigt, welche Konsequenzen sich für die Lehrerprofession, für die Medien sowie für die Politik ergeben, damit die Lehrerschaft das notwendige Maß an Anerkennung erfährt.

Dieses Buch soll die Wahrnehmungsorgane vieler Nichtlehrer von Stereotypen und Vorurteilen säubern helfen und das Verständnis für die schwierige Arbeit in Schule und Unterricht fördern.

Centaurus Paper Apps

Centaurus Paper Apps – das sind unter einem prägnanten Schlagwort leicht verständliche, aber wissenschaftliche fundierte Bücher im Taschenformat.

Burkhard Bierhoff
Konsumismus
Kritik eines Lebensstils
Centaurus Paper Apps, Bd. 29, 2013, ca. 54 S.,
ISBN 978-3-86226-185-7, € **5,80**
eBook ISBN 978-3-86226-228-1, € **4,99**

Burkhard Bierhoff
Kritisch-Humanistische Erziehung
Pädagogik nach Erich Fromm
Centaurus Paper Apps XL, Bd. 28, 2013, 100 S.,
ISBN 978-3-86226-186-4, € **8,80**
eBook ISBN 978-3-86226-227-4, € **5,99**

Gernot Saalmann
Soziologische Theorie
Grundformen im Überblick
Centaurus Paper Apps XL, Bd. 27, 2012, 101 S.,
ISBN 978-3-86226-209-0, € **8,80**
eBook ISBN 978-3-86226-210-6, € **5,99**

Erich Fromm
Aggression
Warum ist der Mensch destruktiv?
Centaurus Paper Apps, Bd. 23, 2012, 54 S.,
ISBN 978-3-86226-175-8, € **5,80**
eBook ISBN 978-3-86226-183-3, € **4,99**

Rainer Funk
Entgrenzung des Menschen
Centaurus Paper Apps, Bd. 21, 2012, 52 S.,
ISBN 978-3-86226-174-1, € **5,80**
eBook ISBN 978-3-86226-184-0, € **4,99**

Jens Benicke
Autorität & Charakter
Centaurus Paper Apps, Bd. 20, 2012, 54 S.,
ISBN 978-3-86226-167-3, € **5,80**
eBook ISBN 978-3-86226-180-2, € **4,99**

Heiner Keupp
Freiheit & Selbstbestimmung
In Lernprozessen ermöglichen
Centaurus Paper Apps, Bd. 15, 2012, 55 S.,
ISBN 978-3-86226-130-7, € **5,80**
eBook ISBN 978-3-86226-158-1, € **4,99**

Informationen und weitere Titel unter **www.centaurus-verlag.de**